돈 되는 동영상 만들기
스마트폰으로 잘 찍고, 잘 편집하는

저자 DEJAVU media Lab. 박성효

YoungJin.com Y.
영진닷컴

돈 되는 동영상 만들기
스마트폰으로 잘 찍고, 잘 편집하는

Copyright ©2018 by Youngjin.com Inc.
1016, 10F. Worldmerdian Venture Center 2nd, 123, Gasan-digital 2-ro, Geumcheon-gu, Seoul 08505, Korea.
All rights reserved. First published by Youngjin.com. in 2017. Printed in Korea

저작권법에 의해 한국 내에서 보호를 받는 저작물이므로 무단 전재와 복제를 금합니다.
이 책에 언급된 모든 상표는 각 회사의 등록 상표입니다.
또한 인용된 사이트의 저작권은 해당 사이트에 있음을 밝힙니다.

ISBN 978-89-314-5544-1

독자님의 의견을 받습니다
이 책을 구입한 독자님은 영진닷컴의 가장 중요한 비평가이자 조언가입니다. 저희 책의 장점과 문제점이 무엇인지, 어떤 책이 출판되기를 바라는지, 책을 더욱 알차게 꾸밀 수 있는 아이디어가 있으면 이메일, 또는 우편으로 연락주시기 바랍니다. 의견을 주실 때에는 책 제목 및 독자님의 성함과 연락처(전화번호나 이메일)를 꼭 남겨 주시기 바랍니다. 독자님의 의견에 대해 바로 답변을 드리고, 또 독자님의 의견을 다음 책에 충분히 반영하도록 늘 노력하겠습니다.

파본이나 잘못된 도서는 구입처에서 교환 및 환불해 드립니다.

이메일 : support@youngjin.com
주 소 : 서울 금천구 가산디지털2로 123 월드메르디앙벤처센터 2차 10층 1016호 (우)08505

STAFF
저자 DEJAVU media Lab. 박성효 | **총괄** 김태경 | **기획** 기획 1팀 | **진행** 성민 | **디자인 · 편집** 임정원 | **인쇄** 예림

· PREFACE ·
머리말

호기롭게 시작했었다. 까짓것 몇 개월 안에 끝내버리겠다!
......그런데 많은 시간이 지나갔다.
어렵지 않을 것이라 생각했다.
동영상을 제작한다는 건, 그동안 필자가 계속해왔던 일이고, 단지 촬영하고 편집하는 툴만 바뀐 거라 생각했다.
......그런데 그게 아니었다!
단지 툴만 바뀐 게 아니라 패러다임 자체가 바뀌어버린 것이었다. 아무렇지 않게 별로 달라진 것이 없어 보였지만 너무 많은 것이 바뀌었고, 그냥 본능적으로는 알고 있었지만 체계적으로는 거의 알고 있는 것이 없었다는 생각이 들 지경이었다. 그런 위기감으로 책을 쓰며 다시 공부하고, 다시 찾아보다 보니 시간이 많이 걸렸다.

정말 많은 공부가 됐다.

이 책을 집필하며 계속 고민한 내용은 '어떻게 하면 보다 많은 사람들이 쉽게 배울 수 있을까? 어떻게 하면 보다 쉽게 이해할 수 있을까?'였다. 그러기 위해 보다 많은 예제와 연습할 수 있는 샘플을 제공하려 했다. 하지만 여러 아쉬운 부분도 있다. 현장의 요구에 맞는 부분이 더 들어갔어야 하는 건 아닌가?! 하지만 너무 많은 내용이 들어가면 보는 사람들 특히 초보자들이 힘들 거라는 생각이 들었다. 사실은 이 책도 지금 너무 무거운 느낌마저 든다. 처음에는 포켓북처럼 가볍게 언제든지 펼쳐 볼 수 있는 책이었으면 좋겠다고 생각했었기 때문에...... 하지만 이 책은 입문서의 기능을 하기도 한다. 이 정도는 필요한듯하다. 현장의 요구에 대한 부분은 다음 상급 버전에서 만나볼 수 있을 것이다.

긴 시간 동안 이 책이 나오도록 도움을 주신 많은 분들이 있다. 무엇보다도 이 책이 나오도록 옆에서 격려해주고 사랑해준(출연도 했다!) 마눌님 소연과 딸(역시 출연했다!!), 박시우, 책의 예제 촬영과 편집에 도움을 준 데자뷰미디어랩의 김현호, 정수경, 송다정, 최지원, 문성규, 그리고 이 책이 빛을 보게 해준 영진닷컴 관계자분들과 지속적으로 용기를 주며 힘을 보태준 성민님께 무한한 감사를 보낸다. 그리고 누구보다도 지금 이 책을 구입해서 보고 있는 여러분들이 바로 이 책을 세상에 나오게 한 주인공이다.

동영상은 직접해보는 수밖에 없다! 처음이라 힘들면 남들을 따라 해보면 된다! 그런데 어디부터 어떻게 따라 해야 할지 모르겠다면, 이 책과 저자가 도움을 줄 것이다. 무조건 스마트폰을 들고 나가 촬영해라!

어떻게? 무식하고 용감하게!!!

저자 **DEJAVU media Lab.** 박성효

· PREVIEW ·

미리 보기

이 책은 스마트폰을 이용한 동영상 촬영 및 편집 그리고 동영상 콘텐츠 활용법 등을 6개의 Part로 나눠서 설명하고 있다. 본격적인 학습에 앞서 이 책이 어떤 요소들로 만들어졌는지 알아보자.

PART | 도서의 주제별 구성으로 동영상이 무엇이며, 어떻게 제작하고, 어떻게 촬영하고, 어떻게 편집하고, 어떻게 돈을 벌 수 있는지 알려줍니다.

소제목 | 파트별 내용들을 몇 개의 주제로 나눠서 학습할 수 있도록 구성했습니다.

Tip | 학습 중에 알아두면 좋을 내용들을 Tip 형식으로 소개합니다.

● **노하우 |** 스마트폰 촬영 십계명과 관련된 저자의 촬영/편집 테크닉 및 반드시 알고 넘어가야 할 내용들을 정리해서 소개합니다.

● **연습 |** 노하우에서 알아본 동영상 촬영/편집과 관련된 내용을 스스로 다시 한 번 연습하는 코너를 마련했습니다.

● **따라하기 |** 도서의 내용을 따라하기 형식으로 학습할 수 있도록 구성되어 있습니다.

● **QR 코드 |** 동영상이나 앱 다운로드를 안내하는 QR 코드로써, 스마트폰으로 촬영하면 바로 해당 URL로 이동할 수 있습니다.

· PREVIEW ·

이 책의 구성

SNS나 온라인상에 공유하는 콘텐츠의 형태는 텍스트에서 이미지로 다시, 이미지에서 동영상으로 흘러가고 있다. 언어의 장벽이 있는 텍스트보다는 동영상의 힘이 점점 강해지고 있는 동영상 전성시대라고 할 수 있는 것이다. 여러분에게 이 책은 동영상 전성시대에 발맞춰 스마트폰을 이용한 동영상 촬영 및 편집 그리고 공유에 이르기까지 모든 것이 들어있는 종합선물세트가 되어줄 것이다. 이곳에서는 각각의 PART가 어떤 내용으로 구성되어 있는지 간략히 소개한다.

| PART | 01
대세는 동영상, 이 모든 일의 배후에는 그들이 있었다

텍스트 시대에서 이미지(사진) 시대를 지나 이제는 동영상이 없으면 SNS뿐만 아니라 인터넷이 즐겁지 않다. 이러한 트렌드를 반영하듯이 초기의 포털뿐만 아니라 SNS 업체들도 서로 앞다투어 동영상을 품고 있다. Part 01에서는 동영상 시장의 폭발적인 성장을 주도하는 배후(?)를 알아본다.

| PART | 02
동영상 제작, 동영상이란 무엇인가?

동영상이란 쉽게 말해서 보이는 것, 그대로를 특정한 장비(카메라 등)를 이용하여 기록하고 이것을 특정한 매체(영사기, TV 등)를 활용하여 다른 사람에게 재현하는 것이다. Part 02에서는 만만해진 동영상 제작에 필요한 기초적인 상식과 촬영 기법/자세 그리고 필수 장비들의 쓰임새에 대해 알아본다.

| PART | 03
동영상 제작하기

이제 드디어 본격적인 동영상 제작의 세계에 들어 왔다. Part 03에서는 엉망진창이고 체계가 잡히지 않은 날것 그대로의 동영상들을 제대로 만들기 위해 필요한 기획부터, 시나리오를 작성하는 방법 등을 소개한다. 그렇게 되면 여러분들은 더 효율적으로 동영상을 제작할 수 있을 것이고 실력도 일취월장할 것이다.

| PART | 04

어떻게 촬영해야 할까?

동영상을 촬영하면서 꼭 알아야 될 일은 화면이 흔들리거나, 노출이 부적절하거나, 초점이 안 맞거나, 상황에 맞지 않고 불안정한 화면 구도 등은 동영상 콘텐츠의 가치를 떨어뜨린다는 것이다. 처음부터 잘 찍는 사람은 없다. 다른 분야와 마찬가지로 동영상은 많은 시간과 다양한 경험을 통해 재능이 만들어지고 기술이 완성되는 것으로, 왕도는 없고 정도만 있는 것이다. Part 04에서는 동영상 촬영 실전 노하우와 저자의 Tip들이 꽉꽉 채워져 있다.

| PART | 05

편집은 마술이다!

편집 작업은 결국 작품을 마무리하는 과정이므로 가장 시각적, 청각적으로 완성도와 만족도를 갖추게 된다. 이전의 작업들 즉, 사전 제작 단계와 촬영 단계를 거치는 동안 동영상 콘텐츠는 이제 겨우 만들어질 준비가 된 것에 불과하다. 동영상 편집 작업 역시도, 왕도는 없다! 무식하고, 용감하게 열심히 하는 방법 밖에는...!

| PART | 06

동영상 콘텐츠로 어떻게 돈을 버는가?

동영상을 제작하는 사람들의 궁극적인 목적은 자신의 생각과 의도가 깃든 동영상을 다른 사람들에게 보여주는 것이다. 방송이나 영화도 마찬가지지만 동영상은 다수의 사람들에게 보여줄 때 이익이 발생한다. 하루에 1억 명이 넘게 방문하고 있는 유튜브, 처음에는 자신의 욕망을 과시하기 위해서 시작한 동영상들이 이제는 돈을 벌어들이고 있다. 이제 동영상 콘텐츠가 돈이 된다는 것을 사람들이 알게 된 것이다. 그렇다면 어떻게 동영상 콘텐츠가 돈이 되는 것일까?! 그리고 앞으로도 계속 돈이 되는 것일까? Part 06에서 함께 알아보자.

• CONTENTS •

이 책의 목차

- **INTRO** 머리말 ········ 03
  미리 보기 ······· 04
  이 책의 구성 ····· 06

PART 1
대세는 동영상, 이 모든 일의 배후에는 그들이 있었다

001 아이폰, 동영상을 쉽게 만들어라 ···································· 16

002 트위터, 공유로 세상을 연결하라 ···································· 19
   1) Take #1 ·· 19
   2) Take #2 ·· 20
   3) Take #3 ·· 20

003 유튜브, 동영상 시대를 열어라 ······································ 21

004 동영상 콘텐츠가 돈이고 권력이다 ··································· 25
   1) 동영상 콘텐츠가 곧 돈이다 ································· 25
   2) 동영상은 권력이다 ·· 26

005 왜 스마트폰인가?! ·· 29
   1) 그럼 우리는 왜 스마트폰에 주목하는가? ··················· 29
   2) 언제 어디서나 촬영할 준비가 되어있다 ····················· 32
   3) 특종, 내 손안에 있다 ······································· 33
   4) 무한한 가능성을 가지고 있다 ······························· 34

006 팔리는 콘텐츠는 무엇인가? ·· 35
   1) 그들 아버지 세대가 본다면 "한심하게 생각했을" 노는 것으로 돈을 벌고 있다 ❶ ··· 36
   2) 그들 아버지 세대가 본다면 "한심하게 생각했을" 노는 것으로 돈을 벌고 있다 ❷ ··· 37

PART 2
동영상 제작, 동영상이란 무엇인가?

001 동영상이 만만해졌다! 42

002 지금 당장 알 필요는 없는 동영상 상식들 43
   1) 동영상의 구성 44
      ■ 시각적 요소 ❶ 45
      ■ 시각적 요소 ❷ 57
   2) 화질의 비밀 62
      ■ 포맷(Format) 62
      ■ 코덱(Codec) 63
      ■ H264 63
      ■ 해상도(Resolution) 63
      ■ 종횡비 64

003 촬영 자세와 필수 장비의 사용법 65
   1) 촬영 기본자세 65
      ■ 팬(Pan) 자세 67
      ■ 틸트(Tilt) 자세 68
      ■ 들고 이동하는 자세 69
   2) 필수 장비 70
      ■ 스마트폰 카메라 70
      ■ 스마트폰(아이폰) 동영상 기본 설정하기 73
      ■ 렌즈 80
      ■ 그립 84
      ■ 지지대 85
      ■ 셀카봉 87
      ■ 짐벌 88
      ■ 마이크 89
      ■ 액션캠 89
      ■ 드론 91
      ■ 수중 하우징 92
      ■ 저장장치 94

PART 3
동영상 제작하기

001 체계적인 동영상이란? ·· 98
   1) 사전 작업(Pre-production) ·· 99
   2) 예술을 하고 싶다면? 자신에게 물어봐라! ························· 100
   3) 돈을 벌고 싶다면... 다른 사람들에게 물어봐라! ··············· 101

002 진짜로 기획하기 ··· 102
   1) 질문하기 ·· 102
   2) 자료 조사 ·· 104
      ■ 학술 정보 ·· 106
      ■ 경제 정보 ·· 106
      ■ IT 관련 정보 ·· 106
      ■ 시장 통계 분석 ··· 107
      ■ 트렌드 및 마케팅 분석 ·· 107
   3) 구성 ·· 109

003 준비 과정 _ "준비가 반이다" ·· 114
   1) 일정 정리 ·· 114
   2) 예산 책정 ·· 115
   3) 섭외 ·· 115
   4) 촬영 장소 사전 답사 및 동선 확인 ································· 116
   5) 장비 확인 ·· 116
   6) 스케줄 및 체크 리스트 정리 ·· 116
   7) 동영상 제작기 ··· 117

PART 4
어떻게 촬영해야 할까?

001 촬영하기 _ 스마트폰 촬영 십계명 122
   1) 가로 본능 ❶ 122
   2) 가로 본능 ❷ 125
   3) 촬영은 발로 하는 거다 131
   4) 촬영은 머리로 하는 것이다! 모니터가 아니라 현장을 봐라 135
   5) 멈춰야 산다 촬영 시 앞뒤로 3초씩은 멈춰라 136
   6) 쇼트에는 의미가 있다 138
   7) 동영상은 리듬이다_분위기가 컷을 좌우한다 141
   8) 노출과 초점은 손가락으로 꾸~~욱! 143
   9) 동영상은 빛으로 그리는 그림 ❶역광은 역병이다 148
   10) 동영상은 빛으로 그리는 그림 ❷밝기와 색 151

PART 5
편집은 마술이다!

001 Post Production ① 후반 작업이란?! ·· 156

002 Post Production ② 편집 ·· 158
   1) 편집이란 무엇인가? ··· 159
   2) 기본적인 편집 문법 ··· 161
   3) Adobe Premiere Clip으로
      편집하기 ·· 163
   4) iMovie로 편집하기 ·· 170
      ■ 일반 동영상 편집하기 ·· 171
   5) iMovie로 예고편 편집하기 ·· 176

003 Post Production ③ 종합 편집 ··· 179
   1) 사진 및 이미지 자료 ··· 180
   2) 동영상 효과 ··· 182
   3) 동영상 효과 따라하기 ··· 183
   4) 자막 ·· 188

004 Post Production ④ 사운드 ·· 190
   1) 음악 ·· 192
   2) 음향 효과 ·· 192
   3) 내레이션 ·· 194
   4) 믹싱 ·· 194
   5) iMovie에서 사운드 작업하기 ·· 195

PART 6
동영상 콘텐츠로 어떻게 돈을 버는가?

001 콘텐츠가 왕이다 동영상 콘텐츠, 돈이 되다 · 202
    1) 광고 수입 · 202
    2) 협업 마케팅 · 203
    3) 커머스 · 204

002 플랫폼의 확산, 돈을 벌 수 있는 시장이 많아지고 있다 · · · · · · · · · · · · · · · 206
    1) 통신 사업자 · 207
    2) 포털 사업자 · 207
    3) 방송 사업자 · 209

003 뭉치면 산다 동영상 콘텐츠의 생태계가 완성되다 · · · · · · · · · · · · · · · · · · · 210

004 유튜브에 맡겨둔 돈을 찾아오자 · 213
    1) 이제 돈을 벌어보자 · 213
    2) 유튜브 채널 만들기 · 214
       ■ 유튜브 가입하기 · 214
       ■ 유튜브 채널을 만들기 전에 해야 할 일 · 217
       ■ 유튜브 채널 만들기 · 219
    3) 동영상 업로드하기 · 224
       ■ 웹으로 업로드하기 · 224
       ■ 스마트폰에서 동영상 업로드하기 · 226
    4) 유튜브 파트너 가입하기 · 227
    5) 유튜브로 수익 창출하기 · 229
       ■ 광고 설정 · 229
       ■ 애드센스 연결하기 · 232
    6) 유튜브 마케팅하기 · 234
       ■ 브랜드가 돈을 벌어준다 · 235
    7) 한 번에 여러 가지를 볼 수 있도록 패키지로 팔아라 · · · · · · · · · · · · · 241
       ■ 재생 목록 만들기 · 241

Epilogue 동영상을 제작하는 우리는 무엇인가? · 244

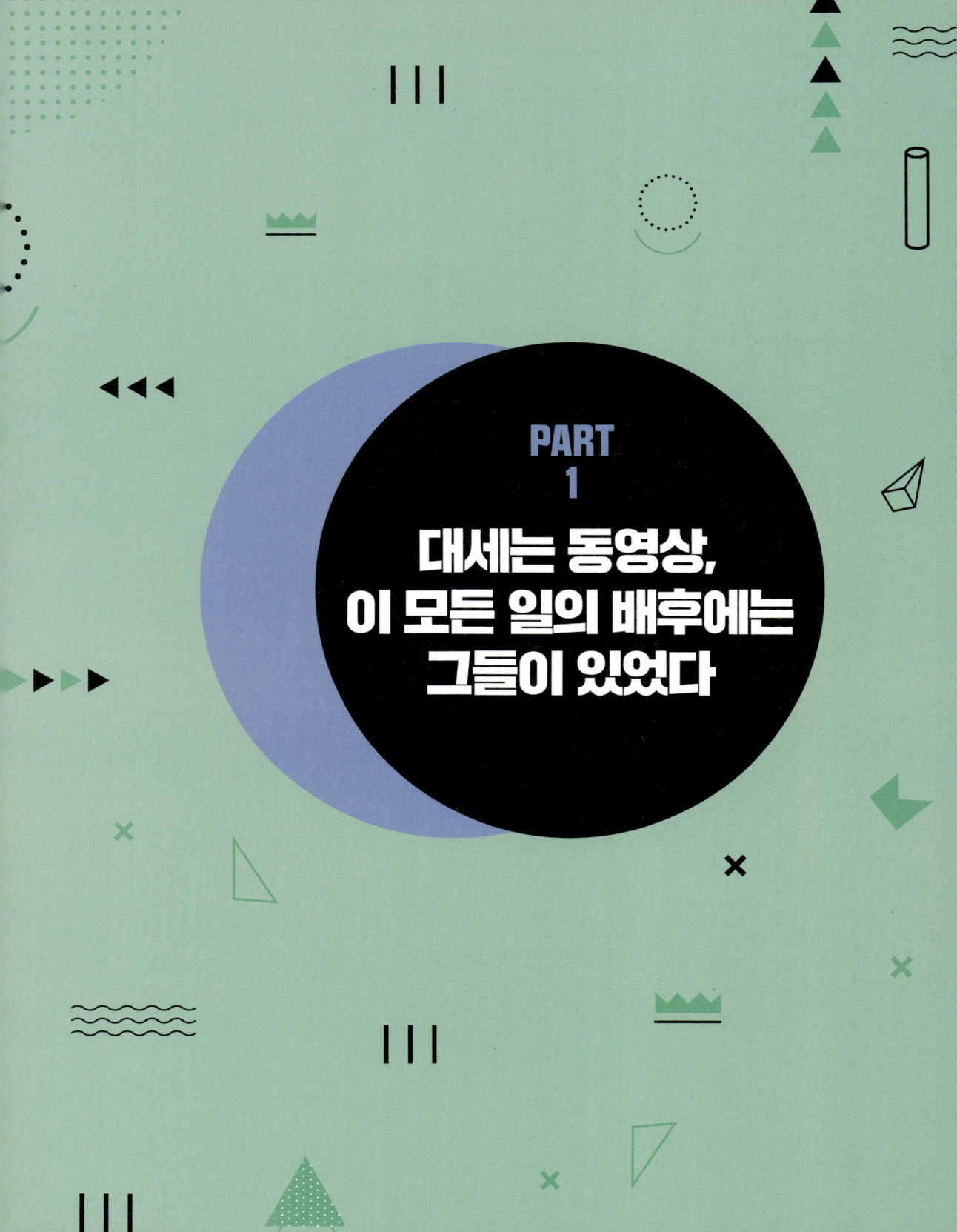

텍스트 시대에서 이미지(사진) 시대를 지나 이제는 동영상이 없으면 SNS뿐만 아니라 인터넷이 즐겁지 않다. 이러한 트렌드를 반영하듯이 초기의 포털뿐만 아니라 SNS 업체들도 서로 앞다투어 동영상을 품고 있다.

세계 최고의 동영상 플랫폼인 유튜브는 유튜브 파트너라는 프로그램을 통해 동영상을 소비만 하던 사용자들에게 동영상을 보다 쉽게 만들어 업로드할 수 있도록 하고, 트위터는 6초 동영상을 무한 반복할 수 있는 Vine이라는 앱과, 스마트폰으로 생방송을 진행하며 코멘트도 달 수 있는 Periscope라는 앱을 공개했으며, 페이스북은 인스타그램을 인수한 후 15초 동영상을 촬영하고 공유할 수 있게 만들었으며 동영상 제작을 위한 기능들을 탑재해 쉽게 공유할 수 있도록 서비스하고 있다.

동영상은 만드는 것뿐만 아니라 사람들에게 보여주는 것도 중요한데 만드는 것에서부터 보여주고 공유하는 부분까지 쉽고 간편하게 할 수 있게 되면서 동영상 시장은 폭발적으로 성장하고 있는 것이다. 이러한 폭발적인 성장을 주도하고 있는 배후를 한 번 알아보자!

아이폰, 동영상을 쉽게 만들어라

2007년 1월 9일! 아이폰 최초 출시일

이날은 아마 인류 역사상 가장 혁신적인 날로 기록될지 모르겠다. 기존 휴대폰의 패러다임을 깨 버린, 이제는 단순히 전화가 아니라 들고 다닐 수 있는 하나의 만능 디바이스! 즉, 본격적인 스마트 디바이스 시대가 열린 날이기 때문이다.

▲ 아이폰 첫 모델 iPhone 2G

▲ 2007년, 샌프란시스코에서 열린 MacWorld 컨퍼런스에서 대망의 아이폰 공개

그 후 10년도 안 되는 사이 혁신적인 스마트폰이라 불리우는 이 기기는 단순히 휴대폰의 영역을 넘어 우리의 모든 것을 혁신적으로 바꾸었다. 생활뿐만 아니라 업무까지도 스마트폰으로 처리할 수 있게 되면서 세상은 유례없이 빠른 변화를 겪고 있는 것이다.

이러한 변화 앞에 동영상은 다른 분야와 마찬가지로, 아니 다른 분야보다도 더 빠르고 더 혁신적으로 스마트폰과 결합했다.

▲ 기존의 촬영 현장은 많은 장비와 인력이 필요했다.

사실 동영상은 이미 하이엔드(고가)의 명성을 잃고 있었다. 동영상 촬영이 디지털화됨에 따라 카메라 및 장비는 저렴해지고 소형화되면서 보다 많은 사람들이 쉽게 제작할 수 있게 된 것이다. 하지만 동영상을 제작한다는 것은 전반적인 지식을 갖추고 기획, 촬영, 편집을 하고 제작한 동영상을 다른 사람들에게 보여줄 수 있는 매체가 있어야 한다는 것을 의미한다.

카메라를 조작하고 촬영하는 것은 여전히 전문가의 영역에 속해 있는 부분이며 아무리 싸졌다지만 부담이 되었다. 편집 역시 어둠의 경로를 통해 프로그램을 컴퓨터에 설치할 수는 있지만 편집을 한다는 것은 어느 정도 교육을 받아야만 할 수 있기에 한계가 있었다. 설령 우여곡절 끝에 편집을 하더라도 전문가도 아닌 개인이 만든 동영상을 공개적으로 보여줄 수 있는 기회 또한 거의 없었다.

동영상은 자기만 보려고 만드는 것이 아니라 자신의 무언가를 다른 사람한테 시각적으로 전달하려는 것인데 고생해서 만들어도 보여줄 수가 없으니 그 이상의 발전이 없었던 것이다.

▲ 촬영 앱
보다 쉽게 양질의 동영상 촬영이 가능하다.

▲ 편집 앱
기존의 많은 교육과 연습, 실전을 통해 배워야 했던 편집 작업이 너무도 쉽게 손 안에 들어왔다.

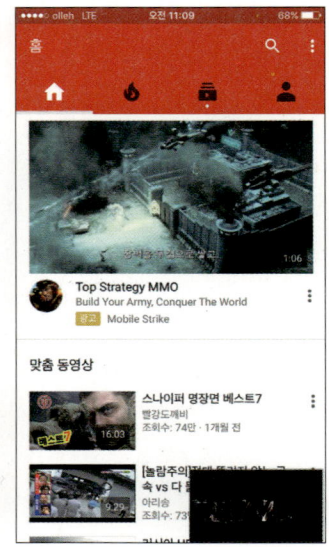
▲ 공유 앱
가장 원초적인 욕구이며 동영상을 다른 사람들에게 보여주는 행위를 간단히 해결할 수 있게 되었다.

그러던 중 모든 문제를 해결할 수 있는 혁신적인 디바이스가 갑자기 손안에 들어오게 된 것이다. 촬영도 하고, 편집도 하고, 음악도 넣고, 자막도 넣을 수 있으며, 그렇게 만든 동영상을 많은 사람들에게 공유하여 쉽게 보여줄 수 있는 기능을 갖게 된 것이다.

특히 아이폰은 애플이 강점으로 가지고 있던 멀티미디어 기능을 품고, 어마어마한 가능성을 가진 앱 생태계를 조성하면서 동영상이 가지고 있던 한계를 가뿐하게 해결해버렸다. 스마트폰의 탄생은 동영상이라는 새로운 시대의 영웅을 만들어버린 것이다.

트위터,
공유로 세상을 연결하라

002

'마이클 잭슨의 사망, 미국 허드슨강의 비행기 추락, 빈 라덴의 사망' 전혀 상관없어 보이는 세 사건에는 어떤 공통점이 있다! 바로 위의 사건들을 가장 먼저 세상에 알린 것이 트위터인 것이다.

1) Take#1

2009년 1월 16일 155명을 태우고 뉴욕에서 출발한 비행기가 이륙 4분 만에 허드슨강으로 추락했다. 이때 한 승객이 추락 사고 소식을 트위터를 통해 처음 알리면서 CNN 등의 주요 언론이 보도하기 전에 급속히 확산됐다. 이를 통해 '시민저널리스트'로서의 트위터 활약 가능성이 전 세계에 알려지기 시작했다.

▲ 트위터

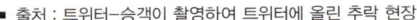

■ 출처 : 트위터-승객이 촬영하여 트위터에 올린 추락 현장

2) Take#2

2009년 6월 25일 할리우드의 연예전문 사이트인 TMZ는 트위터를 통해 마이클 잭슨의 사망 소식을 최초로 전 세계에 알림으로써 서버까지 마비되는 상황을 맞는다. 주류 매체인 MSNBC, 로스앤젤레스 타임스, CNN 등의 언론들은 이 보도가 나가고 한 시간 뒤에야 보도를 시작했는데, 이를 통해 기동성을 앞세운 새로운 매체의 등장은 기존 매체에 대한 위협을 점점 더 가시화시켰다.

■ 출처 : TMZ 홈페이지-관광객이 촬영한 동영상으로 마이클 잭슨의 죽음을 알린 TMZ

3) Take#3

2011년 5월 2일 현지 시간으로 오전 1시경, 33세의 파키스탄 프로그래머 소하이브 아타르는 무슨 일이 일어나고 있는지도 모른 채 '아보타바드 지역에 헬리콥터가 맴돌고 있다.'라는 트윗을 올린 것을 시작으로 지역 친구들로부터 자세한 정보를 받아서 트위터를 지속적으로 업데이트했다.

■ 출처 : 트위터-트위터에 올린 소식이 빈 라덴 사살 작전을 생중계하게 된 소하이브 아타르

이것이 바로 빈 라덴 사살 작전이였는데 아타르의 트윗은 오바마 미국 대통령이 공식적으로 빈 라덴의 사망을 발표하기 7시간 전에 한 것으로 역사적인 순간을 생중계로 기록한 최초의 사람이 됐다. 이후 24시간 만에 아타르의 팔로워는 7만 6,000명이 늘었으며, 전 세계의 수많은 기자들로부터 인터뷰 요청을 받으며 트위터 스타가 되었다.

위의 사건들을 통해 사람들은 자신이 항상 가지고 다니는 스마트폰과 실시간 공유가 가능한 매체들의 위력을 실감하기 시작했다. 또 당시만 해도 실시간으로 서로의 짧은 이야기나 사진을 공유하는 것이 대부분이었던 공유 매체들이 이와 같은 기동성과 빠른 전파성에 기반을 둔 특종에 눈을 뜨면서 단문이나 사진에 더해서 상황을 생생히 전달할 수 있는 동영상에 관심을 갖기 시작했다.

유튜브, 동영상 시대를 열어라

기존에 동영상을 제작하고 홍보해야 하는 사람들에게는 보다 다양한 시청자들과 만날 수 있는 기회를 주고, 동영상을 처음 만드는 사람들한테는 수준 높은 동영상은 아니더라도 자신의 동영상을 쉽게 올려서 다른 사람들과 소통할 수 있는 장을 만들어준 유튜브!

유튜브는 2005년 2월 사이트를 개설한 후 꾸준히 성장했으며 스마트폰과 만나면서 더욱 폭발적으로 성장하고 있다.

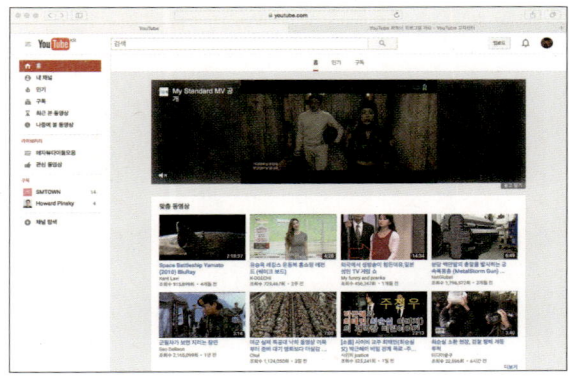

▲ 매일 1억 건 이상의 조회 수를 기록하는 전 세계 최대 동영상 공유 사이트 유튜브

많은 사람들에게 동영상 제작이라는 것이 막연히 먼 나라 이야기가 아니라 쉽게 만들고 공유할 수 있다는 용기를 불어넣어 준 유튜브에서 사람들이 어느 날인가부터 돈을 벌기 시작했다.

■ 출처 : 유튜브-기타 연주로 유명해진 정성하

광고나 저작권료 등으로 돈을 벌기 시작한 것이다.

어떤 사람은 자신의 능력을 사람들에게 보여주면서 그로 인해 유명해지면서 돈을 벌었고, 어떤 사람은 사람들이 좋아할 만한 재미있는 동영상을 만들어 광고로 돈을 벌었다.

■ 출처 : 유튜브-게임을 친근감 있게 중계하여 인기를 끌고 있는 '양띵'

싸이는 중독성 있는 노래와 뮤직비디오를 통해 전 세계적으로 사랑받는 유명인이 되었다. 물론 이로써 막대한 돈을 번 것은 말할 것도 없다.

■ 출처 : 유튜브-중독성 있는 노래와 안무 그리고, 재미있는 뮤직비디오로 최고의 인기를 얻은 싸이의 '강남스타일'

이러다 보니 사람들이 더욱더 동영상에 열광하기 시작했다.

보는 사람은 점점 더 다양하고 재미있는 동영상들을 볼 수 있어서 몰리게 되었고, 만드는 사람들은 이를 통해 자아실현도 하고 돈도 벌 수 있으니 마치 1800년대 중반 미국의 금광시대처럼 사람들이 구름처럼 몰려들기 시작했다. 그리고 매일 1억 건 이상의 동영상을 사람들이 조회하는 최대의 동영상 공유 사이트가 된 것이다. 이런 유튜브야 말로 이 시대를 동영상 전성시대로 이끈 일등공신이라 할 수 있다.

물론 이외에도 많은 영향력 있는 SNS와 포털 사이트들이 생겨나면서 차세대 동영상 시대를 이끄는 견인차 역할을 하고 있지만, 유튜브와 트위터는 단지 동영상 시대를 연 존재에서만 머물고 있는 것은 아니다.

단문의 문자와 사진만을 공유하던 트위터는 6초 동영상을 무한 반복 공유할 수 있는 Vine이라는 앱과, 스마트폰으로 생방송을 하며 코멘트도 달 수 있는 Periscope라는 앱을 공개하였으며,

 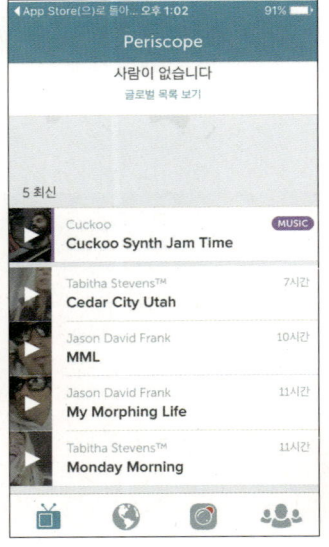

▲ Vine
6초 동영상을 무한 반복하고 공유함

▲ Periscope
스마트폰으로 생방송을 하며 코멘트도 달 수 있음

유튜브는 유튜브 파트너스 프로그램을 통해 동영상을 제작하는 사람들이 보다 쉽게 제작할 수 있도록 각종 교육과 지원을 시작했다. 소비만 하던 사용자들이 이제는 동영상을 제작하는 제작자가 되면서 유튜브에 대한 충성도가 더욱 높아지고 있다.

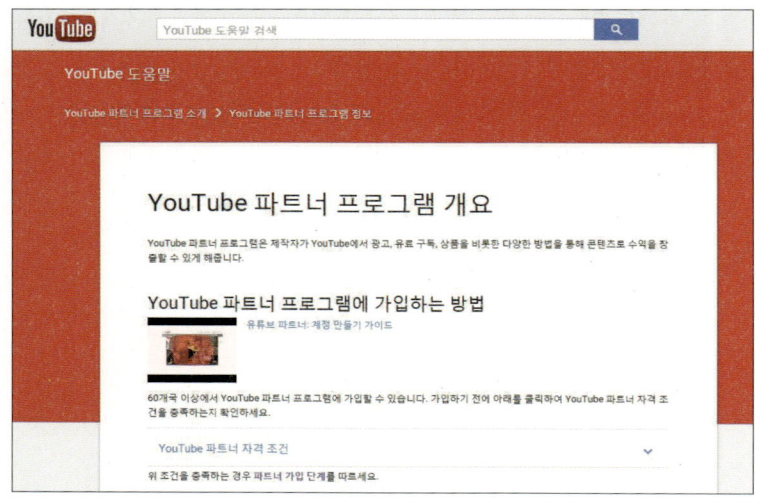

■ 출처 : 유튜브-보다 쉽게 영상을 제작할 수 있도록 교육과 지원을 시작한 유튜브의 유튜브 파트너 프로그램

또한, 혁신의 아이콘인 아이폰은 발표하는 제품마다 새롭고 혁신적인 멀티미디어 기능을 선보이며 누구나 쉽고 빠르게 동영상을 만들수 있도록 지속적으로 공헌하고 있다.

■ 출처 : 애플 스토어 홈페이지-아이폰7과 7plus 카메라

화소는 다른 스마트폰에 비해 높지는 않지만 센서를 보다 크게 하면서 좋은 화질을 만들기 위해 노력했으며 타임랩스, 슬로모션 등의 카메라 기능들을 계속 추가하면서 다양하고 재미있는 동영상을 스마트폰 하나로도 충분히 만들 수 있음을 증명하고 있다.

이렇듯 동영상을 더 쉽게 만들 수 있게 해주고 더 쉽게 공유하게 해주고 더 빨리, 더 멀리, 전파할 수 있게 해준 아이폰, 트위터, 유튜브는 동영상 시대를 열고 발전시킨 일등공신이자 배후세력이라고 할 수 있겠다.

동영상
콘텐츠가 돈이고 권력이다

1) 동영상 콘텐츠가 곧 돈이다

▲ 1800년대 후반 미국 황금시대의 모습

조금은 생뚱맞을지 모르겠지만 1800년대 후반 미국의 서부로 시간여행을 가보자. 1800년대 중반부터 미국은 금을 찾아 서부로 많은 사람들이 몰려드는 Gold Rush 시대였다. 누군가 금을 찾아서 엄청난 부자가 됐다는 소식에 흥분해서 많은 사람들이 여러 위험을 무릅쓰고 서부로 향한 것이다.

그로부터 100여 년이 지난 2000년 후반부터 이제는 전 세계 사람들이 유튜브로 몰려들기 시작했다. 유튜브를 통해 총 100억 원 이상을 벌고 세계적인 유명인사가 된 싸이가 있고, 돈도 돈이지만 자신의 재능을 보여주는 동영상을 통해 세계적으로 유명해진 정성하도 있었으며, 작정하고 많은 사람들이 좋아할 만한 동영상을 제작하여 인기를 얻은 대도서관 등, 동영상을 통해서 엄청난 부자가 되고 많은 인기를 얻었다는 소식이 사람들을 고무시켰고 동영상 제작에 몰려든 것이다.

마치 Gold Rush 시대처럼…

Gold Rush 시대가 불모지였던 서부를 개척했던 것과 마찬가지로, 동영상 시대가 새로운 세계를 개척하며 미래를 만들어가고 있는 것이다. Gold Rush 시대에 모든 사람들이 부자가 된 것은 아니지만 그 당시 막대한 자본이 만들어진 것임은 틀림없었다.

현재도 마찬가지다.

모두가 돈을 벌고 부자가 된 것은 아니다. 하지만 지금 동영상 시대에 막대한 자본이 만들어지고 있으며, 명성을 얻어서 큰 돈을 벌려는 사람들이 늘어나고 있는 것이다. Gold Rush 시대에 서부를 개척하기 위해 로키산맥에 도로가 건설되고 대륙횡단 열차가 만들어진 것처럼, 지금은 동영상을 쉽게 만들고 쉽게 공유하기 위해 많은 프로그램과 인프라가 구축되고 있다. 이쯤 되면 우리는 말을 달려 서부로 가지는 못하더라도 카메라를 들고 유튜브로 달려가야 하지 않을까? 그곳에 신세계가 있는데?!

아니! 우리는 스마트폰을 들고 달려가자!

2) 동영상은 권력이다

■ 출처 : 유튜브-백인 경관 마이클 슬래거가 비무장 상태로 달아나던, 흑인 남성을 총으로 쏴 숨지게 한 장면이 시민에 의해 촬영됐다.

탕! 탕! 탕!... 8발의 총성이 울렸고 체포를 피해 도망가던 흑인은 그대로 사망했다.

백인 경찰은 흑인이 자신을 공격하고 도망갔다며 정당방위를 주장했고, 그대로 받아들여지는 듯했다. 그러나 지나가던 사람이 스마트폰으로 촬영한 동영상이 공개되면서 상황은 바뀌기 시작했다. 공개된 동영상을 보면 경찰은 도망가던 흑인 뒤에서 총격을 가했으며, 그 밖의 진술들이 모두 거짓임이 밝혀진 것이다.

만약 동영상을 촬영하지 못했다면, 그리고 스마트폰이 아니었다면 사건은 흑인의 잘못에 의한 경찰의 정당방위로 끝났을 것이다. 하지만 진실이 밝혀지고 경찰은 살인죄로 기소됐다. 이것은 동영상이 얼마나 큰 반향을 일으키고, 사회적 이슈로 빠르게 퍼질 수 있는지 보여주는 사건이다.

■ 출처 : 유스트림-오바마 미 대통령의 취임식은 유스트림에서 생방송으로 중계됐다.

2009년 1월 버락 오바마가 제44대 미국 대통령으로 재선되어 취임식을 가졌었다. 이 취임식에는 주요 방송사 이외에 초대받은 곳이 하나 더 있었는데, 그게 바로 유스트림이다.

유스트림이 거대 방송사와 언론 채널들 사이에서 당당히 대통령 취임식을 생방송할 수 있게 된 것이다. 유스트림은 2007년 3월 미국에서 시작된 인터넷 개인 방송 서비스로, 2008년 오바마 대통령의 선거 유세 기간을 생방송으로 중계하면서 유명해지기 시작했으며, 오바마 대통령도 유스트림을 통해 폭 넓은 층의 지지를 받았다고 한다.

미국 대통령이라는 절대 권력이 탄생하는 취임식에 인터넷 방송 서비스 업체가 다른 유수의 언론사들과 나란히 생방송으로 중계했다는 것은 권력의 탄생에 절대적인 도움을 줬는지는 모르지만, 일정 부분 도움이 됐다는 것을 인정받은 것이라 할 수 있다.

이외에도 중동의 폭격 장면이라던가, 방콕에서 일어난 폭탄테러, 프랑스 파리의 테러 사건 등이 동영상을 통해 실시간으로 전 세계에 퍼지면서 한쪽에서는 테러의 잔혹함과 그를 힘으로 말살시켜야 된다는 목소리가 힘을 얻었고, 다른 한쪽에서는 오히려 전쟁과 증오를 종식시켜야 한다는 목소리가 힘을 모으기 시작했다.

그야말로 비극적인 사건들의 정보가 소수에 의해서 독점되어 자신들의 이익에 이용되어 왔던 과거와는 달리 많은 사람들에게 동영상으로 생생하게 공유되면서 힘! 즉 권력의 이동을 부추기는 큰 원동력이 되고 있다. 이제 동영상은 권력을 만들기도 하고 권력을 이동시킬 수 있는 힘을 갖게 된 것이다.

우리는 이제 스마트폰 하나만으로도 당당히 권력을 좌지우지 할 수 있는 동영상을 만들 수 있게 되었다. 이제 그런 시기가 된 것이다.

왜
스마트폰인가?

1) 그럼 우리는 왜 스마트폰에 주목하는가?

앞서 이야기했지만 스마트폰이 동영상 콘텐츠의 모든 것을 하나로 융합해버렸기 때문이다. 동영상 콘텐츠가 빛을 보기 위해서는 누구보다 빠른 정보성이 있어야 하고 그 정보의 기획, 촬영, 편집 등 제작이 쉬워야 하며, 이렇게 만든 콘텐츠를 많은 사람들과 공유해야 하는데 스마트폰은 이 모든 과정들을 수많은 앱들을 이용해서 통합해버렸다.

▲ 아이폰은 수많은 앱들을 통해서 촬영, 편집, 공유까지의 작업을 한 번에 통합해버렸다.

그것도 이전의 어떤 프로그램이나 작업 과정보다 너무 손쉽고 간편하게 만들어버린 것이다. 이것은 동영상 분야의 혁명이라 할 수 있다. 그런데 어떻게 스마트폰에 주목하지 않을 수 있겠는가?

▲ 아이폰으로 촬영한 벤틀리 광고

물론 스마트폰 이전에 이미 동영상 분야는 디지털화되면서 많이 소형화되고, 저렴해지고, 간편해지기는 했지만 그럼에도 불구하고 아직도 많은 장비들이 필요했고, 아직은 전문 지식도 필요했다. 하지만 스마트폰은 달랐다. 초기부터 스마트폰 카메라의 기능은 지속적으로 발전하면서 영화와 CF까지도 촬영할 수 있는 수준으로 발전한 것이다.

■ 출처 : 영화 '파란만장' 메이킹 필름

▲ 과거의 촬영 현장은 많은 인력과 장비가 필요했지만 현재는 스마트폰만 있어도 된다.

또한, 동영상 제작과 관련된 앱들이 많이 생겨나면서 촬영한 동영상을 스마트폰에서 바로 편집해서 음악까지 넣어 공유할 수 있으며, 이런 작업도 생략한 채 바로 촬영한 순서대로 공유하거나, 아니면 아예 편집 없이 생방송으로 공유할 수 있게 되었다.

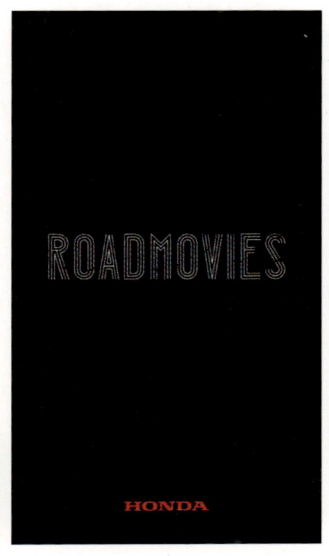  

▲ Roadmovies
동영상을 촬영하면 바로 편집하여 공유할 수 있다.

▲ Periscope
스마트폰으로 생방송을 하며 코멘트도 달 수 있다.

그리고 더 중요한 것은, 이전처럼 전문 지식이 많지 않더라도 쉽게 동영상 제작을 할 수 있게 되었다. 스마트폰의 앱들은 사용자들이 기본적으로 쉽고 간편하게 사용할 수 있도록 하는 데 기술과 아이디어를 집중하기 때문에 직관적으로 사용하기 쉽게 만들어진다. 그렇기 때문에 누구나 조금만 연습하고 기본기만 갖춘다면 동영상을 쉽게 제작할 수 있다.

▲ 아이폰으로 촬영한 벤틀리 광고 메이킹

2) 언제 어디서나 촬영할 준비가 되어 있다

요즘 우리는 집착이라 할 정도로 스마트폰을 끼고 다닌다. 바로 그 스마트폰이 촬영 장비다! 거창하게 준비할 것도 없다. 사건이나 상황이 발생하면 주머니에서 꺼내서 바로 촬영하면 되며 생각할 필요도 없다.

이전에는 바로 옆에서 큰 사건이 일어나도 일반인들은 구경만 하거나 발만 동동 구르며 안타까워하는 수밖에 없었다. 그러다 상황이 거의 끝나고 나면 그제야 방송국 카메라나 신문사 기자들이 나타난다. 그들은 출동하려면 이것저것 챙겨야 하는 장비들도 많았고, 상황에 따라 멀리 떨어진 곳에서 취재를 하고 있었을 수도 있기 때문에 시간이 오래 걸렸을 것이다. 그런데 마침 모든 장비를 들고 지나가는 길에 또는, 근처에 있었다면 그 기자는 생생한 현장을 취재하게 되고 그것이 특종이 되는 것이다. 누구나 가지고 있는 스마트폰으로 인해 일반적 상황 보도에 있어서는 일반인과 기자의 경계가 허물어지고 있는 것이다.

사건 사고가 생긴다! 주변에 누군가 있다! 그 사람은 스마트폰을 가지고 있다! 그러면 촬영한다! 그리고 인터넷과 SNS에 올린다!

2009년 허드슨강에 미 항공기가 추락했을 때 아이폰으로 촬영하여 트위터로 공유한 승객은 후에 시민 기자라는 칭호를 얻게 되었다.

▲ 최근에 시민들은 어떤 일이 생기면 바로 스마트폰으로 촬영부터 한다.

3) 특종, 내 손안에 있다

최근 뉴스에서 사건/사고 현장의 생생한 동영상들을 종종 볼 수 있는데 사실 이 동영상들의 경우 화질도 별로 좋지 않고, 촬영도 엉망인 경우가 대부분이다. 그렇다고 해도 화질이나 촬영 기술을 가지고 뭐라고 나무라는 사람은 별로 없을 것이다.

대부분은 그 사건이나 현장의 생생함과 전해지는 속도를 보며 감탄할 뿐이다. 이것들은 대부분 스마트폰으로 촬영한 것이다. 이것이 바로 스마트폰으로 동영상을 제작해야 하는 세 번째 이유이다.

바로 실시간 공유가 가능하다는 것!

최근 뉴스는 생생함, 소비자에게 전해지는 속도, 이런 것들이 중요한데 스마트폰은 이런 것들을 가능하게 하는 현재까지의 유일한 대안이다.

■ 출처 : 유튜브-2015년 8월 18일 여행객이 우연히 방콕 폭탄테러 현장을 촬영했다.

4) 무한한 가능성을 가지고 있다

스마트폰의 동영상 관련 기술의 발전은 아직도 현재 진행형이다.

카메라는 이미 4K까지 촬영이 가능해졌으며 고화질/저용량으로 꾸준히 기술이 발전하고 있다. 편집과 자막 CG 등의 후반 작업 역시 다양한 앱들을 통해 점점 더 쉬워지고 퀄리티도 올라가고 있으며 발전된 통신 기술과의 결합으로 고화질의 동영상들이 보다 쉽게 공유되고 있다.

현재 SNS들의 주력이 동영상이며 생방송으로 동영상을 중계할 수 있는 사이트들도 지속적으로 만들어지고 있고 이와 관련된 기술들도 스마트폰을 중심으로 더욱더 발전할 것이다. 그러므로 현재는 아프리카를 중심으로 하는 폐쇄형, 고정형 1인 방송에서 스마트폰을 통한 새로운 형태의 개방형, 이동형 1인 방송으로 보다 다양한 가능성을 만들어 갈 것이다.

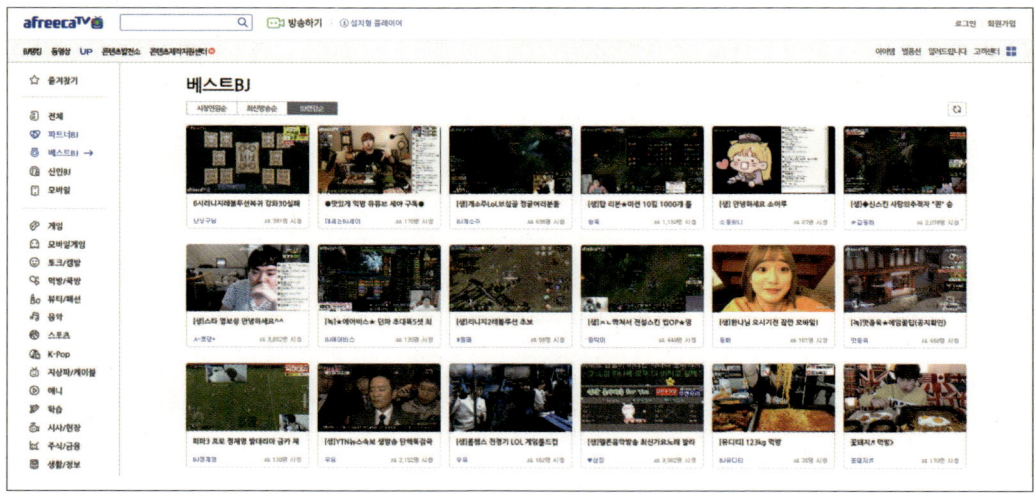

■ 출처 : 아프리카TV

▲ 현재 많은 1인 방송이 실내에서 인기 BJ에 의해 진행되는 것에 비해, 동영상 제작이 자유로워지면 다양한 소재를 찾아 외부로 나갈 것이다.

팔리는 콘텐츠는
무엇인가?

2015년 10월 14일 LA 유튜브 스페이스에는 동영상 콘텐츠를 통해 가장 많은 수익을 올린 13명의 젊은이들이 초청됐다.

■ 출처: 유튜브-2015년 유튜브에서 가장 많이 번 스타들이 한자리에 모여 비밀을 이야기하다.

개개인이 감독이며 작가이고, 출연자이며 프로듀서인 이들은 유튜브에서는 슈퍼스타들인데 그들이 벌어들인 수익만 봐도 총 5,450만 달러(약 615억 원)이다. 일반인들 기준으로 최저 100배 이상의 연봉을 벌고 있는데 재미있는 것은 그들을 바라보는 사회의 시선이다. 한 언론사에서는 이들을 이렇게 소개했다.

그들 아버지 세대가 본다면 한심하게 생각했을 노는 것으로 돈을 벌고 있다

기존 사회가 그들을 바라보는 시선을 적나라하게 이야기하는 것일 수 있는데, 사실은 이 말이 바로 '팔리는 콘텐츠'의 핵심이다.

1) 그들 아버지 세대가 본다면 "한심하게 생각했을" 노는 것으로 돈을 벌고 있다 ❶

이들의 동영상 콘텐츠를 보면 정말 열심히 한심하게 놀고 있다.

일반적인 시선으로 보기에는 아무것도 아닌 것들, 아주 사소한 것들, 그리고 이전에는 소수만이 좋아할 만한 것들을 가지고 정말 열심히 놀고 있다. 이전 같으면 말도 안 되는 아이템이라고, 너무 저급하다고…., 정말 되겠냐고? 갖은 이유로 거부했을 아이템들을 과감하게 밀고 나갔고, 그들은 성공한 것이다.

- 연수익 : 1,200만 달러 (약 145억 원)
- 구독자 : 4,000만 명
- 분야 : 게임 채널

■ 출처 : 유튜브-2015년 유튜브에서 가장 많이 번 Pewdiepie, 게임 방송 전문 유튜브 채널로 게임을 하면서 게임 대사를 따라하고 재미있는 자막으로 인기를 끌고 있다.

- 연수익 : 850만 달러 (약 103억 원)
- 구독자 : 2,100만 명
- 분야 : 코미디

■ 출처 : 유튜브-The Movie도 나오는 그룹으로 운영하는 코미디 채널 Smosh, 특정한 주제를 가지고 단막극 형태의 코미디 콘텐츠를 연출해서 인기를 끌고 있다.

사실 기존에 동영상 콘텐츠를 만드는 제작자들은 제작 관행에 너무 익숙해져 있었다. 그렇기 때문에 수용자가 받아들여야만 빛을 발하는 콘텐츠의 속성을 무시하고 관행이라는 또는, 규율이라는 틀 안에서 본인들이 만들고 싶은 것만 만들어댔다. 물론 방송이나 영화도 트렌드와 사회의 흐름을 고려하며 기획하고 성공도 한다. 하지만 그들이 파고들지 못하는 틈새, 그리고 그들이 대중의 요구에 반응하는 데 걸리는 시간에 앞서 개인 제작자들은 최초로 동영상을 만들려고 했던 초심, 자신이 정말 하고 싶고 주변에서도 원하는 한심한(?) 이야기들을 눈치 보지 않고, 그대로 실천했다.

그런데 이 한심하다고 생각하는 이야기들이 사람들의 입소문을 타고 인터넷을 통해 빛의 속도로 전파된 것이다. 이전에는 무시당해 마땅한 음지 속의 개인들이 인터넷을 통해 그들의 취향을 커밍아웃하면서 뭉쳤고, 커졌다. 그 결과가 지금의 슈퍼스타 유튜버들을 만든 것이다.

대중의 욕구는 아주 낮은 수준에서, 아주 가까운 보통사람들의 생각들이 모여 시시각각 변한다. 하지만 그 변화를 읽기에는 기존의 동영상 제작 시스템이 너무 거대했다. 그런데 대중 속에 있는 개인들은 주변의 이야기에 빠르고 민감하게 반응할 수 있었다. 자신도 변화의 한가운데에서 필요성을 느끼고 주변에 눈치를 볼 필요도 없었으며 많은 돈이 들거나 어렵거나 위험하지 않았기 때문에 그냥 해 버린거다.

한심한 생각이라고 숨어있는 대중의 욕구를 동영상으로 만들어버린 거다.

그렇다! 이제 한심한 생각이 '돈'을 버는 시대다!

2) 그들 아버지 세대가 본다면 한심하게 생각했을 "노는 것으로" 돈을 벌고 있다 ❷

앞에서도 이야기했지만 개인 제작자들은 그들이 제작한 동영상에서 정말 열심히 재미있게 놀고 있다. 게임을 중계하면서 거침없이 욕설을 하고 황당한 상황을 연출한 후에 사람들의 반응을 지켜보면서 킬킬거리기도 하고, 어떻게 하면 유명인처럼 멋있고 아름답게 보일지를 본인이 직접 재연하면서 자신만의 세계에 빠져 버리기도 하는 등 열심히 놀고 있다. 이것이 기존의 미디어와 차별점이 되었고 기성 문화, 기성 세대, 기성 미디어에 지치고 실망하고 있던 대중들에게 재미로 다가가게 된 것이다.

놀이의 기본은 '재미'이다.

이 '재미'는 굉장히 주관적이다. 시대와 상황에 따라 달라지는데 최근의 재미라면 많은 생각을 하지 않고 한마디로 빵 터지는 '즉흥적인 재미'와 남보다 더 빨리 알게 되는 '속도적인 재미'가 중요하다고 할 수 있다. 이런 재미가 자연스럽게 녹아 들어있는 놀이는 대중의 사랑을 받기에 충분하다. 슈퍼스타 유튜버들은 이것을 본능적으로 알고 시작했으며 점점 경험을 통해 더 노하우를 쌓아 갔다. 그래서 그들은 시대가 요구하는 '재미'를 '놀이'로 제대로 녹임으로써 사람의 취향을 저격한 것이다.

- 연수익 : 600만 달러 (약 73억 원)
- 구독자 : 700만 명
- 분야 : 음악(바이올린 연주)

■ 출처 : 유튜브-바이올리니스트이자 댄서인 Lindsey Stirling
바이올린을 연주하면서 춤을 추는 동영상으로 유명하다. 음반 기획사와의 계약에 실패하고, 유튜브에 동영상을 올려서 스타가 되었다. 그 후에 개인 앨범과 단독 공연도 진행했다.

- 연수익 : 300만 달러 (약 36억 원)
- 구독자 : 840만 명
- 분야 : 뷰티(화장)

■ 출처 : 유튜브-기초 화장으로 유명인처럼 보이게 하는 화장법을 보여주는 Michelle Phan
포브스 선정 30세 이하 아트 스타일리스트 30인 부문에 선정될 정도로 인기를 끌고 있으며 로레알로 스카우트되어 자신의 이름으로 브랜드까지 출시했다.

- 연수익 : 250만 달러 (약 30억 원)
- 구독자 : 500만 명
- 분야 : 요리(제과/제빵)

■ 출처 : 유튜브–빵과 과자를 만드는 동영상으로 유튜브 스타가 된 Rosanna Pansino
집에서 간단하게 해 먹을 수 있는 레시피를 소개하는 동영상으로 인기를 끌고 있으며 최근에는 요리책도 출판했다.

또 다시 시대는 변한다.

변하는 시대를 몸으로 체험하고 있는 차세대 슈퍼스타 유튜버들이 또 다른 놀이를 준비하고 있을 것이다.

이제는 당신이 새로운 놀이를 준비할 차례이다.

동영상이란 보이는 것, 그대로를 특정한 장비(카메라 등)를 이용하여 기록하고 이것을 특정한 매체(영사기, TV 등)로 다른 사람에게 재현하는 것이다. 더 쉽게 이야기하면 동영상 지원이 되는 카메라를 가지고 움직이는 피사체를 촬영해서 TV 또는, 컴퓨터 화면 등에서 보여지는 움직이는 이미지를 말한다. 이러한 것들을 기록을 목적으로 순발력과 진정성을 가지고 보여주는 것이 동영상이라 할 수 있겠고, 내가 보고 느낀 것을 다른 사람들에게 보여주기 위해 보다 정교하게 다듬고, 기획하여 만드는 것을 영화라 할 수 있겠다.

동영상이 만만해졌다!

■ 출처 : 온라인 커뮤니티-기존의 촬영 현장이나 최근 버라이어티 프로그램은 많은 인력과 비용이 든다.

동영상들이 최근 들어서 주목을 받고 많이 제작되는 이유는 여러 가지가 있겠지만, 가장 큰 이유는 제작이 만만해졌기 때문일 것이다.

예전에는 동영상을 제작하려면 오랫동안 공부를 해서 기술과 지식을 익혀야만 했고 그 후에도 현장에서 죽도록 고생하면서 어깨너머로 배워야 겨우 촬영과 편집을 할 수 있었다. 그나마도 장비의 가격들이 매우 비쌌기 때문에 함부로 만져볼 수조차 없었다. 90년대 중반까지만 해도 방송용 카메라 한 대 가격이 아파트 전셋값과 맞먹었고, 편집기기는 거의 아파트 한 채 값이었다. 하지만 현재는 동영상이 넘쳐나는 시대라 지금의 세대들은 동영상에 대한 잠재적 소양들을 이미 가지고 있으며, 장비 가격들도 저렴해졌을 뿐만 아니라, 집에 있는 개인용 컴퓨터만으로도 동영상 편집도 쉽게 할 수 있게 되었다.

심지어 우리는 스마트폰만으로도 동영상을 만들려고 하고 있지 않은가? 이러니 동영상이 만만해지지 않을 수가 없다.

▲ 90년대 카메라 가격 3~7000만 원   ▲ 2000년대 카메라 가격 3~500만 원   ▲ 아이폰 가격 70~100만 원

지금 당장 알 필요는 없는 002
동영상 상식들

'A한테 필 조명을 더 주고, 로우 앵글로 타이트하게 찍다가 달리 아웃하면서 팬해서, B를 클로즈업 해주세요.'

'작품을 제출할 때는 1080P에 H264로 해주세요.'

???

실제 현장에서 쓰는 용어들이다.

그렇다! 요즘 동영상 제작이 너무 흔해져서 우리가 간과하는 부분이 있다. 그것은 동영상 제작이란 기본적으로 아직도 **전문가의 영역**이라는 것이다. 그래서 아직도 처음 접할 때는 어려운 내용과 그들만이 쓰는 용어들이 많은 게 사실이다. 처음에는 이런 것들을 몰라도 재미있어서 이리저리 찍어보고 편집도 하고 공유 사이트에 올리겠지만, 하다 보면 다른 동영상들과 비교해보고 더 나은 동영상을 만들려고 공부도 하다 보면 잘 알지 못하는 용어들과 상식이라는 벽에 마주하게 될 것이다. 이 장은 바로! 그때를 위해 필요한 것이다. 필요한 상황이 닥친다면 그때 자세히 보고 익히면 되는 것이다.

처음에는 흥미를 잃지 않을 정도로 빠르게 읽어 보자. 그런 후에 실제 동영상을 제작하다가 막히는 부분이 있으면 다시 천천히 보면 된다. 그러면 용어나 촬영 방법들도 훨씬 쉽게 눈에 들어올 것이고 이해도 쉬울 것이다.

요즘은 동영상 촬영, 편집, 공유까지 혼자하기 때문에 알아둬야 할 것이 많지만, 사실은 아무것도 아니다! 그냥 영어로 쓰였다는 것? 그래서 그 뜻만 알면 거의 이해할 수 있다는 것.?.. 정도다. 그러니 이 장에서 나오는 용어를 제대로 외우거나 알지 못한다고 조바심을 낼 필요가 없다. 열심히 제작하다 보면 자연스럽게 이 장이 필요하게 될 것이고, 이미 알고 있는데 전문적인 용어만 모르고 있을 뿐이니...

그리고 또 하나 중요한 것!! **폼이 난다!!**

앞에서도 이야기했지만 동영상 제작은 '전문가의 영역'이다.

그러므로 다른 사람들과 이야기할 때 전문가인 듯 '그걸 찍을 때 롱테이크로 찍으면서 조금씩 달리 아웃을 하면서 딥 포커스를 유지하니까...'

이렇게 이야기하면 주변의 사람들은 당신을 전문가처럼 보게 될 것이다. 멋질 것 같지 않나?

그럼, 조금은 재미없고 지루하고 따분하더라도 동영상 제작에 필요한 이론적인 것들을 잠시 배워 보자. 물론 지금 당장 알 필요는 없다!

1) 동영상의 구성

카메라	음악	디스플레이
조명	음향 효과	포맷
피사체	나래이션	코덱

VIDEO(시각적 요소) + AUDIO(청각적 요소) + MEDIA(매체) = 동영상

요즘의 동영상은 시각적인 요소와 청각적인 요소가 미디어와 결합된 종합적인 콘텐츠이다. 특히 최근 들어서 모든 과정이 디지털화되면서 보다 많은 사람들이 동영상을 제작할 수 있게 됐다. 그렇기 때문에 동영상을 제작하기 위해서는 알아야 할 부분들이 너무 많아진 것이다. 하지만 걱정하지 않아도 된다. 용어가 어렵고 낯설기는 하지만 사실은 이미 아는 내용들이고 자연스럽게 알게 되는 내용들도 있을 것이다.

■ 시각적 요소 ❶

화면에 시각으로 보이는 요소로 촬영을 통해서 얻어지는 쇼트(Shot)와 촬영을 위한 조명 그리고 피사체들로 구성된다.

(1) 쇼트(Shot)

동영상은 피사체들로 구성된 하나의 화면(Picture)이 연속적으로 연결되어 움직이는 장면이 되는 것인데, 이러한 장면이 한 번에 연결되어 촬영된 것을 쇼트(Shot)이라고 한다. 말이 좀 어려워 보이는데 쉽게 이야기해서 연출자가 '액션'이나 '큐'라고 외치며 촬영을 시작해서 '컷'이라고 외치면서 촬영을 끝낼 때 까지 한 번에 촬영된 장면을 말한다. 이러한 쇼트는 동영상을 구성하는 최소의 단위로 피사체의 크기, 피사체와의 거리, 피사체를 보는 각도, 카메라의 움직임, 피사체의 개수에 따라 분류할 수 있다.

① 피사체의 크기에 따른 분류

익스트림 클로즈업(Extrem Close-Up Shot/E.C.U.)

말 그대로 극단적으로 크게 확대해서 촬영하는 방식을 말한다. 화면에 지문이 보이도록, 눈동자만 확대해서 핏줄이 보일 정도로... 이러한 쇼트는 주로 극단적인 상황을 보여주기 위해 사용한다.

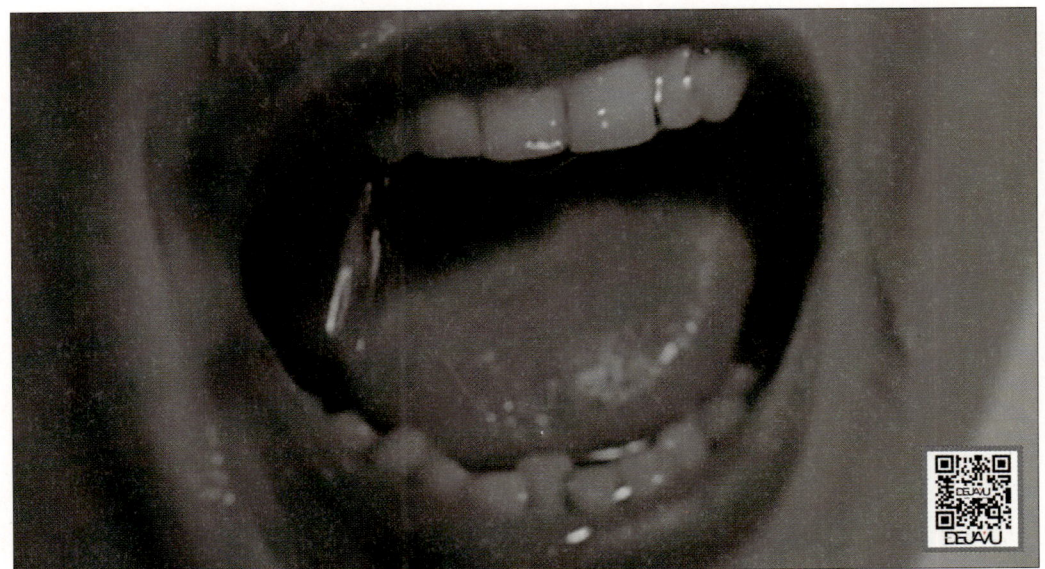

■ 출처 : 영화 '사이코'/히치콕

클로즈업(Close-up Shot/C.U.)

피사체를 최대한 크게 확대해서 촬영하는 방식을 말한다. 인물의 경우 화면에 얼굴을 가득 채워서 촬영하거나, 작은 사물을 크게 촬영하는 것을 말하는데, 사물이나 표정의 의미를 강조하기 위해 또는 상징적으로 중요할 때 사용한다.

■ 출처 : 영화 '샤이닝'의 한 장면으로 가장 유명한 클로즈업 쇼트다!!

바스트(Bust Shot/B.S.), 웨이스트(Waist Shot/W.S.), 니(Knee Shot/K.S.)

보통 인물을 촬영할 때 쓰는 용어로 가슴선, 허리, 무릎까지 촬영하는 것을 말한다. 대화나 평범한 상황을 보여줄 때 주로 사용한다.

▲ 바스트 쇼트/B.S.

▲ 웨이스트 쇼트/W.S.

▲ 니 쇼트/K.S.

풀(Full shot/F.S.)

피사체의 전체가 보이도록 촬영하는 방식을 말한다. 사람의 경우 머리에서 발까지 보이게 촬영하며, 사물의 경우에는 배경까지도 모두 보이도록 촬영하는 것을 말한다.

▲ 인물 풀 쇼트   ▲ 배경 풀 쇼트

② 피사체와의 거리에 따라

익스트림 롱(Extrem Long Shot)

상당히 먼 거리에서 피사체를 촬영하는 방식을 말한다. 하늘에서 내려다본 풍경, 멀리서 바라본 도시의 전경 등을 말하는데 이것은 이야기 또는, 상황이 벌어지기 전에 그 장소에 대한 정보를 제공하거나, 이야기 전체의 크기를 보여주기 위해 사용한다. 주로 드론과 같은 항공장비를 이용하거나, 크레인 또는 건물이나 산의 정상 등 높은 곳에서 촬영하는 경우가 많다.

▲ 정보 제공과 이야기의 스케일을 보여주기 위해 사용하는 익스트림 롱 쇼트

■ 출처 : 영화 '반지의 제왕 : 왕의 귀환'

롱(Long Shot)

인물이 화면의 1/3 정도까지 차지하도록 촬영하는 방식을 말한다. 일반적으로 배경 전체가 보이도록 화면을 구성하지만 배경에 따라서 인물의 크기는 바뀌게 된다.

▲ 롱 쇼트는 장면의 상황과 배경을 보여준다.

미디엄(Medium Shot/M.S.)

조금은 애매한 분류인데 '중간적인 정도로'라는 뜻으로 인물을 예를 들어 웨이스트 쇼트에서 바스트 쇼트 정도라고 생각하면 된다.

▲ 바스트 쇼트/B.S.   ▲ 웨이스트 쇼트/W.S.

이외에 클로즈업(Close-Up Shot), 익스트림 클로즈업(Extrem Close-Up Shot) 등이 있지만 주로 크기에 의한 쇼트와 혼용되어 사용한다.

③ 피사체를 보는 각도에 따라

하이 앵글(High Angle Shot)

말 그대로 위에서 내려보듯이 촬영하는 방식을 말한다. 상황이나 배경을 전체적으로 촬영할 때 주로 사용하며 인물을 촬영하게 되면 조금 내려보는 느낌이 있어서 깔보거나, 코믹한 느낌들을 과장하려 할 때 사용한다.

◀ 하이 앵글로 촬영하면 얼굴을 크게 만들어 귀여운 느낌을 강조할 수 있다.

아이레벨 앵글(Eye Level Angle Shot)

가장 일반적으로 사용하는 방식으로 사람의 눈높이 정도에 맞춰서 촬영하는 방식을 말한다. 눈높이에 맞춰지기 때문에 감정적으로 교류를 하거나 편안함을 느낄 수 있다.

▲ 사람의 눈높이를 맞춰서 촬영하면 감정적 교류와 신뢰감을 줄 수 있다.

로우 앵글(Low Angle Shot/앙각)

아래에서 위를 올려보듯이 촬영하는 방식으로 자신보다 큰 피사체를 촬영할 때 주로 사용하지만, 하이 앵글과는 반대로 인물을 촬영할 때에는 그 인물에게 압도되거나 심적으로 존경할 때 사용한다. 하지만 이 앵글은 자칫 다른 사람들을 거만하게 아래로 내려보는 듯한 착각을 일으킬 수 있기 때문에 주의해야 한다.

■ 출처 : 영화 '터미네이터2'

■ 출처 : 영화 '바스터드 : 거친녀석들'

▲ 사람의 올려보는 형태로 인물에 압도되거나 심정적으로 존중할 때 사용한다.

사선 앵글(Oblique Angle Shot)

카메라를 기울여서 촬영하는 방식을 말한다. 보통 화면에 멋을 내거나 상황이 정상적이지 않는 느낌을 전달할 때 주로 사용한다.

■ 출처 : 영화 '인셉션'

■ 출처 : 영화 '다크나이트'

▲ 사선 앵글은 사람을 심리적으로 불안하게 만들 필요가 있을 때 사용한다. 물론 가끔은 멋을 낼 때도 사용한다.

④ 피사체(사람의) 수와 상황에 따라

사람의 수에 따라 한 명일 경우 1S(1shot), 두 명일 경우 2S, 세 명일 경우 3S로 표기한다. 사람의 어깨를 걸쳐서 촬영하는 방식은 O.S.(Over The Shoulder Shot)이라고 한다.

■ 출처 : 영화 '펄프빅션'

■ 출처 : 영화 '여왕마고'

▲ 사람의 수에 따라 2S, 3S…이렇게 부르지만 너무 많으면 그냥 그룹 쇼트라고 한다.

⑤ 카메라의 움직임에 따라

동영상에서는 피사체의 움직임도 중요하지만 그에 못지않게 카메라가 어떻게 움직이는지도 중요하다. 카메라의 움직임은 카메라가 고정된 상태에서 움직이는 팬, 틸트, 줌과 카메라 자체가 이동 수단에 의해서 움직이는 달리, 트랙킹, 붐 방식이 있으며, 카메라맨이 직접 들고 촬영하는 핸드핼드 방식도 있다.

(2) 줌(Zoom)

고정되어 있는 카메라에서 인위적인 장치인 줌서버를 이용해 피사체의 크기를 크게 확대하거나 축소해서 촬영하는 방식을 말한다. 피사체를 크게 보이게 클로즈업하는 것을 줌인(Zoom-in)이라고 하고, 피사체를 작게 보이게 하는 것을 줌아웃(Zoom-out)이라고 한다.

줌은 카메라가 움직일 수 없는 상태인 경우에 원거리에서 벌어지고 있는 상황을 보다 신속하고 자세히 촬영하기 위해 개발되었다. 이러한 줌에는 광학식 줌과 디지털 줌이 있는데, 광학식은 줌 렌즈 안에 여러 장의 렌즈들을 움직여서 초점거리를 조정하여 피사체의 크기를 조정하게 된다.

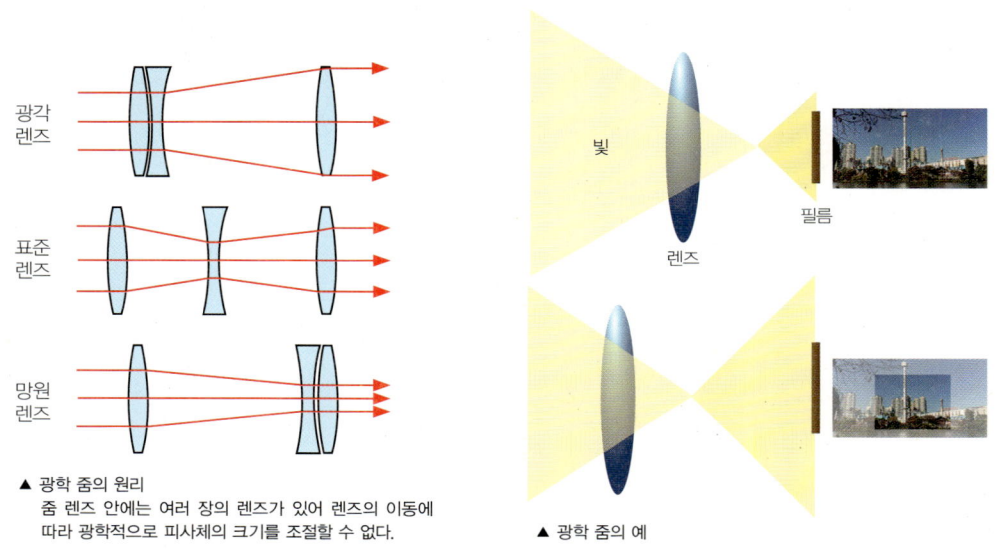

▲ 광학 줌의 원리
줌 렌즈 안에는 여러 장의 렌즈가 있어 렌즈의 이동에 따라 광학적으로 피사체의 크기를 조절할 수 없다.

▲ 광학 줌의 예

① 디지털 줌

디지털 줌은 쉽게 이야기해서 기존에 만들어진 이미지를 임의로 확대하는 것으로 이미지를 포토샵으로 확대하는 경우를 생각하면 된다. 그러므로 광학식 줌과 디지털 줌에 가장 큰 차이는 화질에 있는데 광학식 줌은 고가의 렌즈를 사용하기는 하지만 화질 저하가 거의 없는 반면 디지털 줌은 확대하는 배율에 따라서 화질 저하가 생긴다. 특히나 스마트폰은 대부분 디지털 줌 방식을 사용하기 때문에 스마트폰으로 촬영할 때에는 줌 기능을 사용하지 않는 것이 좋다. 스마트폰으로 촬영할 때 줌 기능을 써서 생기는 문제에 대해서는 나중에 알아보자.

▲ 광학 줌 사용　　　　　　　　▲ 디지털 줌 사용

▲ 광학 줌에 비해 디지털 줌의 화질이 현저히 떨어지는 것을 볼 수 있다.

(3) 팬(Pan)

카메라를 삼각대 등으로 고정한 후 왼쪽 또는, 오른쪽으로 움직이는 방식을 말한다. 보통 넓은 곳을 한 번에 촬영하지 못할 때 전체를 보여주기 위해서나, 상대의 반응을 보여주기 위해 의도적으로 사용한다.

◀ 카메라가 삼각대에 고정되어 수평으로 움직인다.

(4) 틸트(Tilt)

고정된 카메라를 위나 아래로 움직이는 방식을 말한다. 화면은 일반적으로 가로가 넓기 때문에 위아래로 긴 피사체를 한번에 촬영하기에는 불편한 부분이 있다. 그러므로 틸트 방식을 이용하여 촬영한다. 또한 팬과 마찬가지로 피사체를 구석구석 자세히 보여주기 위해 사용하기도 한다.

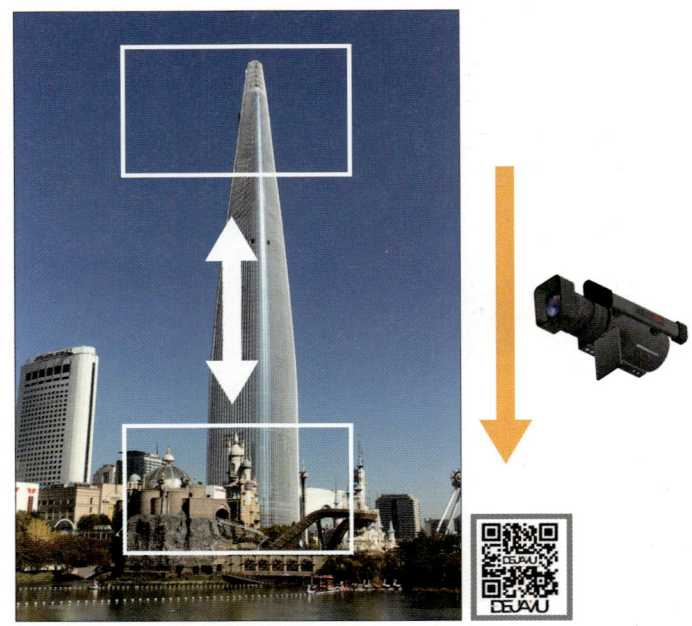

▲ 카메라가 삼각대 헤드에 고정되어 수직으로 움직인다.

(5) 달리(Dolly), 트랙(Track), 붐(Boom)

달리는 레일 등의 특수한 장비를 이용하여 카메라를 전후로 움직이는 방식으로, 줌과는 달리 사람이 직접 다가가는 느낌을 표현할 수 있다.

▲ 달리 : 카메라 자체가 앞뒤로 이동한다.

▲ 트랙 : 카메라 자체가 좌우로 이동한다.

트랙은 레일 등의 특수한 장비를 이용하여 카메라를 좌우로 움직이는 방식, 붐은 크레인, 지미집 등의 특수한 장비를 이용하여 카메라를 위아래로 움직이는 방식이다.

▲ 붐 : 카메라 자체가 수직으로 움직인다.

TIP!! 하나 더!!

달리와 트랙, 붐은 팬, 틸트, 줌과 기능적으로는 비슷하지만 느낌은 많이 다른데 그 차이는 사람이 사물을 볼 때 고개만 움직여서 보느냐? 아니면 몸을 움직여서 보느냐?와 비슷하다. 특히 줌과 달리는 화각에서 큰 차이를 보이지만 전문가들 이외에는 잘 구별하지 못한다.

◀달리와 줌의 차이점 : 왼쪽은 줌 렌즈로 촬영한 것이고, 오른쪽은 광각 렌즈를 사용하여 달리인해서 촬영했다. 줌 렌즈를 사용한 동영상은 화각이 확실히 좁다.

또한 쇼트 이외에 신(Scene)과 시퀀스(Sequence)가 있는데 이러한 방식들은 보통 영화나 드라마 제작 시 많이 사용하는 용어이다. 하지만 동영상을 촬영한다면 기본적으로 알아야 하는 내용들이기 때문에 기본적인 내용 정도만 다음 페이지에서 알아보자.

(6) 신(Scene)과 시퀀스(Sequence)

신(Scene)은 쇼트들이 모여서 이루어지는 것으로 같은 시간과 장소에서 일어나는 하나의 사건을 말하고, 이러한 신들이 모여 어떤 특정한 상황을 이룬다면, 그 상황의 시작부터 끝까지 모여서 하나의 시퀀스(Sequence)를 만든다.

쇼트와 신은 상호 유기적인 관계를 가지지만 시퀀스는 시작, 중간, 결말을 가지며 각자가 독립적인 기능을 하게 된다.

조금 어렵게 설명한 것 같은데 글쓰기로 비교하자면 '쇼트'는 하나하나의 '단어', 신은 단어들이 모여 만들어낸 '문장', 그리고 '시퀀스'는 '챕터'라고 보면 쉬울 것이다.

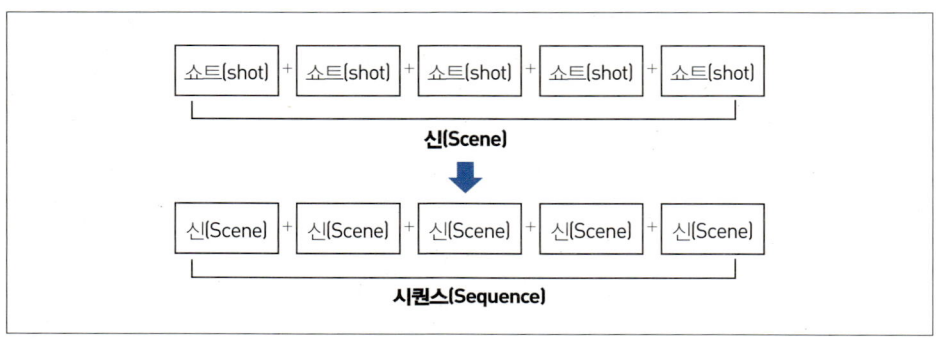

쇼트에 대해 고민해봤다. 우리가 무언가를 볼 때, 과연 눈이 그렇게 컷을 나눠서 쇼트의 개념으로 보게 될까?

필자의 결론은 '**그렇다!!!**'이다.

우리가 무언가를 볼 때 눈이 물리적으로 쇼트를 나누는 것이 아니라 뇌가 심리적으로 쇼트를 나누는 것이다. 무슨 이야기냐 하면 어떤 상황을 볼 때 눈은 한 곳을 크게 보는 게 아니라 뇌에서 가장 중요한 부분에 집중하는 것일 뿐이다. 엄밀히 말하면 눈은 항상 풀샷으로 보고 있다고 봐야할 것이다.

쇼트를 나눈다는 것은 의식의 흐름을 보여준다는 것이고, 그 의식의 흐름 가운데에서 무엇이 중요한지 아닌지를 시청자에게 강요하는 것이기도 하다는 말이다. 그러므로 촬영을 하고 편집을 할 때는 끊임없이 고민하고 집중을 해야 한다. 지금! 이 순간! 이 상황에서! 중요한 것은 무엇인가?

'이 동영상을 보는 사람들이 궁금해하는 것은 무엇일까?'라는 질문을 끊임없이 하면서 촬영과 편집을 해야 한다. 위에서 배운 쇼트들은 여기서 출발하는 것이다. 촬영할 때 사람의 눈에 맞게 모든 것을 풀샷으로만 촬영한다면 심심하고 재미없기도 하거니와 제대로 연출이 되지 않는다면 의도를 찾아서 따라가기가 쉽지 않을 것이다. 그렇기 때문에 쇼트를 나누는 것이다. 의도적으로 '이것이 중요하다'라고 시청자에게 강요하는 것이다.

그러므로 쇼트? 앵글? 굳이 외울 필요가 없다.

필요에 따라서, 중요도에 따라서 크게 보여주거나 길게 보여주면 된다. 만약 조금 다른 느낌을 전달하고 싶다면 기존의 틀을 깨는 쇼트나 앵글 즉, 극단적인 쇼트라던가 아니면 평범하지 않은 앵글을 사용하면 된다.

■ 시각적 요소 ❷
동영상은 빛으로 그리는 그림이다

카메라에서 사람의 눈 역할을 하는 것이 렌즈인데, 카메라 렌즈는 사람의 눈보다 어두워서 사람이 직접 보는 것과 같은 밝기를 만들기 위해서는 인공적으로 빛을 더해 주어야 한다. 이렇게 인공적으로 더하는 빛을 '조명'이라고 한다.

▲ 현장에서 가장 많은 시간이 들고 힘든 작업 중 하나가 조명이다.

일반적으로 스마트폰으로 촬영을 할 때는 조명을 사용하지 않지만, 스마트폰 카메라의 특성상 어두운 장소에서의 촬영은 화질이 많이 떨어지기 때문에 조명을 사용하지 않더라도 일반적인 조명의 원리를 알면 보다 나은 장면을 만들 수 있다. 우선 직접적인 조명에 대해 알아보기 전에 빛을 이해하기 위해서 필수적으로 알아야 하는 '색온도'와 '화이트밸런스'에 대해 알아보자.

(1) 색온도
놀랍게도, 색에도 온도가 있다!

정말로 색에 온도가 있다는 이야기가 아니고 빛의 파장에 따라 색이 달라지는데 이러한 빛의 파장에 따라 색을 구분해 놓은 것을 색온도라고 한다. 표시 단위로 K(Kelvin)를 사용하며 색온도는 온도가 높아지면 푸른색, 낮아지면 붉은색을 띠지만 카메라에 표시될 때는 반대로 붉으면 온도가 높게, 푸르면 온도가 낮게 표시된다.

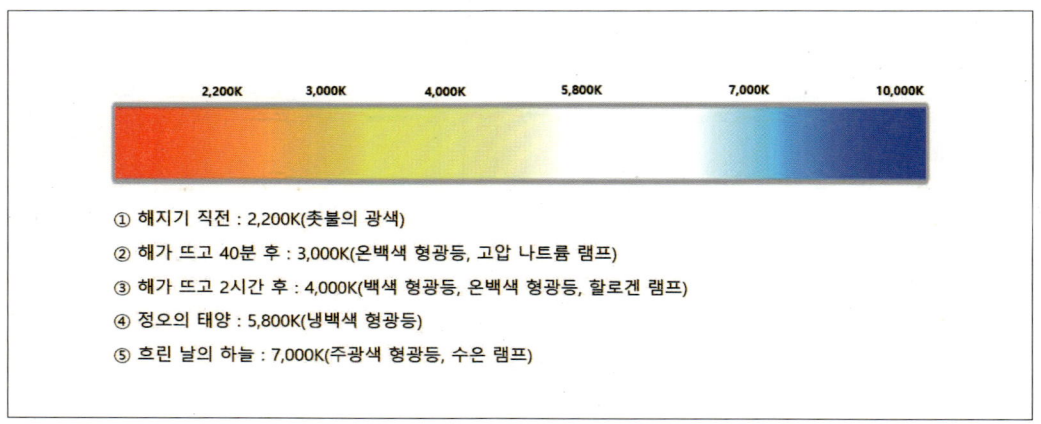

▲ 다양한 광 조건에서의 색온도

(2) 화이트밸런스

색온도가 올라가면 빛이 붉은색에서 푸른색으로 바뀌게 된다. 그러므로 색온도가 낮다는 말은 빛이 붉은색을 많이 띤다는 것인데, 이런 상황에서 동영상을 촬영하면 붉게 나온다. 이때 카메라 색온도를 낮게 설정하고(2000k 정도) 촬영한다면 붉은색은 줄이고 푸른색을 더해서 흰색(무색)을 만들 수 있다. 만약 흰 조명에서 색온도를 낮게 설정하고(2000k 정도) 촬영하면 불필요하게 푸른색이 더해져서 동영상은 더욱 파랗게 나올 것이다.

이처럼 빛은 시간에 따라서, 광원에 따라서 색온도가 달라지기 때문에 촬영 중 동영상의 톤을 일정하게 유지하기 위해서 카메라 자체에서 색온도를 조정해야 하는데 이것을 '화이트밸런스'를 맞춘다고 한다.

촬영을 할 때는 다양한 광원과 시간에 촬영을 하기 때문에 신경써서 화이트밸런스를 조정하지 않으면 색이 들쑥날쑥해져서 나중에 편집할 때 애를 먹게 되므로 장소를 이동하거나 다른 시간대에 촬영을 할 때는 반드시 화이트밸런스를 다시 맞추고 촬영해야 한다.

스마트폰에서는 기본적으로 제공하는 앱이나 AWB(Auto White Balance) 기능을 지원하기 때문에 크게 문제가 되지는 않는다. 하지만 촬영 시 빛을 이해할 때는 화이트밸런스를 이해하는 것은 필수적인 것이며, 만약 화면의 색을 조정하고 싶으면 화이트밸런스를 응용하여 촬영하는 방법도 있다.

▲ 화이트밸런스를 임의로 조정해서 동영상의 색을 조정할 수 있다.

> **TIP!! 하나 더!!** 화이트밸런스 맞추기
>
> – 흰색 종이 준비하기(일반 A4 용지는 약간 푸른색이 있으므로 화이트밸런스를 맞추면 동영상이 약간 노랗게 나온다. 정확히 맞추고 싶으면 스케치북 정도가 적당하다)
> – 그늘이 지지 않도록 광원과 직각이 되도록 준비한 흰색 종이를 든다.
> – 흰색 종이가 가득 차게 화면을 잡은 후 흰색 종이의 색이 흰색으로 보이도록 조정하거나, 수동 [WB] 버튼을 눌러 흰색으로 조정한다.
> – 만약 원하는 색상을 표현하고 싶으면 화이트밸런스를 맞출 때 보색이 되는 종이로 화이트밸런스를 맞추면 원하는 색상으로 동영상을 촬영할 수 있다.

(3) 조명 이해하기

스마트폰으로 촬영할 때는 영화나 드라마를 촬영하듯이 정밀하게 조명을 세팅하기는 어렵지만 기본적인 조명 사용법을 알고 있다면 이를 이용하여 보다 좋은 빛의 조건을 찾고, 보다 좋은 동영상을 만들 수 있을 것이다.

▲ 동영상과 사진의 조명은 자연광의 모방이다.

조명이라는 것은 우리 눈이 보는 그대로를 렌즈가 재현하지 못하기 때문에 인공적으로 빛을 더하는 것이다. 그러므로 제일 자연스러운 조명은 야외에서 충분한 광원을 가지고 촬영하는 것이다. 이때의 빛을 분석해보면 어떤 조명이 좋은 조명인지 알 수 있다.

기본적으로 자연 상태에서 광원은 '태양' 하나이다. 낮 동안에는 주로 이렇게 강렬한 하나의 광원만 있는데 이를 주광원(Key Light)이라고 한다.

▲ 주광원(Key Light)만으로 촬영하면 강한 콘트라스트의 동영상을 만들 수 있다.

이처럼 하나의 강렬한 광원만 있다면 우리는 위와 같이 밝은 부분과 어두운 부분이 강하게 대조되는 화면만 얻을 수 있을 것이다.

하지만 자연 상태에서는 이런 상황은 극히 드물다. 그것은 주변의 다른 사물들에 의해 주광원의 빛이 반사돼서 어두운 부분을 보충해주기 때문이다. 이렇게 강하게 대조되는 어두운 부분에 반사된 빛이 조금은 약하게 보충되어 보다 자연스럽게 피사체를 만드는 빛을 보조광원(Fill Light)이라고 한다.

▲ 보조광원(Fill Light)으로 강한 콘트라스트로 생긴 어두운 부분을 보충하면, 보다 자연스러운 동영상을 만들 수 있다.

비교적 그럴 듯한 화면이 만들어졌다. 하지만 뭔가 부족한 듯한데, 자세히 보면 잘 촬영했지만 뒤쪽의 배경과 붙어있는 느낌이 있다. 그래서 피사체와 배경을 분리하기 위해서 인물의 뒤쪽에서 들어오는 빛을 하나 더 보충했는데, 이를 후광원(Back Light)이라고 한다.

▲ 후광원(Back Light)으로 배경과 인물을 보충하면 더욱 자연스러운 동영상을 만들 수 있다.

이렇게 주광원과 보조광원 그리고 후광원을 사용하는 것을 3점 조명이라고 한다. 3점 조명은 가장 기본이지만 매우 강력하고 효과적으로 안정적인 콘텐츠를 만들 수 있다. 그러므로 스마트폰으로 촬영할 때도 상황이 받쳐주지는 못하더라도 이 3가지 조명의 역할을 생각하면서 촬영하면 보다 좋은 화면을 얻을 수 있을 것이다. 조명에 대해서는 고민하고 연구해야 할 것이 많지만 활용에 대해서는 도서의 제작 부분에서 더 정리해서 이야기할 것이다.

2) 화질의 비밀

최고의 화질이란 주어진 조건에서 최상의 화질이다

화질을 이야기하자면 선예도, 콘트라스트, 색재현성 등 복잡한 이야기를 해야 되지만 그건 지금 우리가 알 필요 없는 이야기다. 지금 당장 우리에게 필요한 것은 어떻게 편집하고 저장해야 제일 좋은 화질을 얻을 수 있는지만 알면 된다. 일반적으로 화질을 좌우하는 것은 포맷, 코덱, 해상도 등이 있는데 서로 영향을 미치기 때문에 절대적인 것은 없다. 상황에 따라 조정하면서 사용하면 된다.

■ 포맷(Format)

포맷은 동영상 파일을 저장하는 형식으로 파일 뒤에 붙는 확장자를 말한다.

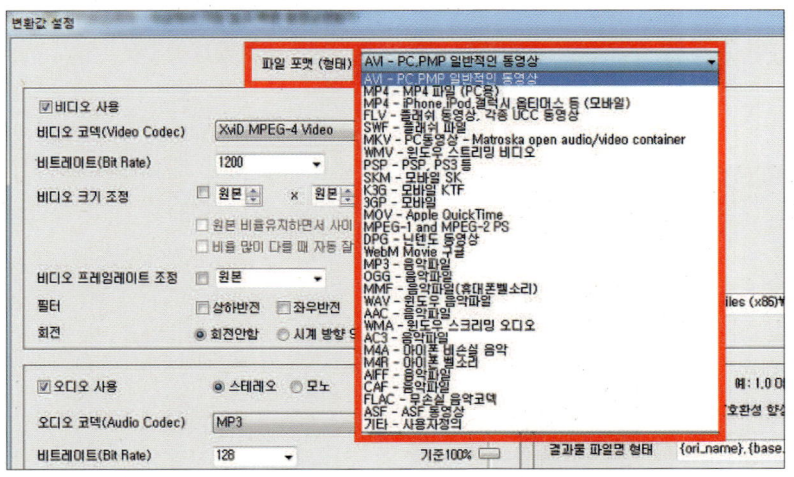

▲ 사용기기와 용도에 맞는 포맷을 정하는 것이 제일 먼저 해야 할 일이다.

▶ MOV : 애플에서 만든 동영상 포맷으로 Quicktime(movie)라고 하며 용량 대비 화질이 우수하여 동영상을 제작하는 프로덕션에서 동영상 편집 및 합성 소스로 많이 사용한다.
▶ AVI : Audio Video Interleaved의 약자로 MS에서 만든 Windows 표준 동영상 포맷이다.
▶ MPEG-4 : 고화질의 동영상을 높은 압축률로 저장하고 재생하는 포맷으로 현재 대부분의 스마트폰에서 사용한다(H264코덱).
▶ WMV : MS에서 개발한 스트리밍 비디오 포맷으로 파일을 내려 받거나 스트리밍하는 데 주로 활용되며 윈도우미디어플레이어의 주 스트리밍 포맷이다.
▶ MKV : 마트로스카에서 개발한 개방형 포맷으로 모든 종류의 압축 코덱을 사용한 영상, 음성, 자막, 챕터를 하나로 묶을 수 있으며, AVI보다 열린 형식이라고 할 수 있다.

■ 코덱(Codec)

코덱은 coder와 decorder 또는 compressor와 decompressor의 합성어로 동영상 파일을 압축하는 방식을 말한다. 원본 동영상의 용량이 크기 때문에 이것을 컴퓨터로 보거나 인터넷으로 주고받으려면 파일 크기(용량)를 줄여야 한다. 이때 좋은 화질을 유지하는 게 코덱의 핵심 기술이다. 대표적인 코덱에는 'H264, Xvid, Dvix, wmv' 등이 있다.

■ H264

정확하게는 H264/MPEG4 AVC이다.

고화질 비디오의 녹화, 압축, 배포를 위한 포맷으로 높은 압축률을 가지고 있다(저용량의 고화질이라는 뜻이다). 블루레이의 표준 코덱 중 하나이며 유튜브, 비메오 등 인터넷 스트리밍과 플래시 플레이어, 실버라이트 등 컴퓨터 웹 소프트웨어, 다양한 HDTV 방송 등에 널리 사용되며 거의 모든 스마트폰 동영상에서 쓰이는 코덱이다.

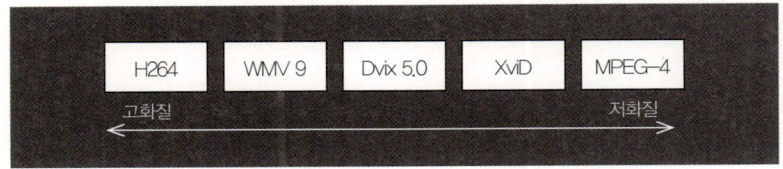

■ 해상도(Resolution)

해상도란 화면의 1인치 당 존재하는 가로세로의 픽셀 수를 말하는 것인데, 게시된 동영상이나 공모전 등에 제출할 동영상 규격을 이야기할 때 'H264 1080P'라고 써있다면 '1080'이 바로 해상도를 말하는 것이다. 정확히 말하면 가로(1920)×세로(1080)의 픽셀이 1인치 안에 있는 것으로 HD

◀해상도의 차이

는 가로 픽셀이 2000에 가깝다고 해서 2K라고 하며 UHD는 가로 화면이 4000에 가까워서(정확히는 3840*2160) 4K라고 하는 것이다. 그러므로 보통은 해상도가 화질과 비례한다고 생각할 수 있지만 이는 HD, UHD라는 최소한의 구분점이지 전체의 화질을 이야기하는 것은 아니다.

■ 종횡비

종횡비는 화면의 가로와 세로 비율을 나타내는 말로 화질과 직접적인 관계가 있는 것은 아니다. 하지만 외부에서 스마트폰에 동영상 파일을 넣으려 할 때 여백이 생기거나 가로 또는, 세로로 화면이 늘어난다면 시청하는 데 방해가 될 수 있다. 되도록이면 동영상을 컨버팅(전환)할 때 16:9로 맞춰서 하는 것이 좋다.

▲ 16:9 비율의 동영상 해상도

640x360 / 720x406 / 800x450 / 960x540
280x720 HD / 1920x1080 FHD / 2560x1440 QHD / 3840x2160 UHD

스마트폰에서는 16:9의 비율로 컨버팅해야 검은 여백 없이 화면에 꽉 차게 동영상을 감상할 수 있다.

▲ 3:2 비율로 인코딩된 동영상

3:2 비율 동영상 해상도
480*320 / 540*360 / 720*480
1152*768 / 1280*854 / 1440*960

▲ 시네마스코프 2.35:1 비율로 인코딩된 영상
좌우 동영상 폭이 넓어 영화를 촬영할 때 많이 사용

2.35:1 비율 동영상 해상도
1280*544 / 1920*816

촬영 자세와
필수 장비의 사용법

동영상의 퀄리티를 좌우하는 가장 기본 중의 기본은 흔들림 없는 안정적인 화면이다. 그러나 스마트폰은 작고 가벼워서 충격과 진동에 민감하므로 흔들림 없이 촬영하기가 쉽지 않다. 그러므로 생각보다 많은 연습을 해야 안정적인 화면을 얻을 수 있는데 이때 특히 안정적인 자세를 만드는 것이 중요하다. 자세를 잡을 때 기본적인 원칙은 몸 전체를 삼각대라고 생각하는 것이다.

1) 촬영 기본자세

1. 스마트폰을 흔들리지 않게 잡는다.

65

2. 스마트폰을 잡은 손이 최대한 몸에 밀착시키도록 몸통에 팔꿈치를 붙이고, 다리는 어깨 넓이로 벌려서 단단히 선다.

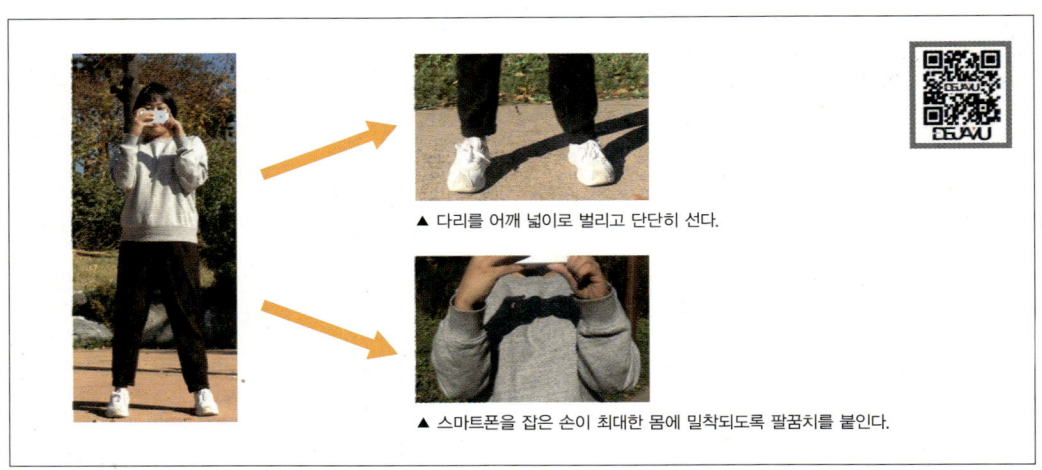

▲ 다리를 어깨 넓이로 벌리고 단단히 선다.

▲ 스마트폰을 잡은 손이 최대한 몸에 밀착되도록 팔꿈치를 붙인다.

3. 제자리에서 촬영할 때는 팔이 아니라 허리를 움직인다. 이동할 때는 무릎을 살짝 구부리고 뒤꿈치를 살짝 든 상태로 발을 끌듯이 움직인다.

▲ 제자리에서 촬영할 때는 팔이 아니라 허리를 움직인다.

▲ 이동 시 무릎을 살짝 굽히고, 뒤꿈치를 살짝 든 상태로 움직인다.

TIP!! 하나 더!!

카메라를 움직일 때는 정확하고 단호하게 한 번에 하나의 움직임만 한다. 녹화 중에는 되도록이면 숨을 참는다.
: 숨을 쉬는 과정에서 카메라가 위아래로 움직이므로 전문 촬영감독들도 카메라를 들고 촬영할 때는 숨을 참는다.

TIP!! 하나 더!! | 카메라 제어

스마트폰으로 촬영할 때는 되도록이면 줌이나 초점, 노출을 사용하지 않는 것이 좋지만 어쩔 수 없는 상황도 생기기 마련이다. 이때도 절대 두 손을 스마트폰에서 떼지 않은 상태로 엄지손가락만을 사용해서 촬영해야 한다.

◀ 절대 두 손을 스마트폰에서 떼지 않은 상태로 엄지손가락만을 사용해서 촬영해야 한다.

■ 팬(Pan) 자세

❶ 기본자세를 잡는다. 이때 평소보다 다리를 시작과 끝 지점 쪽으로 더 벌려준다. ❷ 시작점과 끝점을 정확하게 설정한다.

❸ 노출과 초점을 고정한다. ❹ 녹화 버튼을 누르고 숨을 참은 후 시작점에서 부터 끝점까지 허리만 이용해서 한 번에 움직인다. 팬의 속도는 촬영의 콘셉트에 따라 조정한다.

TIP!! 하나 더!!

만약 시작점과 끝점의 노출과 초점이 다르면 끝점에 거의 다다랐을 때 엄지손가락으로 화면을 눌러 노출과 초점을 조정한다.

■ 틸트(Tilt) 자세

❶ 기본자세를 잡는다. 앞뒤로 걷듯이 선다. ❷ 시작점과 끝점을 정확하게 설정한다.

❸ 노출과 초점을 고정시킨다. ❹ 녹화 버튼을 누르고 숨을 참은 후 시작점에서 부터 끝점까지 허리만 이용해서 한 번에 움직인다.

TIP!! 하나 더!!
만약 시작점과 끝점의 노출과 초점이 다르면 끝점에 거의 다다랐을 때 엄지손가락으로 화면을 눌러 노출과 초점을 조정한다.

■ 들고 이동하는 자세

스마트폰은 광학 줌이 아니기 때문에 줌을 사용하는 것이 무의미하다. 그렇기 때문에 보다 크게 촬영하기 위해서는 피사체에 직접 접근해서 촬영해야 하는데, 대부분 이동하는 과정에서 흔들리게 된다. 흔들리는 것을 줄이기 위해서는 흔들림을 줄이는 기능을 하는 짐벌을 사용해야 하는데 짐벌을 항상 가지고 다닐 수 없으므로 이동을 하면서도 최대한 흔들림을 줄이는 방법을 알아보자.

❶ 기본자세는 동일하게 잡는다.

❷ 충격과 진동을 흡수하기 위해 무릎을 조금 굽혀서 자세를 낮추고 뒤꿈치를 살짝 든다.

❸ 이동할 곳을 정확히 정하고 다리를 끌듯이 움직인다.

2) 필수 장비

■ 스마트폰 카메라

스마트폰 카메라의 가장 큰 특징은 사용자의 편의성과 밝기라고 할 수 있다.

▲ 아이폰 7, 갤럭시 S7, LG G5

스마트폰 카메라는 소비자들이 스마트폰을 선택할 때 가장 쉽게 기술의 발전을 체험할 수 있는 기능이다. 그러므로 각 제조사들은 새로운 제품을 발표할 때마다 카메라는 어떻게 바뀌었고, 얼마나 화질이 좋은지를 홍보하기에 안간힘을 쓴다. 그러므로 제조사들이 스마트폰에서 가장 중요하게 생각하는 것은 언제 어디서나 촬영하기 쉽고 일정한 밝기의 화면을 만들어 소비자들이 보기에 좋은 사진 혹은 동영상을 만들 수 있냐는 것이고 그러기 위한 기술이 집중되어 있다고 해도 과언이 아니다. 그렇기 때문에 스마트폰에 기본으로 탑재되어 있는 카메라 기능들은 초보자도 좋은 사진(동영상)을 촬영할 수 있도록 거의 대부분이 자동으로 작동한다. 일정한 밝기의 화면이 만들어지지 않으면 셔터스피드와 조리개 값을 자동으로 조정하고, ISO를 높이고, 그래도 어두우면 기본적으로 초당 찍히는 프레임의 수를 조정하기도 한다.

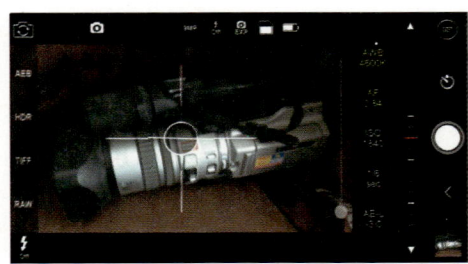

▲ ISO 강제 조정 화면 : 밝기는 조정됐으나, 화면이 거칠어진다.

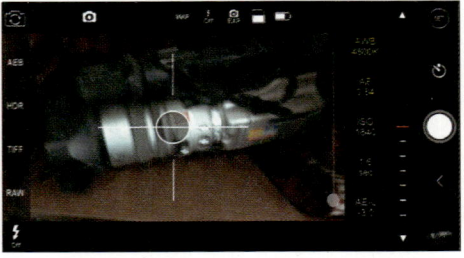

▲ 셔터스피드를 강제로 내린 화면 : 밝기는 조정됐으나, 화면이 늘어지는 느낌이 든다.

그렇기 때문에 스마트폰 카메라는 실내 촬영 시에는 어두운 색 위주로 표현되며 보다 그럴듯하고 잘 나온 화면으로 보이게 하기 위해 색상은 사람의 눈이 느끼는 것 보다 약간 짙은 색으로 표현한다.

▲ DSLR로 촬영한 화면

▲ 스마트폰으로 촬영한 화면 : DSLR로 촬영한 화면에 비해 화면의 색감이 더 짙다.

▲ DSLR로 촬영한 화면

▲ 스마트폰으로 촬영한 화면 : DSLR로 촬영한 화면에 비해 어두운 부분이 더 잘산다.

그런데 이러한 스마트폰의 특징은 전문적으로 촬영할 때는 단점이 되어 버린다. 노출과 초점이 자동으로 바뀌기 때문에 초보자들이 촬영하기에는 쉬울지 모르지만 보다 높은 수준의 동영상을 만들기 위해서는 이러한 자동 노출과 초점이 문제가 될 수 있다.

그러므로 스마트폰으로 촬영을 할 때에는,

1. 노출과 초점은 반드시 고정시킨 후 촬영하는 것이 좋다.
2. 또한 수동으로 촬영을 할 때 ISO 400 이상으로 올리면 화면의 입자가 거칠어지는 현상이 나타나서 화질을 떨어뜨리므로 ISO 400 이상은 설정하지 않는 것이 좋다.

다음은 각 제조사별 스마트폰 카메라의 스펙 및 코덱이다.

▲ 애플 아이폰 7, 7plus

아이폰 7, 7plus

▶포맷 : MOV
▶비디오 코덱 : AVC-Ffmpeg디코더(h.264)
▶입력 형식 : AVC1(24bit)
▶입력 크기 : 1280*720P / 1920*1080P / 3840*2160
▶기준 fps : 30fps
▶고속 fps : 1080P 120fps / 720P 240fps
▶비트레이트 : 11448kbps
▶동영상 크기(분) : 720P(60MB)
　　　　　　　　　 1080P(130MB)
　　　　　　　　　 1080P(60fps)(200MB)
　　　　　　　　　 4K(375MB)

▲ 삼성 갤럭시 7S

갤럭시 S7

▶포맷 : MOV
▶비디오 코덱 : AVC-Ffmpeg디코더(h.264)
▶입력 형식 : AVC1(24bit)
▶입력 크기 : 1280*720P / 1920*1080P / 3840*2160
▶기준 fps : 30fps
▶고속 fps : 1080P 120fps / 720P 240fps
▶비트레이트 : 11448kbps
▶동영상 크기(분) : 720P(60MB)
　　　　　　　　　 1080P(130MB)
　　　　　　　　　 1080P(60fps)(200MB)
　　　　　　　　　 4K(375MB)

▲ LG V20

V20

▶포맷 : MOV
▶비디오 코덱 : AVC-Ffmpeg디코더(h.264)
▶입력 형식 : AVC1(24bit)
▶입력 크기 : 1280*720P / 1920*1080P / 3840*2160
▶기준 fps : 30fps
▶고속 fps : 1080P 120fps / 720P 240fps
▶비트레이트 : 11448kbps
▶동영상 크기(분) : 720P(60MB)
　　　　　　　　　 1080P(130MB)
　　　　　　　　　 1080P(60fps)(200MB)
　　　　　　　　　 4K(375MB)

■ 스마트폰(아이폰) 동영상 기본 설정하기

다양한 제조사의 카메라가 있지만 본 저서에서는 기본적으로 아이폰을 이용하여 카메라의 사용법을 설명할 예정이다. 우선 기본 설정부터 해야 하는데 화면의 [설정]→[사진 및 카메라]→[카메라 설정]→[비디오 녹화]에서 동영상 촬영 조건을 설정한다. 동영상을 촬영할 때는 구도를 위해 격자를 사용해야 하지만 아이폰은 동영상 촬영 시에 격자가 나타나지 않는다.

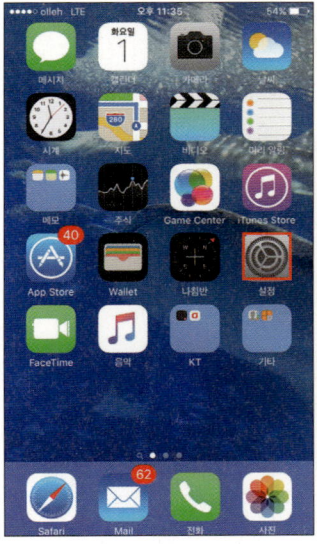 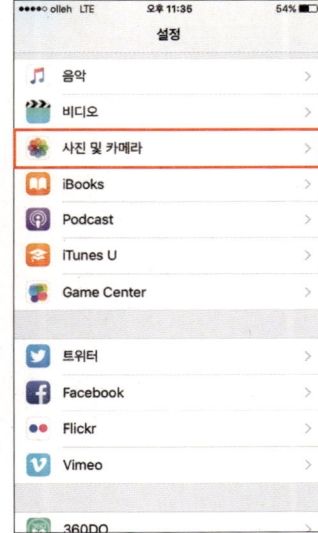 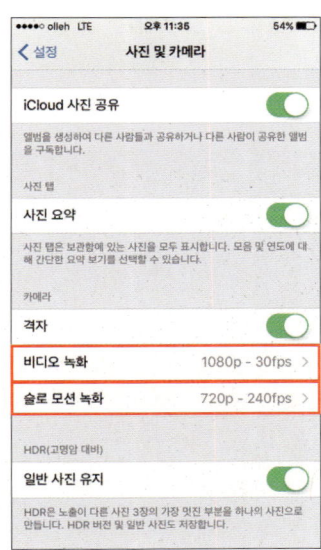

▲ 스마트폰(아이폰) 동영상 촬영 설정 방법

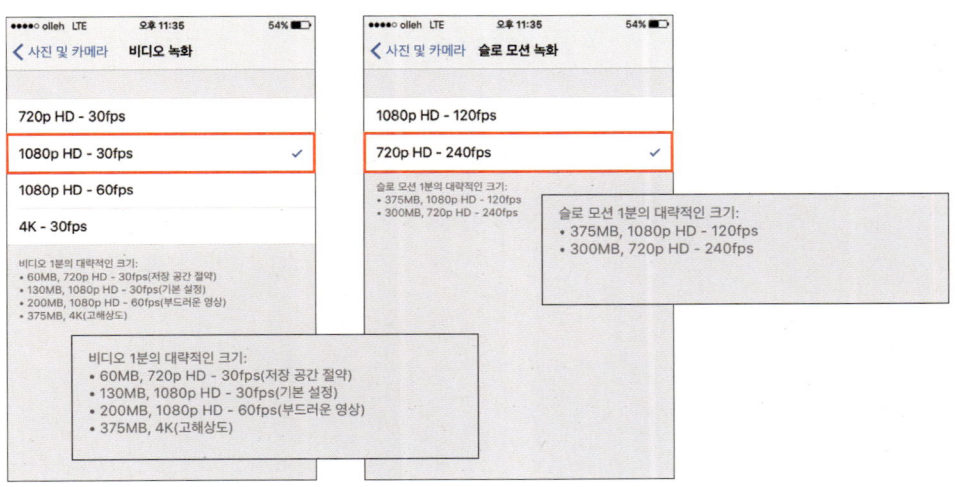

▲ 비디오 녹화 및 슬로모션 녹화 해상도, 동영상 크기

비디오 녹화는 동영상 촬영의 해상도를 조정하는 것으로 1080P 또는, 720P로 조정할 수 있다. 1080P는 기본 설정된 해상도인데 1분에 약 130M 정도의 용량이 소요되며, 720P의 경우 1분에 약 60M 정도의 용량이 소요되므로 카메라에 저장 공간이 충분하지 않거나 크게 볼 필요가 없을 때는 720P로 사용하는 것이 좋다.

(1) 동영상 촬영하기

❶ 기본 카메라 앱을 실행한 후 비디오 부분으로 설정한다. ❷ 이 상태에서 카메라를 가로 반시계 방향으로 90도 회전시킨다.

❸ 네모난 지시선이 주된 피사체를 인식하여 밝기와 초점을 자동으로 맞추면 붉은 버튼을 터치하여 촬영한다.
❹ 자동으로 밝기와 초점이 움직이는 것을 막으려면 피사체 위의 네모난 지시선을 길게 눌러주면 노출과 초점 고정이 된다.

(2) 슬로모션(고속 촬영)

아이폰 카메라 기술의 혁신이 그대로 드러난 기능으로 아이폰 5S에서 처음 추가된 기능이다. 아이폰은 카메라 기본 설정이 1080에 30fps(frame per second 초당 프레임수)이다. 그런데 슬로모션으로 촬영하면 1초에 촬영되는 프레임의 수가 증가하게 된다. 아이폰 5S는 120fps, 아이폰 6 이상은 720P에서 240fps까지 촬영이 가능하다. 이렇게 촬영하는 것을 전문적인 용어로 고속 촬영이라고 하는데, 고속 촬영을 하게 되면 4배(120fps으로 촬영)에서 8배(240fps으로 촬영)까지 느리게 움직이는 효과를 얻을 수가 있다. 이러한 경우 정상적인 30프레임으로 촬영한 후 후반 작업에서 느리게 만드는 것에 비해 디테일이 훨씬 더 살아 있는 콘텐츠를 만들 수 있다. 그러므로 빠르고 역동적인 장면을 보다 아름답고 정밀하게 촬영하기에 적합하다.

▲ 역동적인 화면을 보다 섬세하게 표현하기 위해 슬로모션 기능을 활용한다.

(3) 슬로모션 촬영하기

❶ [설정]→[사진 및 카메라]→[카메라 설정]→[슬로모션 녹화]로 들어가 촬영할 동영상의 속도를 설정한다. 속도가 높을수록 보다 느린 화면을 얻을 수 있다. ❷ 카메라 앱을 실행하고 촬영 모드를 슬로모션으로 맞춘 후 촬영을 하면 된다.

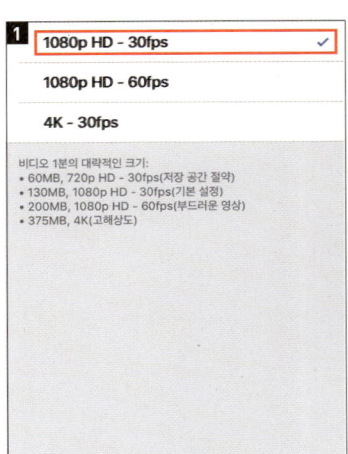 

❸ 찍은 화면을 [사진] 앱에서 확인하면 아래와 같은 화면이 나오는데 화면 아래의 필름스트립에서 구간을 설정할 수 있다.

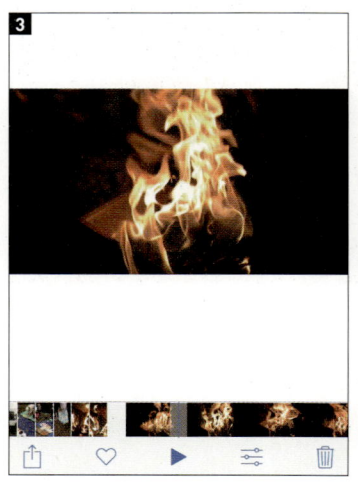 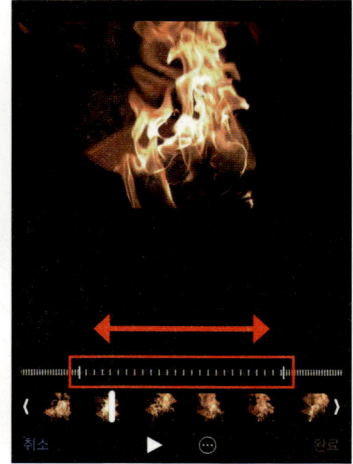

(4) 슬로모션 내려받기

슬로모션으로 촬영한 동영상을 컴퓨터와 연결하여 직접 내려받게 되면 슬로모션으로 촬영한 부분이 정상 속도로 보이게 된다. 그렇기 때문에 슬로모션으로 촬영한 동영상을 그대로 컴퓨터로 옮기기 위해서는 메일을 이용하거나, 아이클라우드 서버를 이용해야 한다.

① 메일을 이용하는 방법

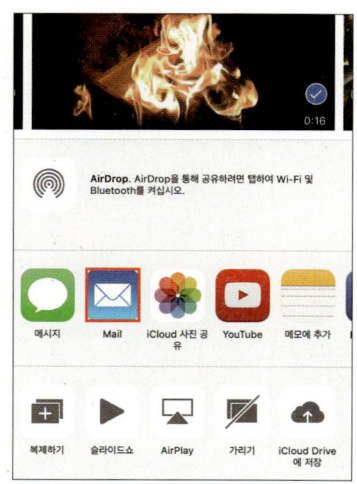 

▲ 해당 파일을 선택한 후 내려받기를 메일로 한다.

상당히 쉬운 방법이기는 한데 아쉬운 점은 메일을 통해서 내려받기를 하면 동영상 파일을 압축하면서 화질이 떨어지고 여러 개의 파일을 한 번에 보낼 수가 없으며 용량이 큰 경우에는 바로 받기가 어렵다는 것이다.

② 아이클라우드로 내려받기

조금 귀찮기는 하지만 아이클라우드를 설정해놓으면 연결된 컴퓨터에서 바로 슬로모션으로 촬영한 동영상을 받아볼 수 있다. 특히 대용량의 동영상 파일이나 여러 개의 동영상 파일을 받는 데 효율적이다.

▲ 받을 동영상 파일을 선택하고 내려받기에서 아이클라우드 사진 공유를 선택한다.

▲ 공유 앨범을 만든다. 여기서는 '슬로모션 영상'이란 앨범을 만든다.

▲ 제대로 만들었다면 [공유]에 폴더가 나타난다.

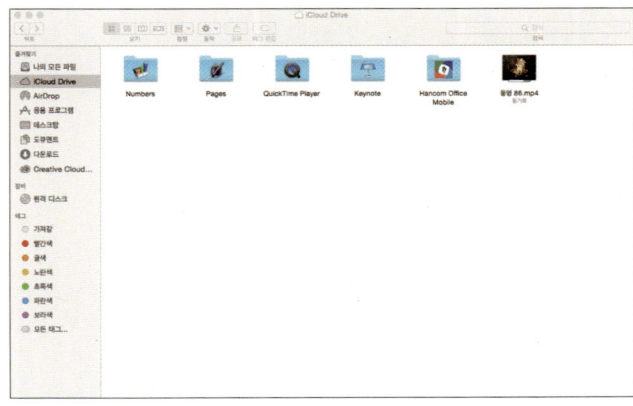

▲ 컴퓨터에 설치된 아이클라우드에 접속하면 동영상 파일을 확인할 수 있다.

이 동영상을 재생해보면 슬로모션도 제대로 표현되고 화질 저하도 보이지 않을 것이다. 슬로모션으로 촬영하게 되면 노출이 줄어들기 때문에 일반 촬영보다 어둡게 나오고 보다 많은 프레임을 촬영하는 것이므로 저장 용량을 많이 사용한다는 단점이 있기 때문에 슬로모션을 촬영하려면 남아있는 저장 공간을 반드시 확인한 후 촬영하는 것이 좋다.

(5) 타임랩스(Timelapse)

타임랩스란 고속 촬영과는 반대로 일정한 간격으로 저속 촬영한 후 정상 속도보다 빨리 돌려서 보여주는 동영상 기법이다. 주로 긴 시간 동안 변화하는 풍경이나 고정된 장소에서 분주히 움직이는 모습들을 보여주기 위해 촬영하는 데 그 움직임이 극적으로 드러나 강한 인상을 준다.

▲ 아이폰에서는 자동으로 타임랩스를 촬영하고 편집되어 하나의 파일로 나온다.

기존에는 저속으로 또는 일정한 간격으로 촬영을 한 후 후반 작업에서 동영상을 이어 붙이고 속도를 조종했었는데 아이폰에서는 그대로 촬영만 하면 촬영한 시간에 따른 최적화된 동영상을 자동으로 만들어준다. 즉 길게 촬영하면 속도를 올리고 초당 촬영 횟수를 줄여서 결과물의 시간을 조정해 공유하기 좋고 저장하기 적당한 용량으로 만든다.

① 타임랩스 촬영하기

▲ 삼각대를 사용해 촬영하려는 피사체에 고정한다. 타임랩스를 촬영하려면 움직임이 없이 지속적으로 촬영하는 것이 중요하다.

▲ 스마트폰의 카메라를 실행하고 타임랩스를 선택한 후 촬영한다.

이때 짧은 시간에 효과적인 화면을 만들기 위해서는 시간의 변화가 뚜렷이 보이는 시간대 즉, 일출이나 일몰 직전에 촬영을 하거나, 출퇴근 시간의 거리나 바람이 많은 날 구름의 변화 등 피사체들의 움직임이 많은 상황에서 촬영하는 것이 좋다.

▲ 피사체들의 움직임이 많거나 환경의 변화가 극적인 상황에서 촬영하는 것이 좋다.

TIP!! 하나 더!!

기존의 다른 장비와는 조금은 차원이 다른 장비를 하나 소개한다. 스마트폰뿐만 아니라 고프로까지 장착할 수 있는 장비로 카메라의 지지 기능뿐만 아니라 원격제어도 가능하다. 스마트폰을 이용한 프로그래밍을 해서 움직임 자체도 미리 설정할 수 있다. 다양한 앱들을 활용해서 움직임이 있는 타임랩스를 만들거나 무인 현장중계에 활용할 수도 있다.

▶ 스마트폰과 액션캠을 미리 프로그래밍하거나 무선으로 움직임을 조정할 수 있다.

■ 출처 : 유튜브-MOTTR의 Galileo 소개 영상

■ 렌즈

카메라에 있어서 렌즈는 사람의 안구에 해당하는 부분이다. 그러므로 일차적으로 렌즈는 화각과 화질을 좌우하고 빛의 양을 조절하는 기능을 한다. 스마트폰 카메라 렌즈는 사용자가 촬영을 쉽게 하기 위한 여러 가지 특징이 있지만 현재의 기술로는 아직 사람 눈에 비해서 턱없이 어둡고, 화각에도 문제가 있으며, 초점을 맞추는 시간도 느리다는 단점이 있다. 그러므로 아직 전문적인 카메라 렌즈에 비해 부족한 부분이 많은 스마트폰 카메라 렌즈로는 전문적인 촬영을 하는 데 한계가 있다. 특히나 렌즈와 이미지 센서의 크기가 작기 때문에 현재의 단계가 한계라고 이야기하는 사람들도 있지만 그럼에도 불구하고 스마트폰 제조사들은 스마트폰의 성능의 척도를 카메라 기능으로 홍보하며 많은 시간을 들여서 개발하고 있으므로 앞으로는 좀 더 전문적인 카메라 렌즈의 기능을 따라가게 될 것으로 보인다.

(1) 스마트폰의 카메라 렌즈의 특징
① 스마트폰의 화각은 대략 31mm에서 33mm 정도로 약간 광각이다.

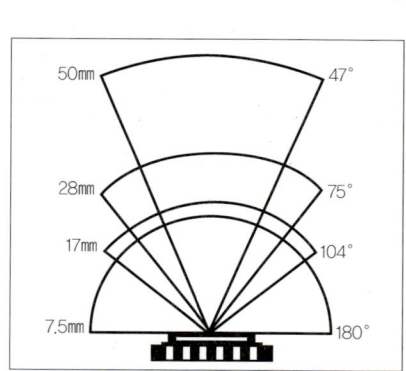
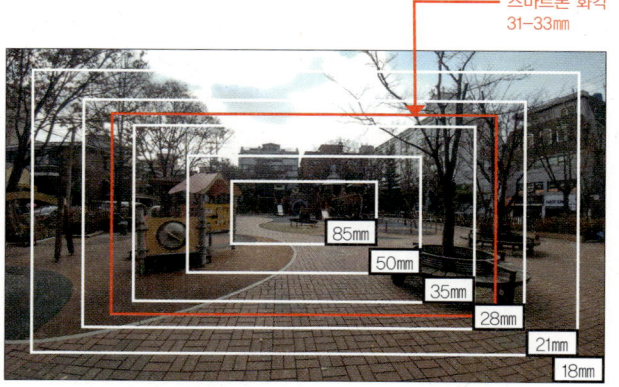

▲ 렌즈의 mm 수가 높을수록 렌즈의 화각이 좁아지면 망원 렌즈이고, 낮아질수록 넓어지면 광각 렌즈이다.

② 어두운 곳에서도 보다 밝게 촬영할 수 있게 밝은 렌즈로 구성되어 있다. 조리개 값은 아이폰 6S의 개방 값이 F2.2, 갤럭시 S7은 개방 값이 F1.7, LG G5는 개방 값이 F1.8이다.

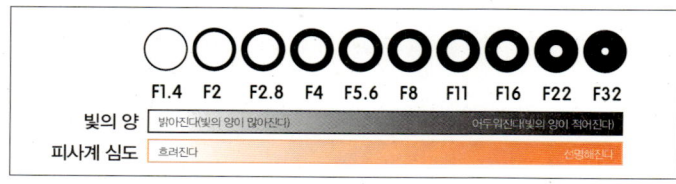

▲ 조리개 값이 커지면 어두워지고, 작아지면 밝아진다.

③ 디지털 줌

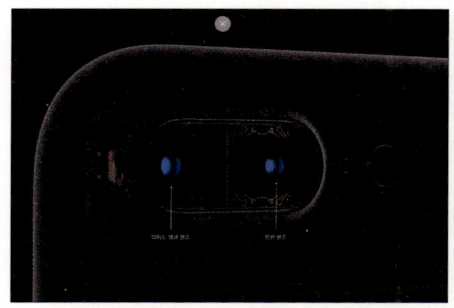
▲ 각각 촬영된 동영상을 합성하여 깊이감 있는 3D 촬영이나 DSLR의 심도 있는 동영상, 더 빠른 오토포커스, 더 넓어진 화각 등, 보다 DSLR스러워진 스마트폰 카메라
■ 출처 : 애플 홈페이지

▲ 아이폰 7S와 레드 카메라 성능 비교

광학 줌이 아니라 디지털 줌을 사용할 경우 화질이 저하된다. 하지만 스마트폰에 듀얼 렌즈를 장착하면서 광학 줌의 화질을 추격 중이다.

④ 더 빠르고 정확한 AF(오토포커스)

이미지 센서의 모든 픽셀에 듀얼 포토 다이오드 구조를 채택해 초점을 한층 빠르게 잡게 도와주기 때문에 어두운 곳에서도 원하는 사진을 빠르게 촬영할 수 있다.

(2) 스마트폰 촬영을 보다 자유롭게 만드는 렌즈

위에서 이야기한 대로 스마트폰 카메라는 광학 줌이 아닌 디지털 줌이 장착되어 있는 단렌즈라고 볼 수 있기 때문에 보다 넓은 화각의 장면을 만들거나 화질을 떨어뜨리지 않고 먼 거리의 피사체를 촬영하기에는 한계가 있다. 그러므로 이러한 단점을 보완하기 위해 간단하게 카메라에 부착해서 사용할 수 있는 렌즈들이 많이 나오고 있다.

■ 출처 : 인터넷 캡처-스마트폰에 간단하게 부착해서 사용할 수 있는 렌즈

① 2배 줌 렌즈를 이용한 촬영

▲ 피사체를 좀 더 확대할 수 있는 2배 줌 렌즈

② 광각 렌즈를 이용한 촬영

▲ 광각 렌즈는 넓은 화각으로 시원스러운 사진을 찍기에 좋다.

③ 매크로 렌즈를 이용한 촬영

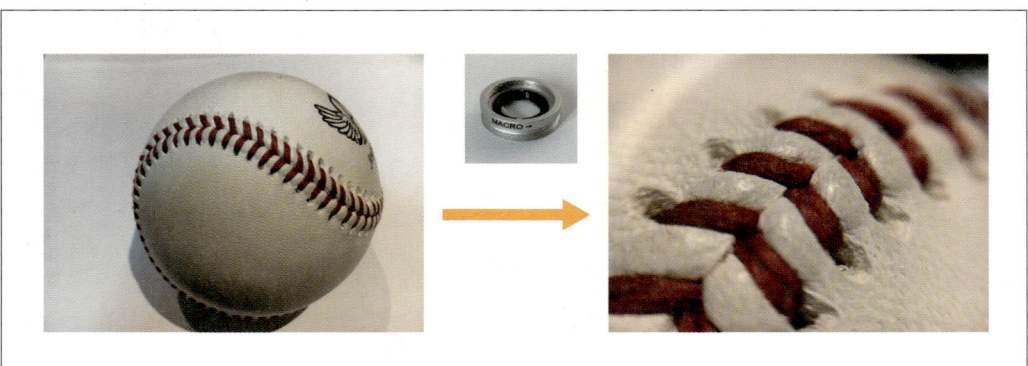

▲ 매크로는 접사 렌즈라고도 하며 작은 피사체들을 클로즈업해서 촬영할 수 있다.

④ 어안 렌즈를 이용한 촬영

▲ 어안 렌즈는 물고기 눈과 비슷한 화각의 렌즈로 심하게 왜곡되므로 화각이 넓은 촬영이 가능하고 재미 있는 사진을 만들 수도 있다.

TIP!! 하나 더!! 스마트폰 부착 렌즈를 고를 때 주의해야 할 점

렌즈는 화질과 동영상의 퀄리티에 가장 직접적인 영향을 미치므로 다음과 같은 점을 주의하여 구매해야 한다.
❶ 전문적인 렌즈에 비해서는 중앙 부분을 제외하면 화질이 조금 떨어진다.
❷ 광각이나 어안 렌즈의 경우 렌즈의 외곽 부분이 나와서 화면의 주변부가 검게 되는 비네팅 현상이 있으므로 구매 시 꼭 확인을 하고 선택해야 한다.
❸ 망원 렌즈는 많이 흔들린다. 그러므로 촬영하기 위해서는 반드시 삼각대 등을 이용하는 등 안정적인 조건을 만든 후 촬영해야 한다.

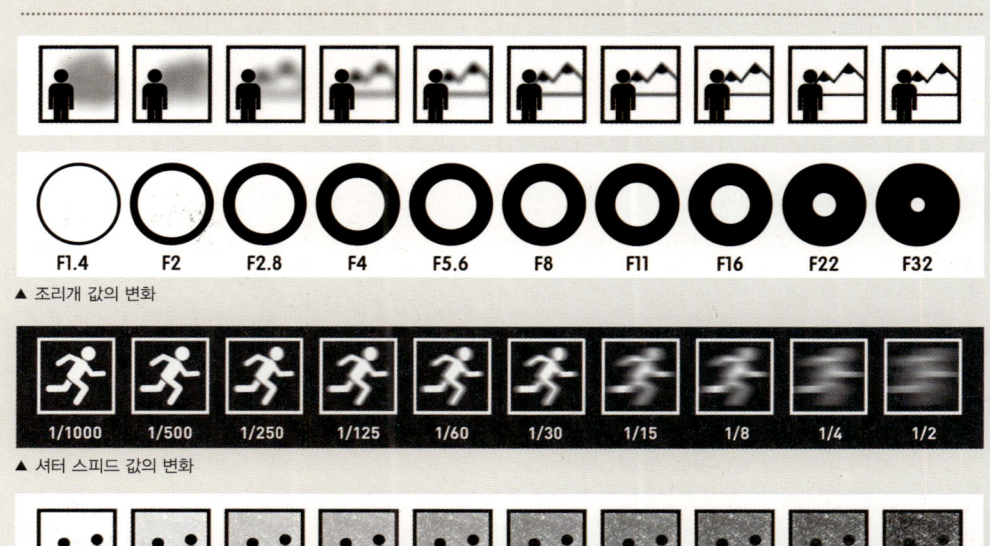

▲ 조리개 값의 변화

▲ 셔터 스피드 값의 변화

▲ ISO 값의 변화

■ **그립**

스마트폰은 작고 얇기 때문에 손에 쥐고 촬영하기가 쉽지 않을 뿐만 아니라 녹화 버튼을 누른다든지 다른 조작을 할 때도 전문적인 카메라와 달라서 사용이 불편하다. 그래서 조금이라도 촬영을 편하게 해주는 제품들이 속속 나오기 시작했다. 대표적인 것이 스마트폰을 안정적으로 잡고 촬영할 수 있게 도와주는 그립이다.

■ mCAM LITE

■ 출처 : http://snap.bitplayinc.com
▲ 케이스로도 사용이 편리한 렌즈 교환 그립 스냅프로

이전의 스마트폰 그립들은 크기도 크고 거추장스러워서 일반적으로 사용하기에는 불편했다. 하지만 최근에는 스마트폰 케이스로도 사용할 수 있게 만든 제품들이 많이 나왔으며 이 그립들과 함께 세트로 렌즈들도 나오면서 작정하고 촬영을 나간다면 아주 유용하게 사용할 수 있다.

▲ 최근에 스마트폰을 8mm 영화 촬영용 카메라처럼 만들어주는 케이스가 킥스타터를 통해 소개되었다.
이 케이스는 스마트폰을 카트리지처럼 끼워서 촬영하면 되는 제품이다.

■ 지지대

촬영을 할 때 가장 중요한 것 중 하나가 안정된 화면이라는 말은 수 없이 했다. 특히나 스마트폰은 충격과 흔들림에 취약하기 때문에 안정적으로 오래 촬영하기 위해서는 카메라를 지지할 수 있는 장비들이 필요하다.

(1) 삼각대(Tripod)

일반적으로 촬영을 할 때는 삼각대를 많이 사용하지만 언제 어디서든지 촬영을 한다는 스마트폰 촬영 콘셉트로 보면 삼각대는 조금 무겁고 불편하다. 하지만 촬영을 하기 위해서는 필수적인 장비이고 이후에 나오는 다른 장비들의 기본이 되므로 먼저 소개한다.

삼각대는 안정적으로 풍경을 촬영하거나, 장시간 고정된 장면을 촬영할 때, 망원 렌즈를 사용하여 멀리 있는 피사체를 촬영하거나 아주 미세하고 정교한 움직임이 필요한 촬영을 할 때 주로 사용한다. 삼각대는 크게 2부분으로 나눌 수 있는데 카메라를 장착해서 수평을 맞추고 상하좌우로 움직임을 부드럽게 할 수 있도록 도와주는 '헤드' 부분, 그리고 카메라를 안정적으로 고정시켜주고 높이 조절을 가능하게 하는 '다리' 부분으로 구성된다.

▲ 삼각대의 헤드 부분. 보통 부드러운 움직임을 위해 유압식으로 작동하고 작동을 쉽게 하기 위해 손잡이(팬바)가 있다.

▲ 삼각대의 다리 부분

삼각대는 무엇보다도 안정적으로 카메라를 지지하는 것이 중요하며, 특히 동영상의 경우 헤드 부분이 중요해서 팬 틸트 등이 부드럽게 작동되는 유압식을 사용하는 것이 좋다. 하지만 여기서는 스마트폰으로 사용하는 삼각대이므로 가벼운 것이 좋으며, 특히 헤드 뒤쪽으로 쭉 뻗어 나온 것이 팬바(Pan bar)인데 이것은 카메라의 조작을 용이하게 도와주는 보조 장치이므로 있는 것이 좋다.

(2) 삼각대 사용법

① 삼각대를 촬영에 적합한 안정적인 장소에 세운다.

② 카메라를 장착하고 높이를 맞춘다.
 – 이때 삼각대의 다리는 위에서부터 펼쳐서 높이를 맞춘다.

③ 촬영에 적합한 높이를 맞춘 후 수평을 맞춘다.

④ 촬영할 때는 팬바와 카메라를 동시에 잡고 몸을 이용하여 카메라를 움직인다.

아무리 안정적인 삼각의 다리와 부드러운 유압장치를 사용한 헤드가 있다고 하더라도, 삼각대를 놓고 촬영하기 위해서는 충분한 연습이 필요하다. 특히 팬이나 틸트를 하려면 미리 생각하고 끊임없이 한 번에 움직이는 것이 중요하므로 익숙해질 때까지 연습해야만 좋은 장면을 만들 수가 있다.

▲ 삼각대는 무엇보다도 안정적인 화면을 만들기 위해 기본적으로 다룰지 알아야 한다.

(3) 모노포드

삼각대는 안정적인 화면을 만드는데 필수적이기는 하지만 지속적으로 이동하면서 촬영을 하는 데는 불편한 부분이 있다. 그래서 이동성을 높이면서 조금이라도 화면의 안정성을 확보하기 위해 만들어진 것이 모노포드다.

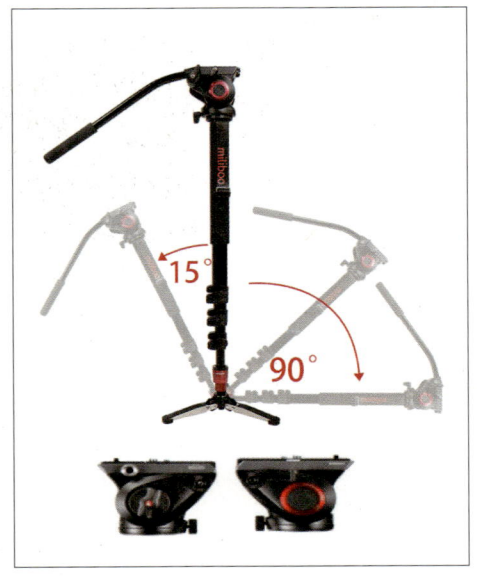

▲ 최근에는 동영상 촬영에 적합한 모노포드들도 출시되고 있다.

원래는 고정 취재용으로 고안된 것으로 주로 사건이나 급박히 돌아가는 취재 현장에서 촬영을 할 때 많이 사용하는데 아무래도 삼각대와 같은 안정성 있는 화면과 카메라 움직임을 만들어 낼 수는 없었다. 하지만 최근에는 모노포드에 조그만 삼각대를 부착하고 헤드도 동영상 촬영이 가능한 제품들이 나오기 시작하면서 보다 안정성을 확보하게 됐다. 이동성과 휴대성을 고려할 때 삼각대보다는 스마트폰 촬영에 적합하다고 하겠다.

■ 셀카봉

스마트폰으로 자신의 모습을 촬영하기 위해서 만들어진 셀카봉은 최근 지지하는 삼각대까지 생기면서 안정성도 갖추기 시작했다.

 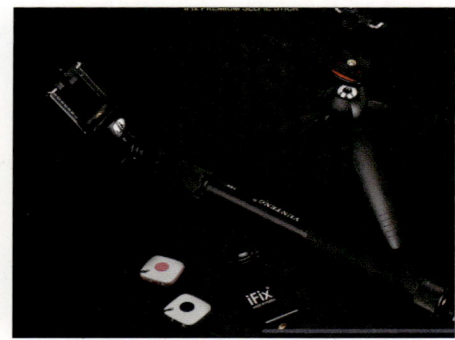

물론 팬이나 틸트를 위한 헤드도 없고, 다리 등도 완전히 안정적이라고는 할 수 없기 때문에 전문적으로 촬영을 하기에는 한계가 있다. 하지만 그럼에도 불구하고 휴대성과 블루투스를 통한 녹화 제어 기능을 고려해볼 때 스마트폰 촬영에 좋은 도구일 수 있다.

최근 스위스에서 스마트폰만 가지고 방송을 하는 방송국이 주목을 받았었는데 이때 취재기자에게 주어진 것이 셀카봉이다. 셀카봉을 들고 카메라 앞에 서서 리포팅을 하는 모습은 대단한 충격이었다.

■ 출처 : 유튜브-스위스 지역 방송국인 레만 블뢰의 기자가 아이폰이 장착된 셀카봉을 들고 방송을 하는 모습

■ 짐벌(Gimbal)

짐벌이란 카메라와 같은 장비의 흔들림을 최소화하기 위해 고안된 장치인데 진동과 흔들림에 취약한 스마트폰으로 움직임이 많은 상황을 촬영하면 안정적인 화면을 얻기가 쉽지 않기 때문에 짐벌을 사용한다면 보다 나은 장면을 촬영할 수 있다.

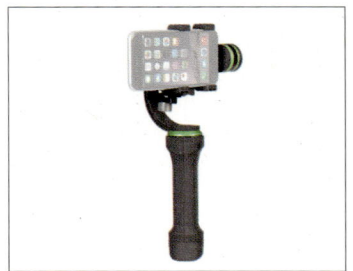
▲ Lanparte사의 HHG-01-Plus 3축 전동 짐벌

▲ DJI-Osmo-Mobile

과거에는 무게추를 이용해 카메라의 수평을 조정했으나 최근에는 자이로센서를 이용한 전동장치로 수평을 제어하여 흔들림을 보정한다.

◀ 짐벌을 사용한 동영상과 사용하지 않은 동영상은 차이가 많이 난다.

■ 마이크

스마트폰으로 촬영하다 보면 항상 가장 불만스러운 부분이 바로 오디오이다. 열심히 촬영했다고 생각했지만 동영상을 재생해보면 사운드가 좋지 못한 경우가 많기 때문이다. 그나마 다른 스마트폰에 비해 아이폰으로 촬영을 하면 조금 괜찮기는 하지만 아이폰 역시 저음역대는 다 잘라먹기 때문에 오디오가 중요한 촬영이라면 별도의 마이크를 사용해야 한다.

◀ 스마트폰 촬영 전용으로 나온 EIM-002 마이크는 이어폰 잭에 꽂아서 사용하는데, 마이크가 구부러져 소리의 방향으로 지향할 수 있다.

◀ 마이크의 사용 유무는 차이가 많이 난다. 특히 오디오가 중요한 촬영은 반드시 외부 마이크가 필요하다.

■ 액션캠

고프로라는 카메라로 촉발된 액션캠과 웨어러블 카메라(Wearable Camera)들이 빠른 속도로 보급되면서 이전에는 볼 수 없었던 다양하고 생생한 앵글의 동영상들이 넘쳐나고 있다. 말 그대로 스포츠나 움직임이 많은 분야에서 보다 사실적으로 보여주기 위해 몸이나 장비에 직접 부착하고 촬영을 하는데 역동적인 동영상과 함께 체험자의 경험을 실제적으로 공유할 수 있다는

▲ 스마트폰 전용 케이스를 액션캠으로 사용하는 아이마운트 제트2

점에서 주목을 받고 있다. 이러한 액션캠과 같은 동영상을 스마트폰에서도 간단한 기기를 사용해서 촬영할 수 있다.

이와 같은 장비를 활용하면 몸에 직접 부착할 수 있을 뿐만 아니라 각종 장비에도 쉽게 부착할 수 있다. 충격 방지 외에 간단한 생활 방수(3M)까지 가능해서 다양한 아웃도어 활동의 경험과 역동적인 동영상을 촬영할 수 있다.

▲ 아이마운트 제트2를 자전거에 부착하여 촬영한 동영상으로 역동적인 장면을 연출할 수는 있지만 아직 진동의 개선이 필요하다.

TIP!! 하나 더!!

최근 동영상을 보다가 아주 멋있는 작품을 봤다. 스키를 타고 활강하는 사람을 중심으로 카메라가 360도 회전을 하고 고속으로 촬영해서 매우 멋진 화면을 보여줬다. 드론으로 촬영했나 싶었는데 알고 보니 아이폰에 줄을 연결해서 자신이 직접 줄을 돌리면서 촬영한 동영상이라고 한다. 아이디어만 있다면 누구나 굉장한 동영상을 만들 수 있다. 물론 지치지 않는 노력도 필요할 것이다.

■ 출처 : 유튜브

■ 드론

액션캠과 더불어 기존에 없었던 새로운 동영상들을 만드는 데 한몫을 하고 있는 것이 바로 드론이다. 하늘을 나는 소형 비행체인 드론은 기술의 발달과 함께 가격이 저렴해지고 각종 편의장비들이 탑재되면서 폭발적인 인기를 끌고 있는데 여기에 액션캠이 흔들림을 완화시켜주는 짐벌을 함께 장착하면 고품질의 항공 동영상을 비교적 저렴한 가격으로 촬영할 수 있다.

▲ 다양한 드론과 동영상을 안정적으로 촬영하는 데 도움이 되는 짐벌은 항공 촬영을 보다 다이내믹하게 만들고 있다.

▲ 드론을 이용하여 불꽃놀이를 촬영한 동영상

> **TIP!! 하나 더!!**
>
> 최근에는 드론을 이용해서 촬영한 독창적인 동영상들을 많이 만나볼 수 있는데, 특히 OKGO라는 밴드의 'I won't let you down' 뮤직비디오를 보면 드론을 이용해서 얼마나 창의적으로 동영상을 만들 수 있는지 감탄할 수 밖에 없다.

■ 출처 : 유튜브-미국의 밴드 OKGO 뮤직비디오의 한 장면

■ 수중 하우징

액션캠, 드론과 함께 이전까지는 쉽게 볼 수 없었던 동영상의 신세계를 열고 있는 것이 바로 수중 하우징이다. 이전에는 항공 촬영과 마찬가지로 제작비가 많이 드는 영화나 CF 동영상을 만들기 위해 고가의 카메라 하우징만 만들어졌으며, 스킨스쿠버 다이빙 또한 접하기 쉽지 않은 분야라 수중 동영상을 촬영하기란 여간 쉽지 않았다. 하지만 카메라가 디지털, 소형화되고 또 액션캠이 널리 보급됨에 따라 다양한 저가 수중 하우징이 판매되면서 신비로운 느낌의 수중 동영상들이 많이 제작되기 시작했다.

수중 하우징은 물속 깊이 들어갈수록 수압이 높아지기 때문에 일반 하우징에 비해 정교하고 튼튼해야 하며, 물속에서는 전파가 제대로 전달되지 않기 때문에 무선으로 제어하는 것은 한계가 있으므로 직접 제어가 가능해야 한다.

또한 수중의 온전한 색을 촬영하기 위해서는 필터를 장착할 수 있으면 좋으며 스마트폰의 화각이 다른 액션캠에 비해 좁기 때문에 광각 렌즈도 장착할 수 있으면 좋다. 그러므로 전문적인 회사에서 만든 제품을 사용하지 않으면 나중에 침수피해 등의 문제가 생길 수 있으므로 선택에 주의해야 한다.

▲ Watershot 스마트폰용 수중 하우징

▲ i-PIX 스마트폰용 수중 하우징

▲ 수중에서 제대로 된 색상을 구현하기 위해서는 레드 마젠타 필터를 사용해야 한다.

TIP!! 하나 더!!

▲ 순수 국내 기술로 만든 스마트폰 전용 수중 하우징 I-patima5

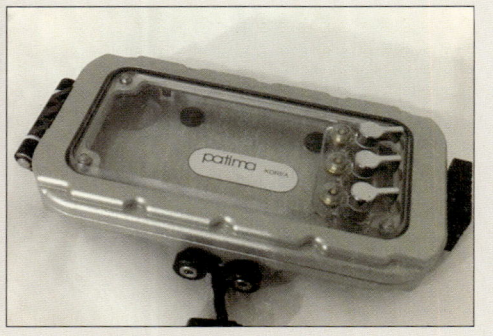
▲ 아이폰뿐만 아니라 갤럭시용도 있으며 전용 앱을 사용하면 보다 편리하게 수중 촬영을 할 수 있다.

■ 저장장치

아무리 좋은 코덱으로 동영상을 압축해서 촬영해도 동영상은 동영상이다. 동영상은 기본적으로 용량을 많이 차지하는데 아이폰의 경우 1분에 130MB이다. 그렇기 때문에 스마트폰으로 동영상을 촬영하면 항상 저장 공간이 부족한 문제가 생긴다. 이 문제를 해결하기 위해서는 저장 공간이 큰 128GB 정도의 최신폰을 사면 좋겠지만 가격이 비싸진다. 그리고 아무리 저장 공간이 크더라도 정리를 제대로 하지 않으면 항상 부족한 것이 사실일 것이다. 이런 용량의 문제를 해결하기 위해서 사용할 수 있는 것이 바로 부착형 메모리 저장장치나 혹은, 무선으로 파일을 주고받을 수 있는 외장 하드를 사용하는 것이다.

(1) 부착형 USB OTG
다른 기기의 도움 없이 바로 USB에 저장하는 장치로 휴대가 편리하고, 사용이 쉽기 때문에 다양한 용량이 나와 있다.

▲ 스마트폰의 저장 용량이 적다면 USB OTG를 활용하면 된다.
■ 출처 : www.androidcentral.com

(2) 무선 외장 하드

무선으로 파일을 주고받을 수 있는 외장 하드는 자체 WiFi 기능이 있어서 스마트폰과 무선으로 연결하면, 촬영 시 외장 하드에 자동으로 업로드된다.

▲ 무선으로 스마트폰과 통신하며 데이터를 받을 수 있는 외장 하드

대용량의 파일 전송이 가능하고 여러 기기가 동시에 접속하여 파일을 주고받을 수 있으므로 일정 공간 안에서 여러 대의 카메라로 촬영하면서 동시에 저장이 가능하다. 고성능 모드에서 초당 9.45MB 저장이 가능하기 때문에 이론적으로는 스마트폰을 이용한 동영상 촬영에 무선으로 저장하기에 무리가 없으나 아직 야외 촬영 실험이 더 필요해 보인다.

이상으로 동영상을 제작하기 위한 기본적인 상식과 장비, 그리고 장비의 사용 방법에 대해서 알아보았다. 이 장의 서론에서도 이야기했지만 이 장은 외우는 장이 아니라 실제로 현장에서 접하다 보면 자연스럽게 몸에 익을 수 있는 내용들이다. 그러다 생각나면, 아니면 필요하면, 그때 들춰보기만 하면 된다. 그러면 훨씬 더 효과적일 것이다.

자~ 이제 드디어 동영상을 제작하는 데 한발 더 나가게 됐다.

이제 드디어 본격적인 동영상 제작의 세계에 들어 왔다. 당장 알지 않아도 되는 동영상 이야기를 그냥 지나치려다가도 조금은 알아야 되지 않을까 해서 보다 보니 지나치기 어렵고, 그렇다고 그냥 보자니 좀 지루하고, 또한 알아야하는 장비들은 왜 이렇게 많은 건지...

이런 고비들을 지나 여기까지 온 여러분들을 환영한다.

동영상을 촬영하는 대부분의 일반인들은 일단 무조건 찍는 것부터 시작한다. 자신의 아이들을 찍고, 여행가서 다시는 보지 않을 사찰과 풍경을 찍고 재미있는 상황이 있으면 또 찍는다. 그러다 한번 다른 사람들이 보고 재미있다고 하면 갑자기 생겨난 자신감에 찍고 또 찍는다. 그런데 촬영을 하다 보니까 불만과 욕구가 용솟음친다. TV나 유튜브에서 본 동영상들을 보니 내 자신이 초라해진다. 그러다가 편집이란 것을 알게 된다. 여태까지의 세상과는 다른 세상이 눈앞에 펼쳐진다. 무작정 한 번에 촬영한 것을 다 보여주는 게 아니라 잘 나온 부분만 골라서 다른 사람들에게 보여주는 것이다. 자신이 아주 전문가가 된 듯이 사람들에게 이리저리 보여주고 신난다.

그런데 이제는 또 다른 욕구가 생긴다. 내가 어렸을 때부터 이런 이야기는 꼭 찍고 싶었는데... 이제는 자신감만으로는 안 될 것 같다. 공부를 하기 시작한다. 어떻게 해야 더 잘 찍을 수 있을까? 이 이야기는 어떻게 풀어나가야 할까? 여기서 벽을 만났다. 이제 더 이상은 혼자서 할 수 없다. 학원을 알아보고 유명한 동영상 관련 블로그도 기웃거려본다.

이제야 비로소 동영상을 찍는 것 같다.

이 과정을 거치면 사실은 동영상을 제작하는 기본은 갖춰진 거다. 조금 뒤죽박죽이기는 하지만 동영상 제작 과정을 몸으로 직접 배운 거니까! 하지만 앞으로 계속 동영상을 제작하려면 조금은 체계적으로 만드는 방법을 아는 것이 더 효율적으로 동영상을 제작할 수 있을 것이고 여러분의 실력은 눈에 띄게 달라질 것이다.

체계적인
동영상 제작이란?

스마트폰으로 제작하는 동영상들은 거창하게 준비해서 만드는 동영상은 아니다. 즉흥적으로 촬영을 하거나 미리 기획을 했더라도 몸도 마음도 가볍게 제작하는 것이 맞다. 더군다나 요즘은 동영상이 흔한 시대이기 때문에 동영상 제작을 마치 글쓰기를 하듯이 자유자재로 하는 사람들이 많이 늘어나고 있다. 하지만 기본이 없고 체계적이지 못하다면 금방 한계가 올 것이다. 그렇다면 어떤 것이 체계적이고 기본을 쌓을 수 있는 방법일까? 기본을 공부하기 가장 좋은 것은 바로 기존 시스템에 대한 모방이다. 오랜 시간 동안 만들어진 시스템이기 때문에 물론 너무 딱딱하고 변화하는 환경에 적합하지 않은 부분이 있을 수 있겠지만 반대로 정착된 시스템이기 때문에 제작에 가장 효율적일 수 있다. 그러므로 기존 시스템을 먼저 익힌 후 반드시 필요한 부분은 몸에 익히고 필요 없는 부분은 각자 생략하는 과정을 통해 자신만의 동영상 제작 방식을 만들어가는 것이 필요하다.

일반적으로 동영상을 제작하는 단계는 크게 3가지로 나눌 수 있다.

> 첫째. 관심 있는 아이템을 미리 선정하고 그 내용에 대해 자료를 조사하여 콘셉트와 방향을 정한 후 어떤 것을 촬영할지 정리하여 구성하고 언제 어디서 어떻게 촬영할지 준비하는,
> **사전 제작(Pre-production) 단계**
>
> 둘째. 사전 제작 단계를 통해 준비된 내용을 구성에 따라 촬영하고 결과물을 만드는,
> **제작 단계(production)**
>
> 셋째. 촬영한 동영상 파일을 의도에 충실하게 편집하고 자막과 각종 효과를 넣은 후 CG 음악과 음향을 넣어 작품을 완성하는,
> **후반 작업(Post-production) 단계**

예전에는 이 과정 이후에 동영상을 테이프나 필름에 녹화하여 송출할 수 있는 방송국 또는 영화관에 보내야 제작이 끝났었다. 하지만 디지털 시대가 되면서 편집 후 직접 뽑아내고 공유 사이트에 올려야 동영상 제작이 끝났다고 할 수 있다.

다음의 그림은 현재 동영상 제작의 모든 과정을 도식화한 것이다.

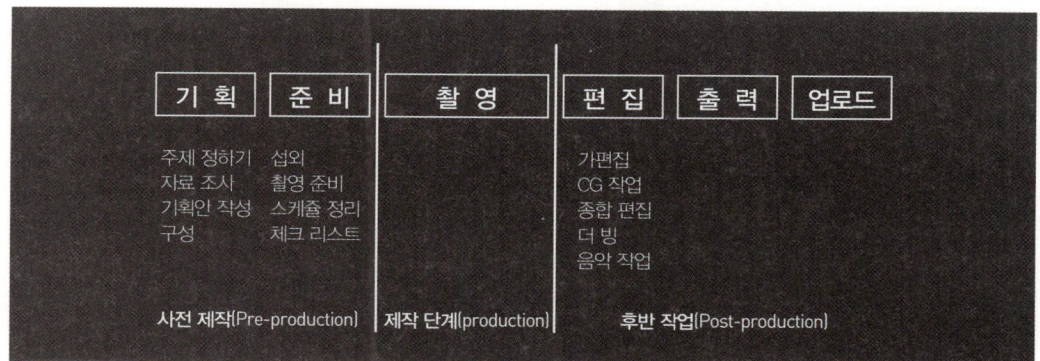

TIP!! 하나 더!!

최근에 개인 창작자에 의한 동영상 제작은 자신의 방송 공간에서 개인이 출연하여 제작하는 고정형 제작이 많다. 스스로 자신 있고, 경쟁력 있다고 생각하는 아이템을 고정의 스튜디오에서 촬영해서 보여주는 방식인데, 이러한 방식은 진행하는 사람의 역량에 절대적으로 의존하기 때문에 아이템과 표현 방식이 비교적 제한적일 수밖에 없다.
현재 MCN을 중심으로 한 개인 창작자들은 폭발적으로 늘어나고 있고 그로 인해 경쟁은 더욱더 치열해지고 있다. 이러한 상황에서 개인의 능력이 부족한 사람들(특히 진행 능력이 부족한 사람들)은 생존하기가 어렵다. 하지만 모든 제작 기반을 가지고 있는 스마트폰으로 제작되는 동영상들은 기존은 시간적 공간적 제한과 개인의 진행 능력에 좌우되는 환경을 없애버릴 것이다.
이러한 변화는 다양한 아이템과 표현 방식을 끌어 낼 것이며, 퀄리티 있는 동영상을 만드는 콘텐츠 제작 기술로 무장한 개인 창작자가 된다면 현재 개인 콘텐츠 제작자들 중에 새로운 능력자가 될 것이다.

▲ 스마트폰으로 동영상을 제작하는 제작자들은 기존의 1인 미디어 콘텐츠 시장에 새로운 패러다임을 제시할 것이다.

1) 사전 작업(Pre-production)

동영상을 제작하는 데 제일 중요하게 준비해야 하는 작업이 사전 작업이다. 동영상을 제작하는 전체의 과정 중 중요도가 **70% 이상**을 차지하며, 나머지 과정의 효율을 높이고 예산을 줄이는 데 절대적인 역할을 한다. 동영상의 전체적인 콘셉트와 방향을 잡고 구성하는 **기획 과정**과 기획에 의해 촬영을 준비하는 **준비 과정**이 이에 포함된다.

'네가 진짜로 원하는 게 뭐야?'
동영상 기획이란 무엇을?, 왜?, 어떻게? 동영상으로 만드는가를 끊임없이 질문하는 작업이다.

특히 최우선으로 만들려고 하는 동영상의 정체성 즉 콘셉트를 먼저 명확하게 잡아야 한다. 이 동영상을 통해 '얻고 싶은 것이 무엇인지 명확히 해야 한다.'는 것이다. 예술을 하고 싶은가? 돈을 벌고 싶은가?

▲ 사실 질문도 중요하지만 더 중요한 것은 그 질문의 답을 세심하게 듣는 것이다.

2) 예술을 하고 싶다면? 자신에게 물어봐라!

자신의 자아실현과 꿈을 이루기 위해 동영상이라는 매체를 이용하고 싶다면 정말 솔직해야 하고 자아와 자존심이 강한 것이 좋다. 앞으로 당신의 마음을 송두리째 흔들어 놓을 동영상을 만나게 될 텐데 자신을 믿는 사람이 아니면 견디기 힘들다. 다른 사람들의 시선, 간섭 등에 구애 받아서는 안 되며 본인이 옳다고 생각하고 본인이 하고 싶은 대로 끝까지 밀고 나가야 한다. 그러고 난 후 평가는 타인의 몫인 것이다. 물론 이렇게 자신을 믿고 견뎌내고 이겨 낸 사람들도 있지만 그 과정은 정말로 길고 어려울 것이다. 그렇기 때문에 눈치를 보거나 주변의 간섭을 받게 된다면 동영상을 다 만들고 난 후에도 만족하지 못할 것이다. 이것은 혹독한 평가를 받는 일보다 더 안 좋은 것이다.

물론 동영상은 본인이 만들지만 타인에게 보여야만 가치가 생기는 것이므로 평가 자체를 받지 않을 수는 없다. 자신을 의심하거나 약한 마음의 소유자라면 아예 예술을 할 생각은 접어야 한다. 물론 처음에는 제작한 동영상들이나 작품들이 기술과 표현력, 철학이 부족해서 제대로 표현되지 않을 수 있다. 예술을 꿈꾼다면 부족한 부분을 더욱더 노력하고 바꿔가면 되는 것이다. 예술이란 제대로 된 평가를 받기에는 시간이 걸린다. 지속적인 노력이 필요한 험난한 길이다. 중간에 포기할 거라면 확실히 포기해라. 예술은 그런 것이다.

3) 돈을 벌고 싶다면... 다른 사람들에게 물어봐라!

동영상을 사 줄 사람들에게 끈질기게 물어봐라!! 무엇을 원하냐고...

혼자 보고 만족할 동영상이 아니라면 그 동영상을 볼, 즉 동영상을 사줄 사람들에게 끈질기게 물어봐야 한다. 내가 이런 동영상을 만드는데 어떻냐?, 이런 내용을 이야기하는 것은 어떻냐?는 등... 결론이 날 때까지 끈질기게 질문해야 한다. 물론 사람들에게 직접 물어 보기도 하지만 여러 가지 자료 조사도 함께 해야 한다.

대부분의 동영상을 제작하려는 사람들은 우선 본인이 가장 좋아하고, 잘 아는 분야부터 시작한다. 그리고 본인이 가장 잘할 수 있는 방식으로 동영상 제작을 시작한다. 물론 좋은 방법이다. 하지만 이렇게 시작했더라도 내 동영상을 볼 사람들의 욕망이 담기지 않는다면 이 동영상은 금방 사라지게 될 것이다.

'게임을 하는 사람들이 원하는 게 뭔지? 정확한 게임 가이드를 원하는가?'
'재미없는 게임이 있어서 서로 공감하며, 시원하게 한마디 해주면 카타르시스를 느끼는가?'
'보고 싶은 연예인의 얼굴을 보여줬으면 하는가?'
'아님 그들의 실수나 가십을 보여줬으면 하는가?'

나이에 따라, 성별에 따라, 지역에 따라 좋아하는 것들은 모두 다르다. 기존의 슈퍼스타 유튜버(유튜브를 하는 사람들)들은 이 욕구들을 다 조사하여 알고 있었을까? 아니다! 그들도 잘 모르고 시작했다.

하지만 그들은 주변 사람들의 이야기에 충분히 주의를 기울였음이 틀림없다. 방송을 하기 전에 주변으로부터 이런 것을 했으면 좋겠다던가 불만스러운 것에 시원하게 욕을 해주거나, 출연자들끼리만 노는 단방향의 콘텐츠가 아니라 보는 사람들도 같이 노는 것이 필요해 등등...

주변 사람들의 이야기를 자신이 충분히 공감해서 방송을 시작했고 기존과 다른 매력에 점점 더 많은 사람들의 이야기를 들으면서 시청자들을 더 많이 확보하고 또 그들의 이야기를 다시 듣고 끊임없는 소통을 통해 지금의 그들이 만들어진 것이다.

'보다 잘 팔리는 콘텐츠를 만들고 싶은가?'
끈질기게 질문하라! 그들이 원하는게 무엇인지?
끈질기게 질문하라! 어떤 데이터가 당신에게 유효한 것인지?
그리고 끊임 없이 소통해라! 한 번의 질문으로 그들을 다 알 수는 없다.

진짜로
기획하기

기획 작업은 주제와 타깃, 콘셉트를 설정하는 질문하기와 그 결과들을 중심으로 콘텐츠에 들어갈 내용을 조사하는 자료 조사, 그리고 이러한 내용들의 의미를 만들기 위해 정리하고 배열하는 구성 작업이 있다.

1) 질문하기

① **주제를 선정하기 위한 질문**
- 어떤 이야기를 듣고 싶어 하는가(또는 하고 싶은가)?
- 재미가 있는가?

② **타깃을 설정하기 위한 질문**
- 누구에게 보여줄 것인가?
- 누가 좋아할 주제인가?
- 충분한 시청자가 있는가?

③ **콘셉트 설정을 위한 질문**
- 어떻게 보여주면 좋아하는지?

이와 같이 기획을 하기 위한 기초적인 질문하기가 끝나면 그 질문에 대한 내용을 정리하는 습관을 들여야 한다. 아니 반드시 정리해야 한다. 사실은 좀 더 자세히 내용을 정리해야겠지만 우선은 다음과 같이 자신이 질문한 내용을 한 장의 페이퍼로 정리하자. 이 내용들이 제작하려는 동영상 전체에 대한 일관성과 분석을 명료하게 해주기 때문이다. 항상 정리하고 스크랩하는 습관을 들이도록 하자.

제 목		
주 제		
목 표		
타 겟		
컨 셉		
표현방법		
상황분석		
기대효과		

> **TIP!! 하나 더!!** 제목이 중요하다?! 아니 브랜드가 중요하다!
>
> 대부분은 진행하는 사람들의 이름을 중심으로 콘텐츠들이 만들어지고 있다. 물론 이것이 바로 브랜드이다. 브랜드를 만드는 목적은 일관성과 기억하기 편리하기 때문이다. 그러므로 기억하기 좋고 전체의 의도와 콘셉트가 명확한 브랜드를 만들고 일관성 있게 끌고 나가야 한다.

연습

준비되어 있지 않은 상황에서 갑자기 자신이 생각하는 것을 질문하고 답을 내기는 쉽지가 않다. 그러므로 기존의 동영상들을 보면서 분석하고 그 동영상에 대해 질문을 해보자.

1. 기존의 게임을 중계하는 1인 미디어들이 많다. 그중 최고의 유튜브 스타인 pewdipie의 동영상을 보고 질문하기를 해보자. 그 동영상을 시작했을 때 주제, 목표, 타깃, 콘셉트 등을 한 장 기획안으로 정리해보자.

2. 공중파 방송에서 가장 성공한 프로그램 중 하나인 런닝맨을 보고 질문해보자. 런닝맨을 기획했을 때 주제, 목표, 타깃, 콘셉트 등을 한 장 기획안으로 정리해보자.

■ 출처 : SBS 런닝맨 홈페이지

TIP!! 하나 더!!

대중이 좋아하는 소재, 표현 방식, 콘텐츠 소모 방식 등은 시대에 따라 항상 달라진다.
그러므로 콘텐츠를 제작하는 사람들은 주제와 타깃, 표현에 대해 끊임없이 고민해야 한다. 하지만 혼자 고민하고 분석하는 것은 한계가 있다. 특히 요즘처럼 복잡하고 다양한 요구들이 넘치는 시대에는 매체들의 도움을 받는 것도 좋은 방법이다.
트렌드에 대해 매년 분석하고 예측하는 책과 트렌드에 관한 자료들을 찾아볼 수 있는 인터넷 사이트들은 기획을 하는데 매우 유용할 것이다.

▲ 트렌드 코리아는 매년 변화하는 트렌드를 알기 쉽게 정리해서 발간한다.

▲ 삼성경제연구소와 KT에서 만든 사이트는 여러 분야의 다양한 자료들을 간편하게 검색할 수 있다.

2) 자료 조사

질문을 통해 주제와 타깃의 콘셉트가 정리됐으면 이제 그에 따른 자료를 조사하여 동영상의 내용을 채워야 한다. 여기서 중요한 것은 자료를 조사하는 과정에서 다양한 자료를 조사하는 것도 중요하지만 얼마나 주제에 적합한 자료를 찾는가가 더 중요하다. 지금 시대는 노하우(Know how)의 시대가 아니라 노웨어(Konw where) 시대이다. 우리가 필요로 하는 자료들은 분명히 있다. 그래서 그것을 찾는 과정과 방법을 아는 것이 자료 조사에서 매우 중요한데 소셜메트릭스 인사이트(insight.some.co.kr)를 활용하면 최근 트렌드에 대한 정확한 타깃을 설정하고 주제를 분석할 수 있다.

소셜메트릭스란 SNS를 통해 생산되는 빅데이터를 수집, 분석해 SNS에서 트렌드가 무엇인지, 트렌드가 되는 키워드와 연관되는 다른 키워드들은 무엇이 있는지, 이런 트렌드에 대한 관심의 추이는 어떠한지를 분석하는 서비스를 말하는데 원하는 단어, 타깃 등을 입력하면 그에 따른 연관어를 바로 알아볼 수 있으며, 다양한 분석과 관련 자료를 얻을 수도 있다. 이와 같은 분석 자료들을 가지고 조사하면 보다 정확하고 좋은 자료들을 찾을 수 있을 것이다.

▲ insight.some.co.kr

'스마트폰 동영상 촬영'이라는 키워드를 소셜메트릭스에서 검색한 결과로 블로그와 연관된 다양한 키워드를 시각화해 보여주는 것을 확인할 수 있다. 소셜메트릭스에서는 전체, 인물, 단체, 장소, 상품, 속성, 브랜드, 취미/여가, 심리라는 기준으로 분류해 해당 기준에 부합하는 연관 키워드들을 보여준다. 그리고 이러한 키워드와 연관된 블로그, 트위터 글을 확인할 수도 있다.

▲ insight.some.co.kr

찾으려고 하는 자료의 키워드들이 설정되면 이를 활용해 자료를 검색하면 되지만 무턱대고 포털 사이트 등을 돌아다닌다면 효과적으로 자료를 찾기가 힘들다. 다음은 주제별로 자료를 찾기 쉬운 곳을 정리해봤다.

■ 학술 정보

1. DBPIA(http://www.dbpia.co.kr)
국내 학술지, 전문잡지, 전자책, 웹DB, 동영상 강의 등을 제공하는 온라인 서비스

2. KRPIA(http://www.krpia.co.kr)
한국사 관련 데이터베이스로 한국의 역사, 문화, 문학, 예술 등 다양한 분야 자료 수록

3. 과학기술학회마을(society.kisti.re.kr)
학위논문, 국내/외 학술지 논문, 단행본, 공개 강의를 선택적으로 검색

4. KINDS(http://www.kinds.or.kr)
한국언론재단에서 제공하는 신문 기사 검색 서비스

5. RISS(http://www.riss.kr)
교육부 출연기관 한국교육학술정보원이 제공하는 학술연구 정보 서비스

■ 경제 정보

1. 삼성경제 연구소 SERI(http://www.seri.org)
경제와 관련된 정보를 얻는 데 가장 유명한 곳, 대학생들의 과제작성 필수 참고 사이트 1순위로 양질의 전문성 있는 자료들이 쌓여있다.

2. LG경제연구원(http://www.lgeri.com)
SERI와 함께 다양하고 전문적인 경제 정보를 얻을 수 있는 곳

3. 전자국회도서관(http://www.nanet.go.kr)
국내 주요 도서관을 연계하여 통합검색이 가능하기 때문에 필요한 자료를 찾을 때 전자국회도서관을 가장 먼저 검색하는 게 좋다.

4. 대외경제정책연구원(http://www.kiep.go.kr)
세계경제 전망에 대한 소식과 주요기관들의 최신 자료를 얻을 수 있다.

■ IT 관련 정보

1. IT find(http://www.itfind.or.kr)
IT 관련 종합정보 데이터베이스로 정보 통신과 기술동향에 대한 자료를 제공, IT 관련 특허, 논문, 표준 정보도 검색할 수 있다.

2. 정보통신산업진흥원(http://www.nipa.kr)
SW지원 정책과 교육 프로그램을 운영하고 다양한 IT 관련 정보를 얻을 수 있다.

3. 매셔블(http://mashable.com)
미국의 디지털 전문매체로 최신 IT 기술, 업계 동향 등 IT 정보에 대한 신뢰성 있는 정보들을 확인할 수 있다.

■ 시장 통계 분석

1. 통계청(http://www.kosis.kr)
신뢰성 있는 최신통계 정보를 얻을 수 있다.

2. 갤럽(http://www.gallup.co.kr)
시장조사 자료에 대해서 얻을 수 있는 세계적인 리서치 회사. 다양한 트렌드와 시장에 대한 분석 리포트를 제공, 마케팅, 소비자 조사에 있어서는 큰 도움을 얻을 수 있다.

3. 닐슨코리아(http://www.nielsen.com/kr)
갤럽과 함께 세계적인 인지도를 가진 리서치 회사. 월마다 발행하는 시장조사 리포트는 유용한 시장통계 자료들이 많다.

■ 트렌드 및 마케팅 분석

1. 트렌드 인사이트(http://www.trendinsight.biz)
마케팅 아이디어 매거진 출간과 함께 스타트업, 마이크로 트렌드 분석 및 정보 제공, 특히 스타트업 용어, 새로운 신조어에 대한 정보나 자료들을 많이 얻을 수 있다.

2. 트렌드와칭닷컴(http://trendwatching.com)
소셜미디어 마케팅, SNS 등의 정보들을 볼 수 있다. 다양한 팁과 대학생 또는 프리랜서, 사업가들의 실생활에 유용한 정보들이 많다.

3. DMC리포트(http://www.dmcreport.co.kr)
디지털 미디어 마케팅 지식센터로 디지털 광고 마케팅 분야에 대한 연구자료, 동향, 통계자료, 인포그래픽 등을 제공

4. 한국방송광고진흥공사(https://www.kobaco.co.kr)
방송광고에 관련된 마케팅 정보를 1차적으로 제공받을 수 있는 사이트

그런데 자료를 조사해보니 주제가 별로 신통치 못할 수 있다.

그럴 때는 과감하게 다른 주제로 바꿀 수도 있어야 한다. 처음에 정한 주제라고 해서 무작정 될 때까지 정리하겠다고 덤비다 보면 늪에 빠져서 문제 해결이 안 될 수도 있다. 사실 자료를 찾다 보면 자신이 설정한 주제가 동영상으로 제작할 수 있는지 없는지를 대충은 판단할 수 있을 것이다. 이럴 때는 다시 한 번 생각해보고 과감하게 다른 주제를 찾아봐야 한다. 기획 과정은 한 번에 바로 '이거다' 하는 주제를 찾기가 쉽지 않다. 주제를 설정한 후 자료를 찾아보고, 아니다 싶으면 다른 주제들을 설정하면서 보다 나은 '될 만한' 주제를 만들어가는 것이다.

그러므로 자료 조사와 주제, 타깃, 콘셉트 설정의 순서가 바뀔 수도 있다.

TIP!! 하나 더!!

요즘은 포털들의 검색 기능들이 좋아지고 자료를 찾는 노하우와 노웨어가 많아져서 원하는 자료들은 확실히 찾을 수 있다. 검색어들만 잘 조합하고 정리해서 조사를 하다 보면 노하우가 생길 것이다. 하지만 검색만큼이나 중요한 것이 바로 자료를 정리하는 것이다. 위에서도 계속 이야기하지만 자료들은 분명히 있다. 그렇기 때문에 어딘가에 잘 정리하지 않는다면 열심히 찾아놓고도 다시 자료들을 찾을 수 있다.

이럴 때는 KEEP이라는 앱을 사용하면 좋다.

이 앱은 인터넷이나 SNS를 보다가 필요한 내용이면 본문 공유하기에서 링크 복사를 하고 앱만 열면 바로 저장된다. 이렇게 저장된 링크는 웹 형태나 기사 형태로 저장되어 언제든 인터넷이 연결되어 있지 않아도 유실되지 않으며 저장된 링크들을 각각의 주제로 분리할 수 있기 때문에 지금 필요해서 모으는 자료가 아니라 나중에 동영상으로 제작하려고 생각한 관심사들을 미리 모을 때도 훌륭한 역할을 한다.

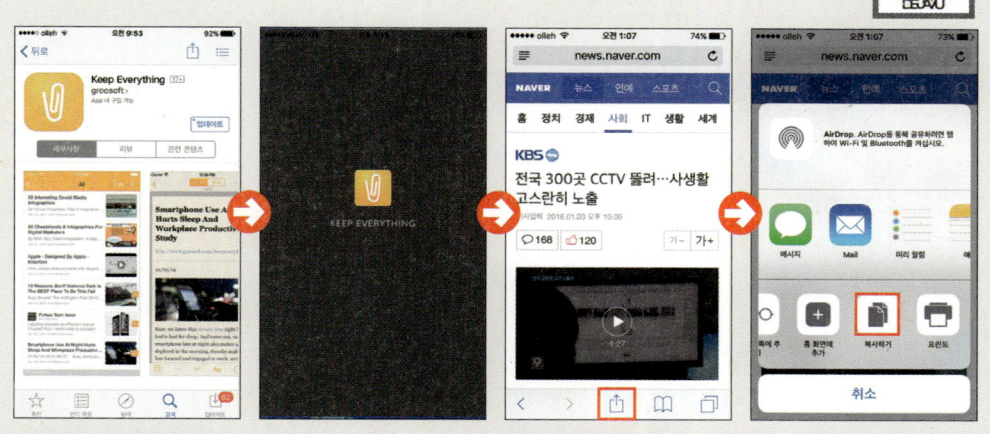

앱스토어에서 Keep Everything을 다운받는다. 원하는 정보를 찾으면 공유 버튼을 터치한다.
공유하기 복사하기를 터치한다.

Keep 앱을 실행한다.
앱이 실행되면 바로 전체 화면에 저장된다. 미리 지정해 놓은 카테고리로 편집할 수 있다.

저장된 페이지는 웹 형태와 오프라인에서도 볼 수 있는 기사 형태로 저장된다.
다양한 형태로 공유할 수 있으며, 특히 내용을 PDF 파일 형태로 내보낼 수 있다.

3) 구성

주제에 대한 자료 조사를 마쳤다면 이 자료들을 활용해 전달할 내용들을 보는 사람이 이해하기 쉽게 정리하고 순서를 정하는 일을 해야 하는데 이 과정을 구성이라고 한다. 일반적으로 순서와 중요도에 따라 내용을 정리하는 정도로 구성안을 작업하는 경우와 그 안에 들어갈 시나리오를 구체적으로 정리하는 시나리오 작업까지도 포함한다.

구성의 핵심은

전체의 내용을 물 흐르듯이 자연스럽게 이야기처럼 만들어야 하며 이야기를 가장 재미있게 전달하기 위한 목적에 부합해야 한다.

예를 들어 드라마와 영화 등을 만든다면 구성을 조금 더 자세히 분할해서, '도입 → 발달 → 전개 → 위기 → 절정 → 결말'로 구성하는 것이 일반적이다.

하지만 우리는 일반적인 주제를 가진 동영상을 만드는 것이므로 글쓰기와 마찬가지로 '서론 → 본론 → 결론'으로 구성하는 것이 일반적이다. 또한 여기에 들어갈 내용들은 육하원칙을 기본으로 필요와 상황에 따라 배열한다.

① 서론(Prologue)
전체 내용을 시작하는 부분으로 전체의 내용을 간략하게 요약해서 짧게 보여줘서 콘텐츠에 대한 흥미를 유발시키는 부분이다. 전체 콘텐츠 길이의 10~15% 정도의 분량으로 만들지만 상황에 따라서 더 짧아질 수도 있다.

② 본론(Body)
주제에 대한 주요한 내용을 보여주는 부분으로,
보통은 글쓰기에서 하는 육하원칙 즉 '언제, 어디서, 누가, 무엇을, 왜, 어떻게'가 기본으로 들어간다. 전체 콘텐츠 길이의 70~80% 정도의 분량으로 만든다.

③ 결론(Epilogue)
전달하려는 메시지를 요약해서 마무리하는 부분으로 서론과 마찬가지로 전체 콘텐츠 길이의 10~15% 정도의 분량으로 만들지만 상황에 따라서 더 짧아질 수 있다.

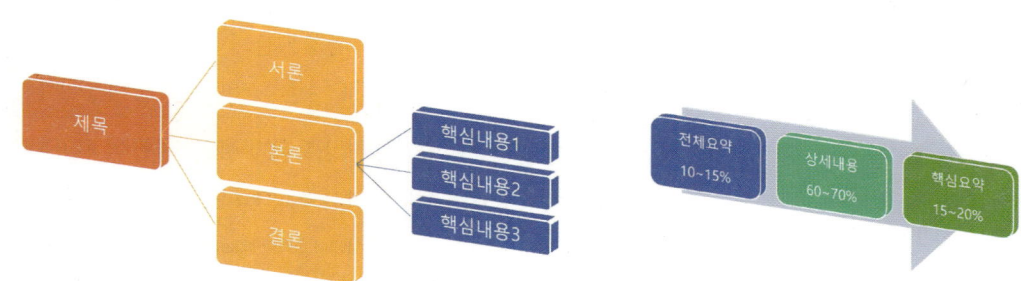

▲ 구성은 필요에 따라 얼마든지 조정이 가능하다. 구성에 정답은 없다. 재미만 있으면 된다.

산림조합
홍보영상
(7분 내외)
	■ 프롤로그 영상 구성 - 이미지네이션 + 인포그래픽
	프롤로그 내용 구성
	: 산림의 뜻과 의미 그 가치에 대해 간략하게 보여줌으로써 사람들이 한 번 더 산리에 대해 생각하고 가치의 의미를 통해 한 번 더 바라볼 수 있는 내용을 제공할 수 있도록 합니다.
	■ 본문 영상 구성 - 모션그래픽 + 이미지네이션 + 리얼토크 + 인포그래픽
	
	: 본문1 - 산림조합의 역사와 비전의 가치 소개
	본문1은 도전과 기적, 도약이라는 주제로 하여 산림조합의 역사는 대한민국을 이끌어온 도전과 기적의 역사였으며, 앞으로의 비전을 통해 도약해 나가겠다는 포부와 다짐을 담아갈 것입니다. 더불어 비전 소개 시 산림조합중앙회 회장님의 리얼토크(회장님의 내레이션 및 이미지네이션)를 통해 신뢰와 믿음을 한 층 더 높입니다.
	
	: 본문2 - 산림조합 소개 및 사업 소개
	사업: 사유림경영지도(산림경영지도, 특화품목 전문지도, 대리경영, 협업경영, 교육/훈련)
	    산림자원조성(산림경영계획, 묘목생산, 조림, 숲 가꾸기, 산림보호, 나무전시판매장 운영, 국가산림자원조사, 임업기능인 영림단, 임업기계지원센터)
	    산림경영기반구축(산림사업 설계, 임도사업, 사방사업, 산림휴양시설 조성, 산림유역관리사업, 수목장림 조성/운영)
	    임산물유통(목재유통센터, 임산물 유통시설 운영, 단기소득 임산물 생산 공급 및 수출지원, 온라인 쇼핑몰 푸른장터, 산림버섯 종균 생산/공급 및 신품종 연구개발)
	    해외임산자원개발(베트남, 인도네시아 연계사업 및 개발사업 시범적 추진)
	    금융업무(수신업무, 여신업무, 정책자금, 기타업무)
	본문2는 행복이라는 주제로 하여 산림조합에서 하고 있는 모든 일들은 국민의과 조합원들의 행복을 위해 노력하고 있으며, 언제나 든든한 산림처럼 함께 성장해 나갈 것임을 이야기 합니다. 더불어 인포그래픽을 통해 국민이 산림조합에 다가가기 쉽고, 사업들을 보다 이해하기 쉽도록 하였습니다.
	
	: 본문3 - 조합가입/혜택 및 지원제도
	본문3은 동행이라는 주제를 통해 조합원이 함께 가는 길에 언제나 동반자로 함께 성장하고 도움이 되는 조합이 될 것임을 이야기 합니다.
	더불어 인포그래픽과 이미지네이션을 통해 조합 가입을 원하는 모든 분들에게 친숙하게 다가가고 조합에 대해 이해하기 쉽도록 하였습니다.
	
	브릿지1, 2 영상 구성 - 이미지네이션 + 인포그래픽
	브릿지1, 2 내용 구성
	: 본문이 끝난 후, 보이게 되는 브릿지에는 산림조합의 이미지를 형성시켜 줄 수 있는 모습-즉, 산림조합에 노력하고 있는 모습과 국민들이 산림 속에서 휴식을 하고 즐거워하는 모습들을 보여 주며 그 이미지 속에 산림조합의 다짐과 국민들에게 전하는 커뮤니케이션 메시지를 통해 국민들과 조합, 조합과 국민이 한층 더 친숙하고 가까워 질 수 있도록 합니다.
	
	■ 에필로그 영상 구성 - 이미지네이션 + 인포그래픽
	에필로그 내용 구성
	: 산림조합의 포부와 다짐 그리고 산림의 가치를 감성적으로 이야기하고, 우리 생활 곳곳에서 보여 지는 산림과 관련된 모습과 산림조합의 커뮤니케이션 메시지를 한 번 더 보여줌으로써 산림조합을 각인시키고, 언제나 함께하는 곳임을 인식시킬 수 있도록 합니다.

위에서 설명한 것은 동영상 구성의 기본 중에 기본이다. 최근에는 시청자들의 동영상 주목 시간도 짧아졌다. 동영상의 길이가 짧아지고 컷당 길이도 짧아져서 기본적인 구성이 없어지고 바로 주제만 전달하는 경우도 많으며, 재미를 추구하는 동영상의 경우 바로 본론만 전달하는 경우도 많아졌다. 하지만 지속적으로 동영상을 만든다면 기본을 익히는 것이 중요하다.

그 후에는 자신이 하고 싶은 방식으로 변형할 수 있지만 처음부터 변형된 방식으로만 제작을 하다 보면 나중에 반드시 한계를 만날 것이다.

연습

서울 빛초롱 행사의 홍보 동영상 콘텐츠를 만들려고 한다. 이에 대한 구성을 해보자. 구성 작업이 끝났으면 구성안도 간단히 정리해보자.

		시간	내 용	비고
서 론 (Prologue)				
제 목 (Title)				
본 론 (Body)	Body1			
	Body2			
	Body3			
결 론 (Epilogue)				

◀ 구성안 양식.hwp 제공

*영진닷컴 홈페이지의 고객센터-부록CD 다운로드에서 도서명으로 검색하면 다운로드가 가능합니다.

TIP!! 하나 더!!

만약 자신이 제작하려고 하는 동영상이 가치가 있고 꼭 만들어야 하는데 제작비가 부족하다면 스토리펀딩을 생각해보는 것도 좋은 방법이다. 스토리펀딩이란 자신이 하고자 하는 이야기를 기획서 형식으로 만들어서 크라우드펀딩을 하는 것을 말한다. 본인이 하고 싶은 이야기의 About you/Project story/Funding plan/Funding 일정/후원금액/후원리워딩을 정하면 심의를 거쳐서 가능 여부가 나온다. 꼭!! 하고 싶은 이야기, 초기 비용이 드는 프로젝트가 있다면 스토리펀딩을 받아보자.

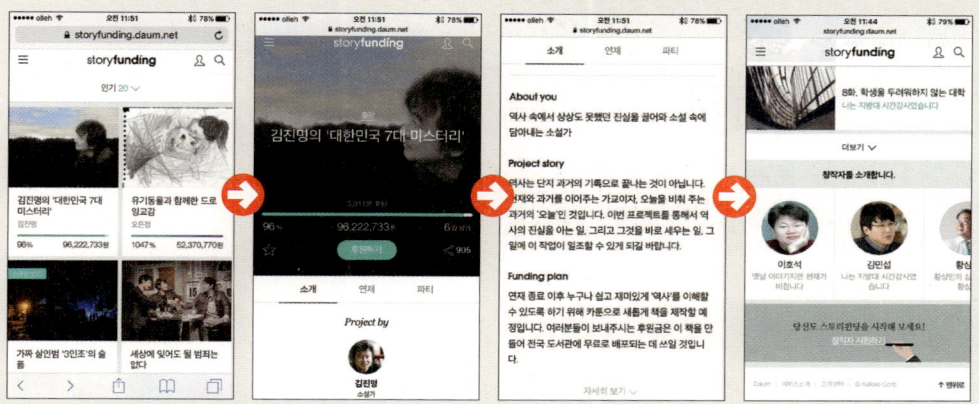

Storyfunding.daum.net으로 스토리펀딩에 접속하면 진행 중인 다양한 스토리들을 확인할 수 있다.
진행 중인 펀드에 들어가 보면, 프로젝트에 대한 자세한 내용이 설명되어 있고 기간, 펀딩금액, 리워딩까지 설정되어 있다.
스토리펀딩 홈의 아래로 내려가면 창작자 지원하기를 통해 스토리펀딩을 시작한다.

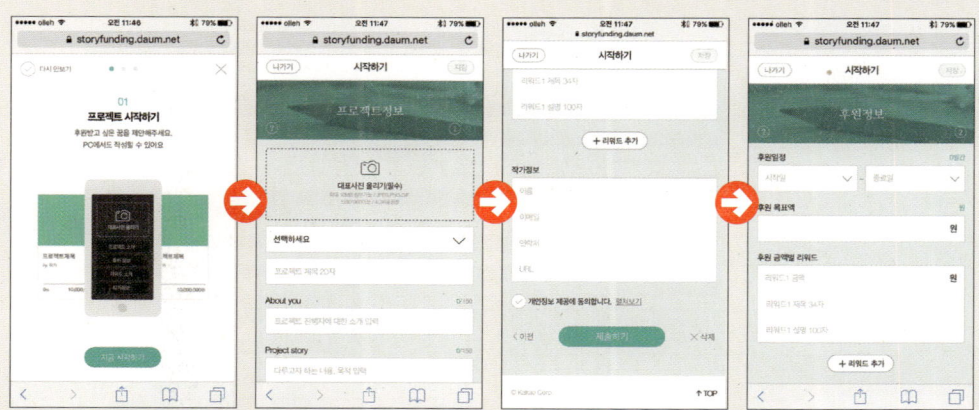

프로젝트를 시작해본다.
프로젝트에 대한 정보를 입력하고,
작가의 정보를 넣고, 후원자에게 어떻게 보상할 것인지를 설정한 후 종료하면 심사를 통해 펀딩을 지원한다.

준비 과정
"준비가 반이다"

준비 과정에서 가장 중요한 것은 확인 또, 확인이다

기획이 끝나서 구성안이 나오면 이제는 본격적으로 촬영 준비를 해야 한다. 촬영 시에는 모든 준비가 잘 되었다고 해도 순간순간 지속적으로 판단하고 선택해야 하는데 그나마도 준비가 되어 있지 않으면 현장에서 모든 것이 엉망이 될 수 있다.

1) 일정 정리

동영상을 제작할 때는 자의든 타의든 반드시 정해진 시간에 맞춰서 제작해야 한다. 제작비를 미리 받을 경우에는 의뢰인의 일정에 맞춰서 제작을 해야 하고, 자신이 직접 제작하는 경우에도 체계적이고 효율적인 제작을 위해서는 반드시 일정을 정리해야 한다. 만약 그렇지 않으면 시간이 지체될 뿐만 아니라 예산도 낭비된다.

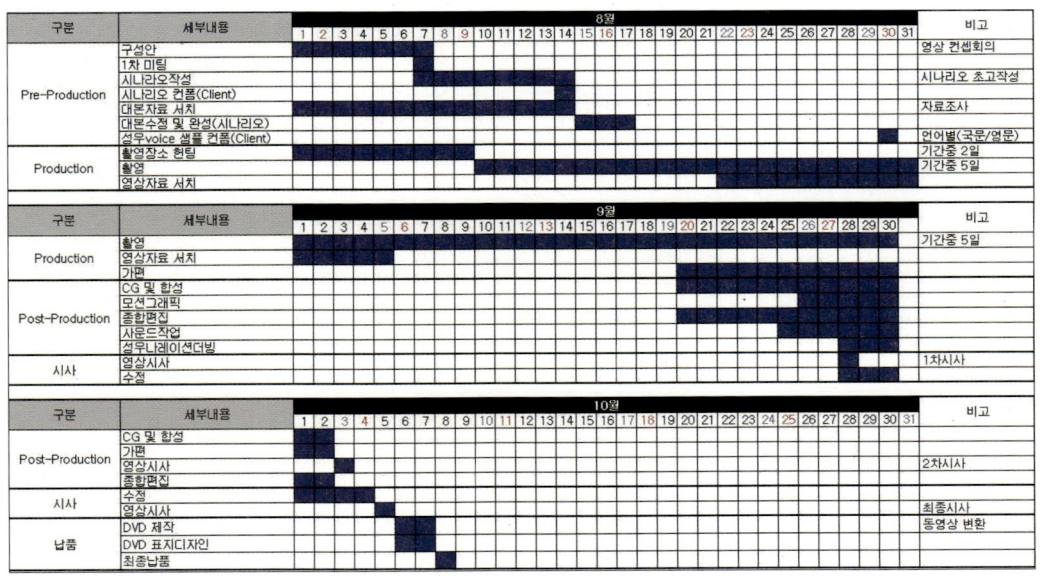

▲ 동영상 제작 스케줄 표.xlsx 제공

* 영진닷컴 홈페이지의 고객센터-부록CD 다운로드에서 도서명으로 검색하면 다운로드가 가능합니다.

2) 예산 책정

일정 정리가 되면 제일 먼저 동영상을 제작하는 데 비용이 얼마나 드는지를 산정하고 그에 맞게 예산을 책정해서 계획적으로 집행하는 습관을 들여야 한다. 이 과정에서 장비와 섭외 과정 등을 체크해 볼 수 있으므로 초기 기획 단계에서 기본적인 제작비를 작성하고 촬영에 들어가기 전에 실제로 들어갈 실행 예산을 만들어야 전체적인 과정에서 제작비의 낭비를 막을 수 있다.

▲ 표준 동영상제작 예산. xlsx 제공

* 영진닷컴 홈페이지의 고객센터-부록CD 다운로드에서 도서명으로 검색하면 다운로드가 가능합니다.

3) 섭외

- 장소 섭외 : 필요에 따라서 허가가 필요하거나 비용이 발생할 수 있다. 항상 확인하고 준비해야 한다.
- 출연자 섭외 : 섭외 시 목적과 의도를 명확히 알려야 하며 인터뷰가 필요하면 관계자들에 미리 요청하고 촬영 전에 꼭 확인을 해야 한다.
- 스텝 섭외 : 스마트폰으로 촬영 시에는 거의 필요 없으나 혼자서 촬영이 힘들 경우 등 필요 시에는 꼭 미리 준비해야 한다.

4) 촬영 장소 사전 답사 및 동선 확인

가능하다면 촬영할 장소는 촬영 전에 꼭 가보는 것이 좋다. 만약 촬영 장소가 어둡거나 비좁다면 조명과 광각 렌즈 등을 미리 준비해야 하고, 동선을 미리 파악해야 촬영에 필요한 장면들을 제대로 적절한 시간에 얻을 수 있다.

* 사전 답사 시 꼭 확인해야 할 것
① 촬영 장소의 크기와 특징
② 촬영 장소의 조명 상태는 어떠한가?
③ 촬영 대상의 동선은 어떻게 되나?
④ 기타 꼭 촬영해야 하는 것이 있는가?

5) 장비 확인

카메라, 삼각대, 조명, 배터리, 렌즈, 등 항상 촬영 장비 체크 리스트를 만들어 놓으면 장비를 확인하는 데 도움이 된다.

6) 스케줄 및 체크 리스트 정리

촬영 장소와 인물 섭외 상황에 따라 촬영 순서를 시간대 별로 정리해서 작성한다. 다른 과정도 마찬가지지만 준비 과정에서 가장 중요한 것은 한 번 더 확인하는 것이다. 촬영에는 필요한 것들이 많아서 반드시 체크 리스트를 만들어서 확인하고 또 확인해야 한다. 마지막 확인은 촬영장으로 이동하기 바로 전에 하는 것이 좋다. 그래야 장소나 출연자들의 돌발 상황에 대처할 수 있다. 참 희한하게도 이 작업은 아무리 꼼꼼히 한다고 해도 놓치는 경우가 있다.

* 영진닷컴 홈페이지의 고객센터-부록CD 다운로드에서 도서명으로 검색하면 다운로드가 가능합니다.

▲ 촬영 일정표.hwp 제공

7) 동영상 제작기

1인 제작 시스템하고 다르기는 하지만 기본적으로 제작을 준비하는 과정은 비슷하므로 데자뷰 미디어에서 진행했던 동영상 제작 노하우를 공개한다. 우선 타깃을 잡고 트렌드를 분석한 후 클라이언트와 협의하는 기획 회의를 거쳐 시나리오가 나온다.

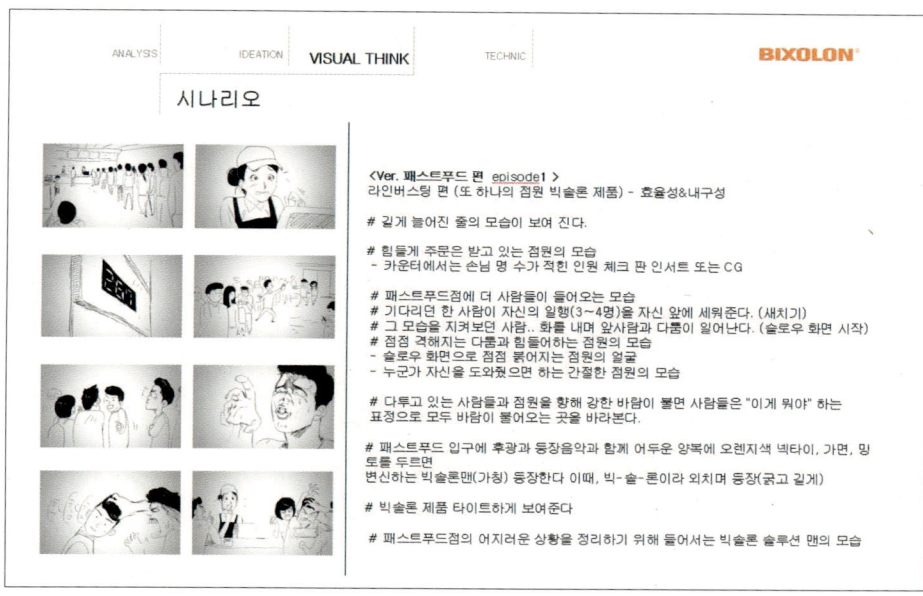

▲ 000 시나리오.pptx 제공 *영진닷컴 홈페이지의 고객센터-부록CD 다운로드에서 도서명으로 검색하면 다운로드가 가능합니다.

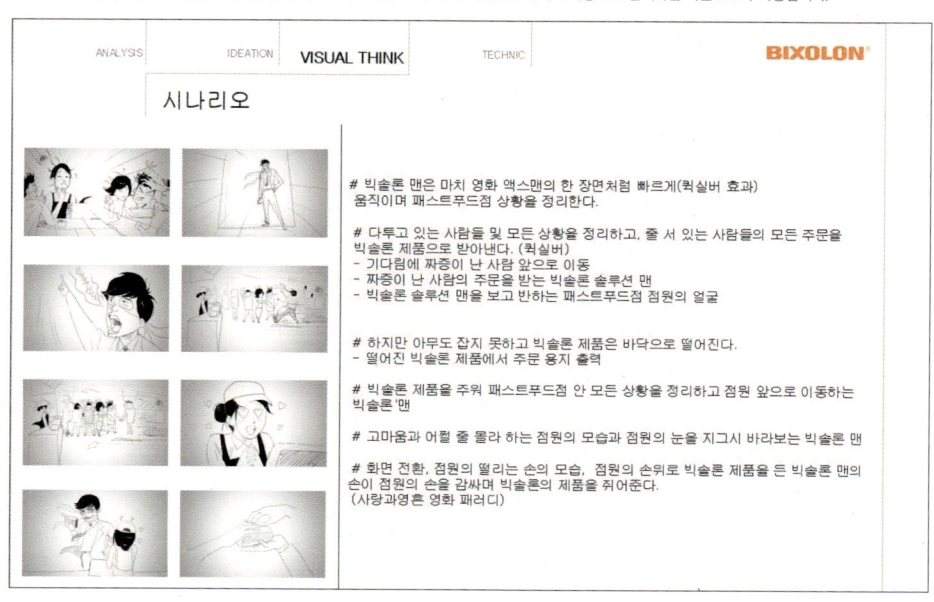

▲ 000 시나리오.pptx 제공

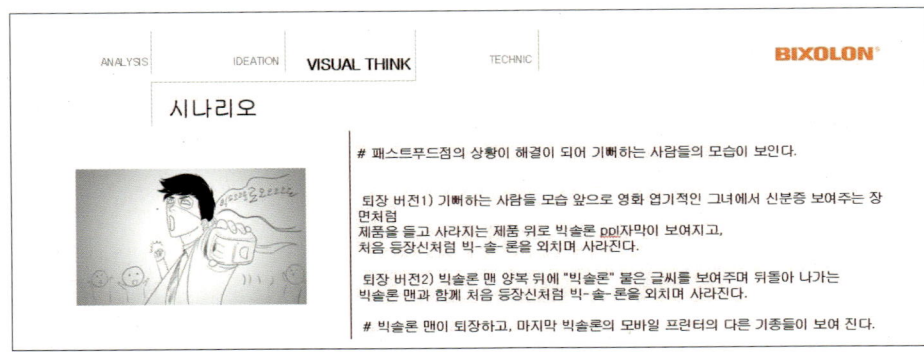

▲ 000 시나리오.pptx 제공

이렇게 시나리오가 나오면 이 시나리오를 가지고 예산 책정과 출연자 및 장소를 섭외하고 스케줄과 체크 리스트를 아래와 같이 작성한다.

◀ 실제 영상제작 촬영 일정표. hwp 제공

* 영진닷컴 홈페이지의 고객센터-부록CD 다운로드에서 도서명으로 검색하면 다운로드가 가능합니다.

이제 준비가 다 되면 실제로 동영상 제작 촬영 일정표에 의거하여 촬영을 게시한다. 항상 그렇듯이 촬영이 시작되면 모두들 긴장하고 부족한 시간에 맞춰 빠듯하게 촬영 일정을 소화해 나간다. 즐거워서 하는 일이지만 촬영은 언제 해도 힘들다. 언제나 파이팅 넘치는 자세로 항상 최선을 다 해주는 우리 스텝들. 항상 감사하다. 최고다!

▲ 실제 촬영 현장. 물론 1인 제작 과정과는 다르지만 완성된 동영상은 유튜브를 통해 확인할 수 있다.

일단 동영상을 촬영하면서 꼭 알아야 할 일은 화면이 흔들리거나, 노출이 부적절하거나, 초점이 안 맞거나, 상황에 맞지 않고 불안정한 화면 구도 등은 콘텐츠의 가치를 떨어뜨린다는 것이다.

처음부터 잘 찍는 사람은 없다. 다른 분야와 마찬가지로 동영상은 많은 시간과 다양한 경험을 통해 재능이 만들어지고 기술이 완성된다. 특히나 아무리 좋은 재능이라도 노력하지 않는다면 빛날 수 없다. 물론 지금의 세대들은 어려서부터 이미지와 동영상의 홍수 속에서 살고 있기 때문에 다른 세대들 보다는 훨씬 빠르게 기술을 만들어갈 수 있지만, 동영상이 만들어지는 현장은 매번 다르기 때문에 많은 경험을 통해 판단할 수 있는 능력을 키워야 하고 내가 보고 있는, 그리고 보여주고 싶은 것을 제대로 보여주기 위한 정확한 기술구사 능력이 있어야 한다. 그러므로 본 장에서는 실전에서 바로 사용 가능한 촬영 방법을 쉽게 익히기 위해 기본적인 내용을 먼저 이야기하고 필자가 촬영을 하면서 쌓아온 경험을 바탕으로 보다 효율적인 방법을 보여주고, 다양한 연습을 통해 몸에 익힐 수 있도록 구성했다.

동영상 제작에 왕도는 없다. 무조건 많이 찍어보자!
어떻게? 무식하고 용감하게!!

촬영하기
스마트폰 촬영 십계명

보다 나은 동영상 촬영을 하기 위해서는 노출, 초점, 흔들림 없는 화면 등이 가장 기본적으로 지켜져야 한다. 그러기 위해서는 많은 경험을 통해 몸으로 익혀야겠지만 다음과 같은 내용들을 지키는 것만으로도 기본은 할 수 있을 것이다.

스마트폰 촬영 십계명

1) 가로 본능❶ – 대세는 가로다!!! 아직까지는...
2) 가로 본능❷ – 동영상은 100년이 넘도록 가로 화면과 함께 발전해왔다!
3) 촬영은 발로 하는 거다 – Zoom을 쓰지 마라! 될 수 있으면 광각으로!
4) 촬영은 머리로 하는 것이다 – 모니터가 아니라 현장을 봐라
5) 멈춰야 산다 – 촬영 시 앞뒤로 3초씩 멈춰라
6) 쇼트에는 의미가 있다
7) 영상은 리듬이다 – 분위기가 컷을 좌우한다
8) 노출과 초점은 손가락으로 꾸~~~욱!!!
9) 영상은 빛으로 그리는 그림❶ – 역광은 역병이다
10) 영상은 빛으로 그리는 그림❷ – 밝기와 색

1) 가로 본능 ❶

대세는 가로다! 아직까지는...

최근에 스마트폰이 많이 보급되면서 무의식적으로 동영상을 촬영할 때도 세로로 찍는 사람들이 들이 많다. 물론 세로로 촬영해야 할 경우도 있지만, 그건 거의 사진의 경우일 것이다. 동영상은 일정한 디스플레이에서 재생되어야 하는데, 현재 대부분의 디스플레이는 가로로(4:3 또는 16:9) 되어 있고 심지어 가로로 더 넓게 보이는 아나모픽 디스플레이(2.35:1)도 있다. 그렇기 때문에 세로로 촬영하게 되면 자신의 스마트폰에서는 정상적으로 보이겠지만 그림 3 컴퓨터나 일반 디스플레이(TV 등)에서 재생하거나, 유튜브 또는 SNS에 업로드한다면 여러분의 동영상은 그림 2 처럼 보일 것이다.

그림 2

그림 3

이렇게 세로로 촬영한 동영상은 아래와 같이 여러 가지 문제가 생기는데 가로로 촬영한 그림 3 과 비교해보면,

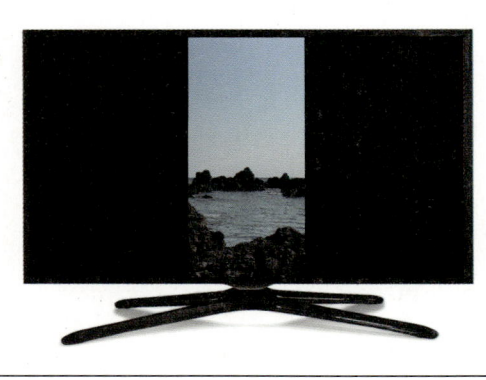

1. 같은 디스플레이에서 재생할 경우 화면 자체가 작아진다.
2. 좌우에 블랙이 많아져서 집중하기가 어렵다.
3. 좌우로 보이는 화면에 정보가 적어서 갑갑한 느낌이 든다.
4. 두 손으로 제대로 잡을 수 없기 때문에 흔들릴 수 있는 여지가 많아진다.
5. 아직은 세로 동영상에 대해 익숙하지 않기 때문에 불편한 느낌이 있으며, 구도와 미장센의 새로운 동영상 미학에 대한 고민이 더 필요하다.

이런 무리수를 두면서까지 세로로 동영상을 촬영할 필요가 있을까요? 가로로 촬영하자!

시계 반대방향으로 90도를 돌려서 홈 버튼이 오른쪽으로 가게 한 후 촬영을 한다. 그래야 나중에 편집을 하거나 SNS에 게시해도 화면이 뒤집히는 것을 막을 수 있다.

> **TIP!! 하나 더!!**
>
> 최근 들어서 SNS를 중심으로 세로 화면 동영상들이 많이 생겨나고 있다. 심지어는 유저들을 빼앗기지 않기 위해 유튜브에서도 세로 화면에 대한 대응을 하고 있다. 앞에서도 이야기했지만 결국 동영상이라는 것은 디스플레이에 의해서 좌우되는 것이다. 세로 화면이라는 것은 스마트폰이라는 손안의 디스플레이를 활용하기 때문에 가능해진 것이다.
> – SNS, 유튜브를 중심으로 세로 화면을 지원하는 서비스들이 생겨나고 세로 화면에 적합한 광고들도 늘고 있다면, 이제는 세로 화면에 대해서도 좀 더 고민을 해봐야 할 것 같다.

2) 가로 본능 ②
동영상은 100년 넘도록 가로 화면과 함께 발전해왔다!

그럼 가로로만 촬영한다고 훌륭한 동영상이 나올까? 물론 아니다. 가로로 촬영하는 것도 쉽지는 않기 때문이다. 하지만 화면을 구성하는 기본을 알게 되면 조금은 전문가스러운 동영상을 만들 수 있다. 이러한 기본을 미장센(mis-en-scene)이라고 하는데, 미장센이란 하나의 화면 안에 인물이나 화면을 배치하여 동영상을 구성하는 것을 말하며, 기본적으로는 피사체들을 어떠한 의도를 가지고 배치하는지를 말한다. 의도에는 여러 가지가 있겠지만 일단은 보기에 편안하게, 아름답게 만드는 것부터 시작한다. 동영상을 구성하는 화면이라는 것은 참으로 오묘해서, 화면이 구성되는 순간부터 의미가 만들어지기 시작한다. 예를 들어서 그림 4 와 같은 장면이 연출되면 비어있는 '공간A'에는 무언가 일어날 것 같은 느낌이 든다. 일반적으로 이런 장면이 나오면 빈 공간에는 자막이 나오거나 아니면 제2의 인물이 들어오기도 한다. 그렇기 때문에 이런 장면이 그냥 의미 없이 지나간다면 보는 사람들은 '뭔가 이상하다?'라는 느낌을 받을 것이다.

그림 4

그렇다면 위와 같은 크기의 피사체로 안정적인 화면을 구성한다면 뒷장의 그림 5 와 같이 피사체를 가운데 배치해야 안정적인 화면을 얻을 수 있다. 하지만 구도적으로는 안정적일지는 모르지만 좌우가 비어있어 이 역시도 특별한 의미가 없다면 조금은 어색할 것이다. 그러기 때문에 인물을 단독으로 촬영하려면 그림 6 이나 그림 7 처럼 화면에 크게 채우는 것이 안정적이다.

그림 5 ■ 출처 : 영화 '삼국지'

그림 6 ■ 출처 : 영화 '글레디에이터'

그림 7 ■ 출처 : 영화 '킹덤 오브 헤븐'

그렇다면 이 화면이 최선일까? 여기서 조금 더 단단한 화면을 만들려면 화면을 가로와 세로로 3등분하고 그 선들에 맞춰보면 보다 좋은 구도를 만들 수 있다.

그림 8 ■ 출처 : 영화 '여왕마고'

그림 9 ■ 출처 : 영화 '다크나이트 비긴즈'

다시 그림 4 로 돌아가서 이런 구도로는 안정적이거나 아름다운 장면이 연출되지 않을까? 물론 가능하다. 일단 인물을 왼쪽 1/3 부분에 위치시키고 나머지 빈 공간에 다른 인물이나 사물을 배치해서 허전한 느낌을 없앤다. 그래도 조금 부족해 보이면 지형을 이용해 역동감을 만들거나 안정적인 느낌을 주면 된다.

그림 10 인물 추가

그림 11 ■ 출처 : 영화 '그린마일' / 사물 추가

그림 12 ■ 출처 : 영화 '라이프 오브 파이' / 지형 추가

> :노하우:

자~ 그럼 좀 더 쉽게 설명을 해보겠다.

일단 스마트폰 안에서 구도를 잡는데 편리한 도구와 구도에 대한 원리를 통해 보다 빠르고 안정적으로 화면을 구성해보자.

(1) 촬영 시 화면에 격자(Grid)를 띄워라

오래 촬영을 하다 보면 자신만의 노하우가 만들어져서 자연스럽게 구도를 잡게 되지만 그렇게 되기 전까지는 촬영을 하다 보면 조금 어정쩡하게 구도가 잡히는 경우가 있다. 이럴 때는 스마트폰의 기본 설정에서 카메라에 들어가면 격자라는 기능이 있는데 이를 활성화하여 촬영하면 보다 더 정확하게 분할선 위에 배치하거나 좌우의 대칭을 맞춰서 안정적인 구도를 그릴 수 있다.

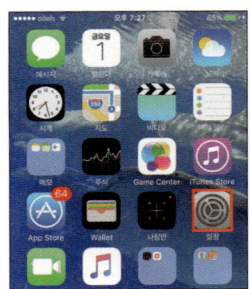  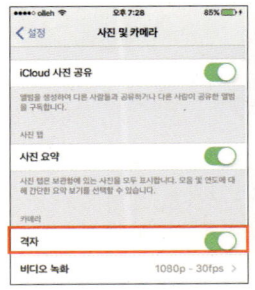 

▲ 스마트폰의 [설정]-[사진 및 카메라]를 터치한다. 사진과 카메라 안에 격자 부분을 활성화하면 화면에 격자가 생긴다.

하지만 일부 스마트폰에서 기본적으로 제공되는 카메라에는 격자(Grid)가 나오지 않는다. 더군다나 기본적인 스마트폰의 카메라에는 격자뿐만 아니라 노출과 초점 등 전문적인 촬영을 하기에는 조금 부족한 부분들이 있다. 그렇기 때문에 제대로 촬영을 하고 싶다면 동영상 전용으로 나온 앱들을 사용하는 것이 좋다. 촬영 전용 앱에 대해서는 뒤에서 다시 알아보자.

(2) 많은 연습과 공부를 통해서 개인의 화면 구도를 만들어라

피사체의 수와 형태에 따라 균형적으로 배치하면 좋은 화면을 만들 수 있다. 화면을 시소로 보고 그 시소가 항상 균형이 잡힌 것이 좋은 구도라고 보자. 그렇다면 그 시소가 어느 쪽으로 쏠리지 않게 피사체를 배치하면 된다.

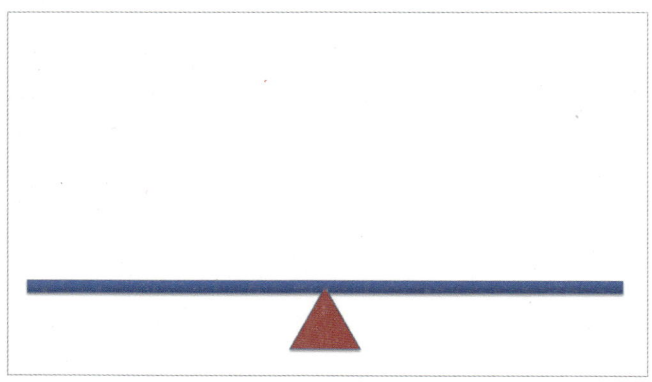

▲ 이 시소는 항상 균형이 맞춰져야 한다.

이 시소의 한쪽에 인물을 배치한다면 그쪽으로 기울어질 것이다 그러면 다른 쪽에 그와 비중이 비슷한 정도로 다른 오브제를 배치해서 균형을 맞춘다. 그것을 위해 오브제를 배치한 것이 옆의 화면이다.

▲ 오브제가 불균형적이면 조그만한 변화에도 불안정적으로 느껴진다.

▲ 오브제를 화면에 배치해 불균형이 생기면 다른 오브제를 통해 안정적인 화면을 얻을 수 있다.
■ 출처 : 영화 '해리포터'

(3) 화면에 피사체를 채우는 게 좋다

또한 오브제의 크기와 배열된 형태에 따라서도 불안정한 화면이 되고 안정된 화면이 될 수 있다. 오브제의 하단 부분이 넓고 균형적으로 배열되어 있다면 안정된 화면이라고 볼 수 있다.

■ 출처 : 영화 '인셉션'

▲ 오브제가 균형적인 형태를 이루면 안정적으로 느껴진다. 오브제가 불균형적이면 조그마한 변화에도 불안정적으로 느껴진다.

(4) 화면의 가로나 세로 1/3 부분에 피사체를 배치하면 보다 나은 장면을 얻을 수 있다

■ 출처 : 영화 '다크나이트'   ■ 출처 : 영화 '시민케인'

▲ 3등분한 곳에 주된 피사체를 배열하지만 화면의 균형을 위해 빈 공간이 채워지는 무언가를 배치하는 게 좋다.

(5) 주변 지형의 선들을 이용하면 안정적이거나 역동적인 화면을 얻을 수 있다

■ 출처 : 스티브 맥쿼리 사진

▲ 주변의 지형물이나 자연적인 선들이 전체 화면의 성격을 만들 수 있다.

TIP!! 하나 더!!

앞에서 이야기한 것들은 모두 기초적인 내용에 기반한 필자 개인의 구도를 잡는 방식들이다. 그러므로 다양한 사람들의 구도를 보고 자신만의 구도를 만들어가는 것이 좋다. 인터넷에 보면 사진을 촬영하는데 좋은 구도를 이야기하는 동영상이 많이 있다. 이것을 참조하는 것도 좋은 방법일 것이다.

사진작가로 유명한 스티브맥퀴리의 구도에 대한 이야기! 꼭 한 번 봐줘야 한다.

연습

제공된 화면 위에 다음의 내용으로 펜을 이용하여 그려보고 이와 유사한 또는 자신이 연습한 구도를 촬영하고 블로그에 올려보자.

1. 빌딩 숲, 한옥마을의 거리, 들판의 거리 등으로 나가서 다양한 구도를 잡고 그려보자.

2. 아래의 그림 순서대로 인물이 1명일 때, 2~3명일 때, 5명 이상일 때 각각 배치해보자.

3. 배경이나 다른 피사체가 있을 때 인물을 배치해보자.

여기까지 동영상을 가로로 촬영해야 하는 이유와 좀 더 좋은 장면을 잡는 방법에 대해 이야기해 봤다. 하지만, 이것은 기존의 방법일 뿐이다. 상황에 따라, 의미의 부여에 따라 항상 좋은 미장센은 바뀔 수 있다. 앞으로도 계속 이야기하겠지만 많이 찍어보고 편집을 해봐야 자신만의 구도, 의미를 갖는 장면들을 얻을 수 있을 것이다.

TIP!! 하나 더!!

▲ 이전에는 포켓북으로 가지고 다니면서 보기가 좋았는데 최근에는 책이 커져서, 그럼에도 불구하고 새로운 작품을 준비할 때는 꼭 보는 필독서이다.

화면을 구성하는 일은 매우 어려운 일이다. 하지만 이것은 동영상의 기초 중에도 기초이기 때문에 꾸준히 자신의 것으로 만들어야 한다. 그러기 위해서는 많이 봐야 한다. 많은 동영상들이 있지만 솔직히 요즘은 좋은 쇼트들을 보기가 쉽지 않다. 그러기에 필자가 동영상을 공부했던 그리고 아직도 하고 있는 방법을 이야기하려 한다.

사진과 명화들을 많이 봐라! 아는 만큼 보인다!
동영상은 지난 시대의 명화와 사진에서 나온 구도, 색, 조명을 모방하는 것이다. 지금까지 이야기하고 있는 구도에 대한 대부분의 이야기도 오랜 시간 동안 그림과 사진에서 수없이 시도되고 검증된 내용들을 정리한 것에 불과하다. 그러므로 좋은 화면들을 많이 보기 바란다. 특히 명화집은 사진이나 동영상을 공부하는 사람에게는 둘도 없는 교과서이다.

3) 촬영은 발로 하는 거다

- 줌을 사용하지 마라! 될 수 있으면 광각으로...

보다 좋은 장면을 얻기 위해서는 부지런히 다녀야 한다. 특히 현장 취재의 경우는 더욱 그러한데 부지런히 움직이다 보면 화면이 불안정하게 찍힐 때가 있다. 망원이 될수록 그 정도가 심해져서 촬영한 내용을 사용하지 못하는 경우도 생긴다. 그러므로 촬영 시에는 왜곡이 되지 않는 한에서 광각으로 촬영을 하면 화면의 안정성을 얻을 수 있다.

동영상 시청에서 가장 중요한 부분 중 하나가 바로 화면의 안정성이라고 생각한다. 동영상을 보는데 마구 흔들리거나 불안정하면 어지러워서 볼 수가 없다. 여러분은 유튜브나 페이스북에서 다음과 같은 동영상을 많이 봤을 것이다. 콘서트 현장이나 연예인들의 동영상을 찍었는데 나중에 보면 많이 흔들려서 보기 힘들어진 동영상들이다. 간신히 내가 좋아하는 또는 남들이 잡지 못한 중요한 장면들을 찍었는데 많이 흔들렸다면 정말 안타까울 것이다.

▲ 줌 기능을 사용하게 되면 화면은 진동에 민감해진다. 더구나 어두운 상황이라면 최악이 될 것이다.

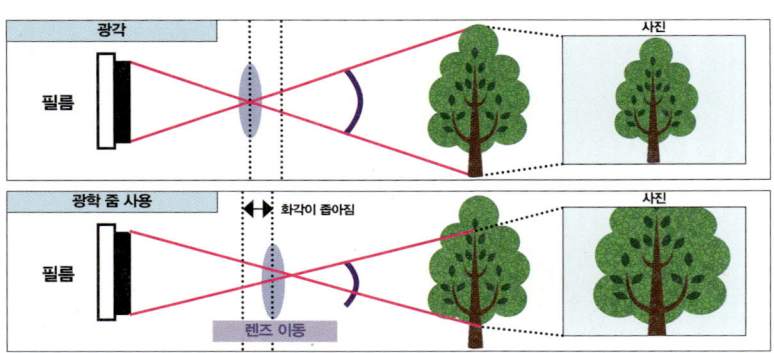

▲ 줌에 따른 진동 민감도 : 거리가 멀어질수록 조금만 움직여도 화면의 불안정성은 커진다.

삼각대 등의 지지대나 스테디캠 같은 진동을 흡수하는 장비가 없으면 촬영 시 좋은 결과를 얻을 수 없다. 물론 움직일 수 없는 장소나 먼 거리의 상황이나 피사체를 촬영해야 한다면 어쩔 수 없지만 그렇지 않다면 되도록 직접 이동해서 원하는 화면을 촬영하는 것이 제일 좋다.

:노하우:

(1) 정확한 자세로 촬영한다

스마트폰 카메라는 작고 가벼우며 잡기도 편하지 않고 무엇보다도 초보자들은 움직이는 방법조차도 알지 못해 움직이는 사이에 화면이 매우 불안정해지고 보기가 힘들다. 일단 카메라(스마트폰)를 잡는 방법은 앞에서도 이야기했듯이 기본자세로 하고, 몸 자체를 삼각대처럼 활용하여 최대한 카메라의 움직임을 안정적으로 한다.

만약 직접 움직여야 하는 경우에는 뒤꿈치를 약간 들고 발을 끌듯이 움직이면 이동 시 흔들림을 완화하면서 안정적인 화면을 얻을 수 있다.

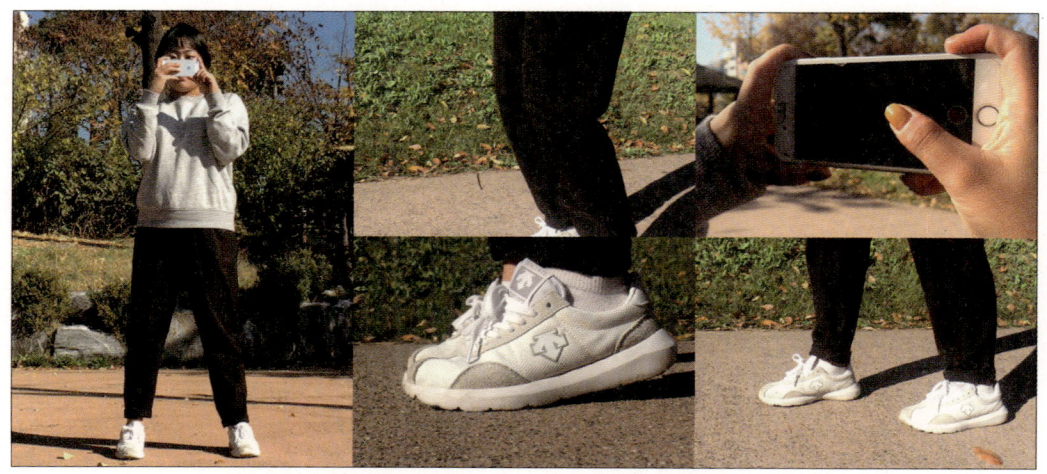

▲ 앞장에서 배운 안정적인 자세를 하고 뒤꿈치를 들고 이동하는 것은 걸을 때 충격을 최소화하는 방법이다.

(2) 신속하고 정확한 판단을 한다

촬영을 하는 중간에 미리 예측하지 않고 움직이려고 하면 반드시 흔들린다. 그러므로 다음에 촬영할 피사체나 상황을 미리 파악해서 어떻게 움직일 것인지? 어떤 앵글, 어떤 크기로 촬영할 것인지를 미리 정해야 한다.

(3) 촬영 시에 카메라 렌즈를 광각으로 한다

앞에서도 이야기했지만 줌을 사용하여 촬영하면 흔들림과 외부의 충격에 민감해진다.

(4) 촬영을 안정적으로 가능하게 해주는 스테디 장비를 사용한다

삼각대나 짐벌들을 사용하면 보다 안정적인 화면을 얻을 수 있다.

TIP!! 하나 더!! | 디지털 줌이 마냥 나쁜 것만은 아니다

만약 접근하기가 힘든데 클로즈업 화면이 필요하다면 지금 촬영하는 해상도보다 높게(2K로 촬영하고 있다면 4K로 촬영) 촬영한 후 후반 작업에서 디지털 줌을 사용한다.

▲ 2K와 4K의 해상도는 4배 차이가 난다.

▲ 그러므로 같은 장면을 높은 해상도(4K)로 촬영하면 최소 4배 확대해도 2K와 화질 차이가 나지 않는다.

연습

1. 피사체를 지정한 후 멀리서 줌인 상태로 카메라를 움직여본다.
2. 피사체를 지정한 후 광각으로 직접 가까이 원하는 구도를 만든 후 움직여본다.
3. 발꿈치를 살짝 들고 전후좌우로 움직여본다.

TIP!! 하나 더!!

어쩔 수 없이 꼭 현장을 기록해야 한다거나 본인 이외에는 얻을 수 없는 동영상이라면, 이런 것들을 사람들은 '특종'이라 부른다. 과감하게 촬영해라! 그리고 나중에 후반 작업에서 화면 안정화 기능(스테빌라이저)을 사용하면 된다.

◀ Emulsio는 기존 촬영본의 흔들림을 보정하고 Steady Camera는 촬영하면서 보정을 한다.

◀ 스테빌라이저로 안정화하면 흔들림 없는 화면을 얻을 수 있지만 화질 저하가 일어난다.

최근 이 기능은 많은 편집기에 기본 기능으로 장착되어 있는데 흔들린 화면을 비교적 안정적인 화면으로 바꿔준다. 하지만 화면 안정화 기능은 많이 흔들릴수록 화면을 많이 확대한 후에 안정화를 해야 하기 때문에 화질이 떨어진다. 또한 기본적으로 편집기를 사용할 수 있어야 하기 때문에 쉬운 일은 아니다. 하지만 동영상 콘텐츠의 가치를 올리고 싶다면 꼭 후반 작업을 통해 화면을 안정화시키는 것이 중요하다.

4) 촬영은 머리로 하는 것이다! 모니터가 아니라 현장을 봐라

모니터를 전혀 보지 말라는 이야기가 아니라 촬영 중에도 주변 상황을 지속적으로 살펴야 한다는 이야기다. 촬영을 하는 현장은 돌발적인 상황들이 계속 생기기 때문에 찍고 있는 인물이나 상황에만 빠져 있으면 지속적으로 일어나는 더 중요한 상황이나 인물이 나타났을 때 남들 보다 빨리 자리를 잡고 좋은 화면을 만들 수가 없다. 이것은 단지 어떤 일이 급속히 벌어지는 현장에서만의 이야기가 아니다. 정적인 장면, 인터뷰를 촬영하는 순간에도 지속적으로 현장과 인물들에 대한 고민들을 하면서 내용에 맞는 화면인지를 파악해 순발력 있게 대응하는 자세가 필요하다. 이렇게 꾸준히 상황을 파악하고 준비하게 되면 촬영에만 신경을 쓰다가 사고를 당하거나 다치는 일도 방지할 수 있다.

> **: 노하우 :**

(1) 현장에 대한 정확한 파악과 사전 준비가 중요하다

그러기 위해서 사고 장면 촬영인지? 연예인 초청 행사인지? 장소적 특성은 어떠한지, 어떤 사람들이 나오는지? 등을 미리 알고 있으면 촬영이 보다 명확해진다. 예를 들어 행사 촬영이라면 어떤 행사이고, 장소는 어디며, 어떤 인물들이 어디에서 나오는지 등을 미리 파악하고 있어야 하고, 사고라면 사고 현장이 제일 중요하지만 사고의 원인이 무엇이며, 장소가 어디이며, 꼭 필요한 그림이 무엇인지를 미리 준비한다면 촬영 중에도 많은 도움이 될 것이다. 그렇기 때문에 촬영 준비 과정에서 체크 리스트를 준비해서 촬영하면 좋다.

(2) 기본적으로 현재 촬영하고 있는 동영상에서 잠시 눈을 떼고, 주변을 살펴봐야 하기 때문에 일단은 현재 촬영하는 동영상을 안정적으로 유지하는 게 우선이다

앞에서 설명했듯이 가장 안정적인 자세로 팔을 옆구리에 붙여서 광각 렌즈를 이용해 촬영하면 기본적으로 촬영자가 시선을 돌리고 움직이더라도 앵글과 구도가 흔들리지 않는다. 이러한 자세로 많은 연습을 해야 한다.

> **연습**
> 1. 피사체를 지정하고 줌을 작동한 후 주변을 살피면서 촬영을 해보자.
> 2. 피사체를 지정하고 광각으로 설정한 후 옆구리에 팔꿈치를 붙이고 움직이며 이동해보자.

5) 멈춰야 산다 – 촬영 시 앞뒤로 3초씩은 멈춰라

실제로 동영상을 제작하는데 초보자와 전문가를 나누는 것이 바로 편집이다. 초보자들은 촬영을 한 후 그대로 다른 사람들한테 보여주거나 공유를 하지만 전문가들은 촬영 후에 편집을 통해 보다 보기 좋게, 의도한 대로 콘텐츠를 만든 후 공유한다. 그렇다면 편집을 믿고 아무렇게나 촬영을 해도 될까? 물론 아니다! 그렇기 때문에 편집을 하기 위해서 촬영 시 앞뒤로 3초씩 멈추라고 이야기하는 것이다. 바로 이것이 편집을 가능하게 하는 마술의 순간인 '편집점'이 되는 것이다.

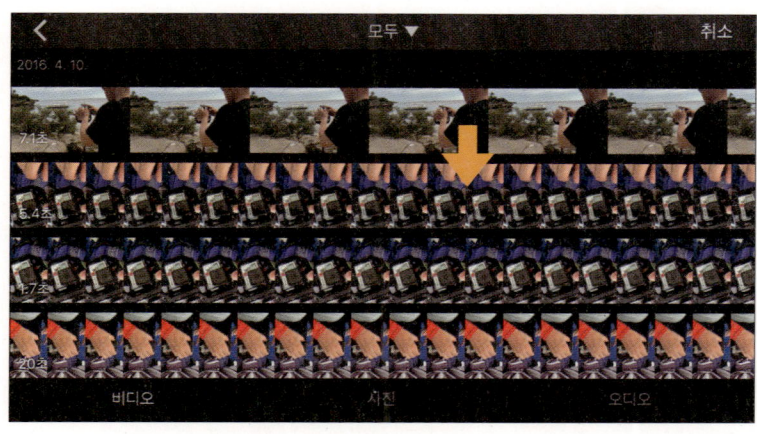

▲ 촬영된 동영상을 프레임별로 만들어봤을 때 같은 장면이 지속적으로 보여지는 부분이 최소한 2초 이상되면 그 부분이 바로 편집점이다.

'편집점'이란 말 그대로 편집을 하기에 적합한 지점을 이야기하는 것인데 화면이 움직이지 않고 안정적이어서 다음의 컷을 자연스럽게 연결할 수 있는 지점을 말한다. 동영상을 이미 제작해 본 사람들은 공감하지만 편집을 고려하지 않고 마구 휘두르면서 촬영한 데이터를 편집해보면 아~~ 주 어색한 동영상이 나오거나 정신이 없는 동영상을 보게 될 것이다. 촬영할 때 잊지 말자. 꼭 촬영 시작과 끝에 3초씩 멈춰야 한다!

:노하우:

(1) 현장에 대해 미리 생각하고 준비하자
지속적으로 이야기하지만 촬영 현장은 항상 빠른 판단을 요구한다.
그렇기 때문에 다음 촬영할 부분을 미리 생각하고 준비하면 필요한 시간 3초는 충분히 벌 수 있다.

(2) 촬영을 시작하거나 끝낼 때 마음속으로 숫자를 세라
촬영을 시작할 때 녹화 버튼을 누르고 마음속으로 숫자를 세라.
하나, 둘, 셋!! 이때부터가 진짜 촬영인 것이다. 그리고 촬영이 끝났다고 판단되면 다시 마음속으로 숫자를 세라. 하나, 둘, 셋 그리고 정지 버튼을 눌러라.

(3) 녹화 버튼을 제대로 이해하자
촬영 시작과 끝을 녹화 버튼을 누르고 끄는 순간이라고만 생각할 수 있는데 그렇지는 않다. 녹화 버튼을 누르고 계속 촬영하더라도 카메라가 움직이거나 화면 크기가 바뀐다면 그건 새로운 촬영을 하는 것이다. 그러므로 이럴 때에도 반드시 움직이기 전에 또는 화면 크기를 바꾸기 전에 편집점을 만들어야 한다. 하나, 둘, 셋!

연습

그림과 같은 건물을 촬영한다.

1. 우선 하늘부터 틸 다운을 할 텐데 버튼을 누르자마자 틸 다운을 하고 내려오자마자 정지 버튼을 누른다. 그런 다음 팬을 같은 방식으로 하고 두 컷을 연결해보자.

2. 1)의 동영상을 찍을 때 촬영 버튼을 누르고 3초씩 멈추고 난 후에 틸 다운하고 움직임이 끝난 후 3초를 멈추고 정지 버튼을 누른다. 팬도 같은 방식으로 촬영한 후에 멈춤 화면의 길이를 조정하면서 두 컷을 연결해보자.

6) 쇼트에는 의미가 있다

1900년대 초반 러시아의 에이젠슈타인이라는 감독은 쇼트들에 의미가 있으며, 이러한 쇼트들이 연결됐을 때 또 다른 의미가 만들어진다는 몽타주 이론을 발표했다.

▲ 영화 '전함 포템킨'의 유명한 몽타주 장면으로 잠들어 있던 민중이 봉기한다는 의미를 컷의 연결을 통해 상징적으로 표현했다.

이러한 몽타주 이론으로 인해 동영상이 오디오에 의지하지 않더라도 연결되는 장면들만으로도 의미를 갖게 된 것이다. 이러한 이론이 지난 100년간 발전하면서 각각의 쇼트들도 의미를 부여

받게 되었는데 일반적으로 화면의 크기에 따라 풀 샷(Full shot), 미디엄 샷(Medium shot), 클로즈업 샷(Close-up shot)으로 나눠진다. 풀 샷은 시간이나 배경, 상황을 설명하는데 적절하고 미디엄 샷은 내용을 설명하거나 대화하는데 많이 쓰이며 클로즈업 샷은 디테일을 보여주거나 내용을 강조할 때 쓰인다. 그러므로 하나의 완결된 콘텐츠를 만들려면 배경과 상황 시간들을 보여주는 쇼트(Full shot)와 일반적인 내용을 보여주는 쇼트(Medium shot) 그리고 자세히 보여주거나 내용을 강조할 때 쓰이는 쇼트(Close-up shot) 등을 적절히 배치하여 구성하는 것이 좋다.

▲ 시간이나 배경을 보여주는 풀 샷
■ 출처 : 영화 '다크나이트'

▲ 상황을 보여주는 풀 샷
■ 출처 : 영화 '킹덤 오브 헤븐'

▲ 일반적인 내용을 보여주는 미디엄 샷
■ 출처 : 영화 '레볼루셔너리 로드'

▲ 사물의 디테일을 보여주는 클로즈업 샷

▲ 내용을 강조하기 위한 클로즈업 샷
■ 출처 : 영화 '포룸'

> :노하우:

1. 현장에 나가면 장소, 날씨, 현장을 설명하는 풀 샷(Full shot)을 제일 먼저 촬영한다.
2. 같은 내용이나 상황이라도 되도록이면 다양한 크기와 다양한 카메라 움직임을 이용해서 촬영한다.
3. 편집을 위해 자세히 보여주는 쇼트, 상황의 반응을 보여주는 쇼트 등 insert cut을 최대한 많이 촬영한다. 모두 촬영한 후에 따로 촬영하고 넘어가면 꼭 잊어버리거나 상황이 끝나서 촬영하지 못하는 경우가 많다. 보였을 때 반드시 촬영해라.
4. 동영상 콘텐츠는 구성이다.
   글쓰기 구성의 기본이 육하원칙이고 동영상도 다르지 않다. 언제, 어디서(Full shot), 누가(full 또는 medium), 무엇을(medium 또는 C.U.), 왜(medium 또는 C.U.), 어떻게(medium 또는 C.U.)를 염두하고 다양한 동영상들을 촬영해야 한다.
5. 촬영 전에 미리 구성안을 작성하고 컷들을 생각해서 체크 리스트를 만들면, 다양하고 완성도 높은 동영상을 만들 수 있다.

연습

주변의 행사를 한 번 촬영해보자.

전국 행사 일정

- 서울 : 한성백제문화제, 성북다문화음식축제
- 강원 : 화천산천어축제, 평창효석문화제, 춘천국제마임축제, 강원고성명태축제
- 부산 : 동래읍성역사축제
- 충북 : 괴산고추축제, 충주세계무술축제
- 대구 : 대구약령시한방축제
- 충남 : 강경젓갈축제, 한산모시문화제, 부여서동연꽃축제, 해미읍성역사체험축제, 금강여울축제, 홍성역사인물축제
- 인천 : 인천펜타포트축제
- 전북 : 김제지평선축제, 무주반딧불축제, 순창장류축제, 완주와일드푸드축제
- 광주 : 추억의7080충장축제, 광산우리밀축제
- 전남 : 강진청자축제, 진도신비의바닷길축제, 담양대나무축제, 보성다향제, 녹차대축제, 목포해양문화축제, 정남진장흥물축제, 영암왕인문화축제
- 대전 : 대전효문화뿌리축제
- 경북 : 문경찻사발축제, 고령대가야체험축제, 봉화은어축제, 포항불빛축제, 경주신라소리축제
- 경기 : 이천쌀문화축제, 자라섬재즈페스티벌, 여주오곡나루축제
- 경남 : 산청한방약초축제, 통영한산대첩축제, 창원가고파국화축제
- 경남 : 산청한방약초축제, 통영한산대첩축제, 창원가고파국화축제

7) 동영상은 리듬이다 - 분위기가 컷을 좌우한다

동영상은 리듬이 확실하다. 흥겹거나 긴박할 때는 빠르게 전개되고, 차분하고 객관적일 때는 느리게 전개되는 것이 기본이다. 그렇기 때문에 전체 콘텐츠의 콘셉트에 따라 카메라를 움직이는 속도, 컷들의 길이, 쇼트의 크기들을 결정해야 한다. 예를 들어 정통 다큐멘터리나 차분한 교양 프로그램의 경우 카메라의 움직임이나, 컷들의 길이, 쇼트의 크기는 대개 안정적이며 길게 가지고 가게 된다. 하지만 축제의 분위기를 보여주거나 흥겨운 동영상 또는, 긴박한 상황에서는 카메라의 움직임도 빠르고, 현란할 뿐만 아니라 다양한 크기와 빠른 속도로 쇼트를 연결한다.

앞에서도 이야기했지만 화면이란 오묘해서 그 자체만으로도 의미를 갖고 있는데 이러한 화면들이 연결되면서 새로운 의미를 갖게 되고, 이것이 리듬과 만나게 되면서 또 다른 의미를 만들게 되는 것이다.

▲ 독립다큐멘터리 영화로 제작돼 200만 명 이상의 관객을 동원한 '님아 그 강을 건너지 마오'. 노부부 말년의 사랑을 잔잔하고 담담하게 그려낸 이 작품은 전체적인 화면의 구성이나 연결이 차분하게 진행된다.

▲ 한 맥주회사의 후원으로 열린 대규모 댄싱축제. 볼거리와 흥으로 많은 관심과 인기를 끌었던 행사 영상으로 흥겨운 느낌을 전달하기 위해 빠르고 다양한 컷을 사용했다.

> :노하우:

(1) 우선 제작하는 동영상의 콘셉트를 명확하게 잡는다
경쾌한가? 정적인가? 화려한가? 소박한가?

(2) 제작하는 동영상의 콘셉트에 맞는 음악을 선정한다
촬영과 편집을 할 때 콘셉트에 맞는 음악을 생각하거나, 그 음악의 리듬에 맞춰서 편집을 하면 좋은 결과를 얻을 수 있다.

(3) 리듬감이란 무조건 빠르거나 느린 것을 이야기하는 것이 아니다
빠른 것도 느린 것과 비교가 되어야 빠르게 느껴지는 것이다. 하나의 동영상에서도 다양한 구성을 해야 한다는 것이다. 그러기 위해서는 속도의 강약 조절을 생각하면서 촬영과 편집을 해야 한다. 동영상은 리듬이다.

연습

다음의 촬영 소스들을 알맞은 음악에 맞춰 편집해보자.
음악은 당연히 저작권이 해결된 것을 사용하는 것이 기본이지만, 내가 원하는 분위기의 음악을 찾기가 어렵다. 그런데 저작권을 생각해서 잘 맞지 않은 음악을 사용하여 연습하는 것은 감각을 떨어트릴 수 있으므로 연습할 때는 자신이 알고 있는 음악으로 편집을 해보자. 그리고 난 후에 필요하면 저작권에 제약이 없는 음원을 사용하는 것이 좋다.

▲ 백호문학관을 촬영한 소스다. 동영상을 제작한다고 생각하고 편집을 해보자.

▲ 한일축제마당의 촬영 소스이다. 현장 분위기를 살리면서 편집해보자.

8) 노출과 초점은 손가락으로 꾸~~욱!

스마트폰으로 촬영할 때, 다른 디바이스에 비해 가장 큰 단점은 노출과 초점이 불안정하다는 것이다. 특히 스마트폰 카메라는 기본적으로 피사체의 노출을 맞추는 데 모든 기술력이 집중되어 있다 해도 과언이 아니다. 그러므로 빛이 부족하거나 또는, 조명이 적절하지 않으면 자동으로 노출 시간을 조정한다든지 초점과 빛을 조정하게 된다.

심지어 촬영 시 동영상의 프레임 수를 삭제해서 보다 더 많은 빛을 확보하기도 한다. 그렇기 때문에 동영상의 일관성이 떨어지거나 화질이 떨어지고 편집이 어려워진다. 그러므로 촬영을 할 때는 노출과 초점이 바뀌지 않게 고정을 하고 촬영하는 것이 좋다.

:노하우:

(1) 일단 스마트폰의 기본 카메라를 실행하고 구도를 잡으면 메인이 되는 피사체가 있다
피사체를 손가락으로 꾸~~욱 눌러준다. 그러면 화면에 노출/초점 고정이라는 표시가 나타난다. 이 상태에서는 어떤 움직임이나 빛의 조건이 바뀌더라도 처음 설정한 노출과 초점으로 촬영되기 때문에 동영상의 퀄리티를 유지할 수 있다.

▲ 초점과 노출을 맞출 부분을 꾹 눌러주면 노출과 초점이 고정되어 안정된 촬영을 할 수 있다.

(2) 만약 가능하다면 촬영 전문 앱을 사용하자

최근에는 스마트폰에 기본으로 제공하는 카메라 성능이 좋아지기는 했지만 촬영을 전문으로 하는 앱의 성능을 따라가기는 힘들다.

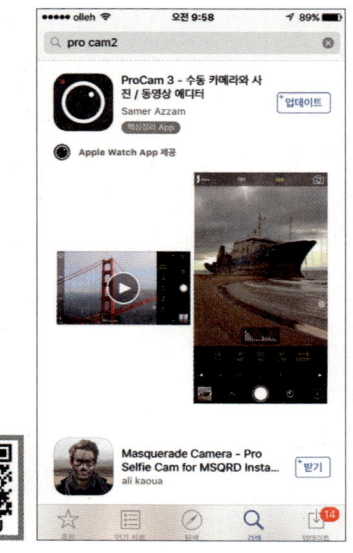
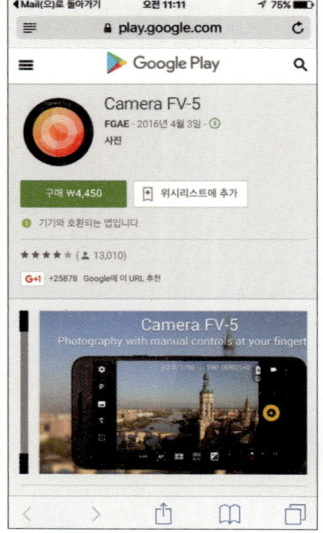

▲ 애플의 전문 촬영 앱 ProCam과 안드로이드 전용 전문 촬영 앱 FV-5

(3) 되도록 역광인 상황을 피하고 인물이나 메인 피사체가 메인 조명을 받을 수 있도록 하자

(4) 동영상은 피사체도 움직이고 카메라도 움직인다

그렇기 때문에 메인 피사체가 움직이면 중간에 메인 피사체를 터치해주면서 촬영을 해야 하고 카메라가 움직인다면 움직이기 전에 터치해서 초점을 맞춘 후 움직이고, 바로 터치하여 초점을 보정해야 한다.

저속 촬영 버튼을 터치하면 미리 카메라 설정된 값에 의해 촬영이 된다.

격자 및 수평에서 바둑판처럼 촘촘한 격자

9등분하여 보여주는 격자

수평과 수직을 한 눈에 볼 수 있는 표시가 나타나고.

격자가 띄워져 있을 때는 격자의 수평바로 수평을 잡는다.

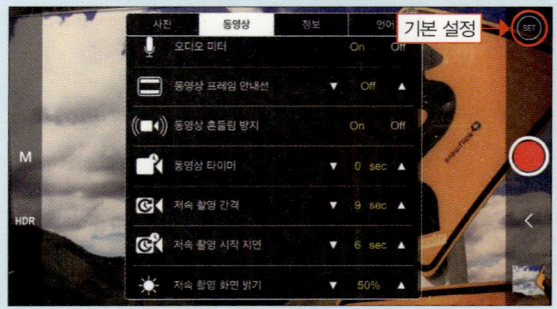

기본 설정 버튼을 터치하면 왼쪽으로 동영상의 기본 설정을 조정하는 표가 나온다. 오디오 레벨에서 저속 촬영에 관한 부분까지 다양하게 조절이 가능하다.

줌바의 +/- 버튼을 조정하여 보다 쉽게 줌 기능을 활용할 수 있다.

줌바

▲ 또 다른 안드로이드용 전문가급 카메라 앱 Cinema FV-5

촬영한 동영상으로 들어가면 그 컷에 대한 각종 편집을 할 수 있다. 길이 조절에서 색과 각종 이펙트까지 적용할 수 있다.

9) 동영상은 빛으로 그리는 그림❶ - 역광은 역병이다

촬영을 하면 할수록 많은 사람들이 힘들어하는 것이 바로 '빛'이다. 촬영을 직업으로 하는 촬영 감독들도 마찬가진데 심지어 지금은 돌아가신 故유영길 촬영 감독님도 유작이 된 '8월의 크리스마스'를 촬영할 때 '이제야 빛을 조금 알겠다'라고 말했을 정도로 전문가들도 어려워하는 부분이다.

하지만 앞에서도 이야기했지만 스마트폰의 카메라들은 일단 노출을 최우선으로 제작되어 있기 때문에 노출 부족과 역광만 조심하면 기본은 할 수 있다. 촬영을 하다보면 다양한 광 조건에서 촬영을 하게 되는데 초보자들이 가장 많이 실수를 하는 것이 바로 '역광'이다. 역광은 촬영할 때 피사체의 뒤쪽에서 강한 빛이 있으면 카메라가 자동으로 그 빛에 노출을 맞

■ 출처 : 영화 '8월의 크리스마스'

추려고 하므로 촬영하려는 피사체가 어둡게 보이는 상태를 말한다. 바다나 하늘을 배경으로 촬영하거나, 창문이 큰 실내에서 촬영하거나, 뒤쪽에 강한 광원이 있는 경우라 할 수 있다.

▲ 태양을 이기는 방법은 없다. 역광은 동영상의 질을 심각하게 저하시킨다.

촬영을 하다 보면 어쩔 수 없이 역광인 상황에서 촬영을 하는 경우가 있다. 하지만 조금만 노력한다면 역광을 극복할 수는 없지만 조금은 나은 동영상들을 얻을 수가 있다. 다시 한 번 정리해보자.

역광은 뒤에서 강한 빛이 들어오는 것이다.

강한 빛이 들어오거나 더 많은 빛이 들어올수록 동영상의 질은 떨어진다.

그러므로 원칙은 뒤에서 들어오는 빛을 최소화하는 것이다.

: 노하우 :

(1) 뒤에 강한 광원이 있으면 카메라를 움직여서 빛이 조금이라도 덜 들어오게 한다

▲ 전 ▲ 후

(2) 더 이상 움직일 수도 없는데 아직도 역광이 강하면 피사체의 크기를 크게 만든다

▲ 전 　　　　　　　　　　　　　　▲ 후

(3) 촬영을 할 때 될 수 있으면 노출과 초점을 고정한 상태로 촬영한다

▲ 전

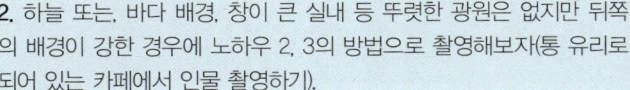

1. 뒤에 강한 광원이 있는 상태에서 인물들을 노하우 1, 2, 3.의 방법으로 촬영해보자.
(조명(광원)이 뒤에 있는 상황에 서 있는 사람)

2. 하늘 또는, 바다 배경, 창이 큰 실내 등 뚜렷한 광원은 없지만 뒤쪽의 배경이 강한 경우에 노하우 2, 3의 방법으로 촬영해보자(통 유리로 되어 있는 카페에서 인물 촬영하기).

10) 동영상은 빛으로 그리는 그림❷ - 밝기와 색

스마트폰 카메라에서 제일 중요한 것은 어떤 조건에서도 사진이 잘 나오게 하는 것이다. 그러므로 카메라 개발에서 가장 중요하게 생각하는 것이 바로 노출이다. 노출이 부족하게 되면 '동영상이 끓는다'고 하는 입자가 커지는 현상이 나타나 화질이 안 좋아 보이거나, 카메라가 보다 많은 빛을 확보하기 위하여 프레임을 생략해버리는 등의 불안정한 현상들이 나타나게 된다. 그러므로 스마트폰으로 촬영할 때에는 무엇보다도 충분한 노출을 확보하는 것이 절대적이다.

▲ ISO 강제 조정 화면

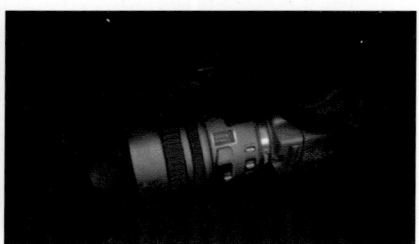
▲ 프레임 레이트를 강제로 내린 화면

▲ 노출이 적정하지 않으면 스마트폰은 밝기를 맞추기 위해 화질과 프레임을 포기한다.

최근에는 후반 작업을 통해 개선이 가능하긴 하지만, 촬영을 할 때 제대로 찍게된다면 더 좋은 결과를 얻을 수 있다. 더군다나 빛이 충분하지 않으면 피사체 고유의 색을 재연할 수가 없다.

: 노하우 :

(1) 가능하면 피사체가 적당한 광량을 확보할 수 있도록 역광을 배제한다든지, 조명 앞쪽 또는, 광량이 많은 곳에 피사체를 배치한다

(2) 일단 자동 모드로 촬영 현장의 광 조건에 대한 적정값을 파악한 후 수동으로 전환하여 조정한다
: 자동 모드로 놓고 촬영하기 위해 화면을 구성하면 셔터 스피드, ISO, 화이트밸런스 등을 알 수 있다.

(3) 촬영 시 노출 및 초점을 고정한 상태로 촬영한다

(4) 빛이 부족하면 수동으로 ISO를 올린다
하지만 ISO 400 이상으로 조정하면 화질이 떨어지므로 유의해야 한다.

(5) 전문적인 촬영 앱들을 사용한다면 화이트밸런스를 유의해라
이것은 현장의 광 조건에 맞춰서 기본색을 조정하는 것이다. 화이트밸런스를 제대로 맞춰야 피사체 본연의 색과 작품의 일관적인 색을 얻을 수 있다. 대부분의 스마트폰 카메라는 자동 화이트밸런스 기능을 갖고 있다. 하지만 보다 디테일하게 촬영하고 싶거나 다른 느낌을 내려면 수동으로 화이트밸런스를 조정하는 것이 좋다.

TIP!! 하나 더!! 보다 나은 화질로 촬영하기

아무래도 스마트폰으로 동영상을 촬영한다고 하면 많은 사람들이 걱정하는 것이 바로 화질이다. 최근 나오는 스마트폰들의 화질은 방송에도 쓸 수 있을 만큼 좋아진 것은 사실이지만 아직은 조금 부족한 것도 사실이다. 그런데 현재의 스마트폰을 가지고 화질을 보다 좋게 촬영할 수 있는 방법이 있다! 고속(High Frame Rate)으로 촬영하는 것이다. 보통 촬영 속도는 30fps(초당 30장의 정지 이미지를 찍는다)인데 그것보다 초당 훨씬 많은 이미지를 촬영하는 것이다.
일반적으로 영화에서는 화질이 좋아지고 움직임이 부드러워져서, 고속 촬영을 하는 경우가 있다. 반지의 제왕을 촬영한 피터잭슨 감독은 3D 입체 동영상의 단점들을 해결하기

▲ 고속 촬영을 해서 보다 부드럽고 좋은 화질의 동영상을 만들었다.

위해서 HFR 기법으로 촬영을 했는데 스마트폰으로 촬영을 해도 같은 효과를 얻을 수 있다. 스마트폰에 따라 240fps를 선택할 수 있는데, 60fps 정도만으로도 충분한 효과를 얻을 수 있다.
단점이라면 용량이 많이 커진다. 오디오가 지원되지 않는다. 편집이 어렵다 등.... 적은 단점은 아니다. 그러나, 원한다면 꼭 고속 촬영을 해보기 바란다. 화질은 배신하지 않을 것이다.

TIP!! 하나 더!!

일반적으로 방송국에 들어간 후 최소한 1년 정도는 조감독을 해야 자신의 작품을 연출할 수 있기 때문에, 사실 방송국에 있는 사람들은 오히려 많은 연습을 하지 못한다. 일주일에 한 번 또는 그 보다 더 오랜 준비를 한 후에 한 편을 제작하기 때문이다. 그러니 너무 걱정하지 말고 꾸준히 다양한 상황에서 많이 촬영해보자. 그리고 실수 노트를 만들거나, 그날 촬영을 기록해놓으면 나날이 늘어가는 실력을 느낄 수 있을 것이다.

· MEMO ·

후반 작업은 결국 작품을 마무리하는 과정이므로 가장 시각적, 청각적으로 완성도와 만족도를 갖게 된다. 이전의 작업들 즉, 사전 제작 단계와 제작 단계를 거치는 동안 콘텐츠는 이제 겨우 만들어질 준비를 한 것에 불과하다. 제작의 모든 과정에서 중요하지 않은 부분이 없지만 결국 마지막 포장을 한다는 점에서 이 과정은 세심하게 작업되어야 하며 마지막 과정이므로 후반 작업에서 실수를 하거나 의도를 제대로 표현하지 못하면, **망한다!**

물론 이미 사전 제작과 제작 단계에서 실패한 것이라면 아무리 잘해도 간신히 살리는 정도 밖에 못하지만, 후반 작업이 제대로 되지 않으면,
역시 망한다!!

정답은 없다. 고민을 하고 자신이 원하는 의도가 나오도록 반복하고 또 반복하면서 다른 사람들이 작품들을 보고 따라하면 어느새 만족한 결과를 얻게 될 것이다.
역시 왕도는 없다. 무식하고 용감하게!!

Post Production
1 후반 작업이란?!

후반 작업은 촬영이 끝난 후 동영상을 의도에 맞게 순서와 길이를 조정하는 가편집, 동영상의 효과와 자막 그리고 컴퓨터 그래픽 등을 넣어 비디오 작업을 완성하는 종합 편집, 음악과 음향 효과 그리고 내레이션 등의 오디오를 입히는 작업을 말한다. 동영상 제작의 마지막 단계로 결과물을 만들어내는 과정이다.

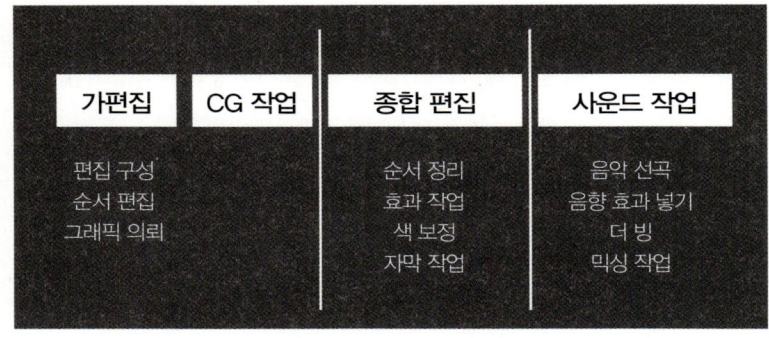

일반적으로 후반 작업은 다음의 과정을 거친다.

1. 프리뷰
촬영본을 처음부터 꼼꼼히 본다(이 과정에서 프리뷰 노트를 작성하면 좋다).

2. 편집 구성안 작성
처음 구성안을 중심으로 촬영된 컷들을 가지고 재구성을 한다. 프리뷰 이후에 바로 편집을 하기도 하지만 처음 구성안과 현장의 상황은 항상 다르기 때문에 프리뷰를 바탕으로 편집 구성안을 작성해야 시간도 줄이고 효과적으로 편집할 수 있다.

3. 가편집
편집 구성안을 바탕으로 컷들의 순서와 길이를 조정해서 전체의 이야기를 만든다.
편집 시에는 지루할 정도로 컷을 붙인 후 앞의 컷과 함께 보면서 컷들이 제대로 연결되었으며, 무리가 없는지 확인하고 편집점들을 조정한다.

4. 그래픽 작업
컴퓨터 그래픽이 필요한 상황이면 가편집 시 미리 정리하여 작업자에게 넘겨서 종합 편집에서 같이 작업할 수 있도록 한다.

5. 의견 수렴
가편집이 끝나면 주변 사람들과 회의를 하면서 의견을 모아 수정하는 작업을 한다.

6. 종합 편집
가편집이 끝나면 동영상 효과와 자막을 넣는 종합 편집을 한다.

7. 음악, 음향 그리고 더빙과 믹싱
종합 편집이 끝난 동영상을 녹음실에 보내서 음악과 음향 효과 그리고, 필요에 따라 성우들의 내레이션을 넣은 후 하나의 오디오 파일을 만드는 믹싱 작업을 한다.

Post Production
2 편집

편집은 마술이다!

촬영이 끝나고 난 뒤의 촬영 클립들은 그 자체만으로는 아직은 불완전한 상태의 동영상일 뿐이다. 특히나 의도를 가지고 쇼트들을 나누어서 촬영했기 때문에 이들을 어떻게 연결하느냐에 따라 동영상 전체의 퀄리티가 좌우된다. 그렇기 때문에 쇼트들을 연결하고 길이를 조정하다 보면 어느 순간 불완전해 보이던 쇼트들이 새로운 의미를 가지고 살아나게 된다.

편집은 어렵다!

편집하는 방법 자체는 어렵지 않다. 촬영한 동영상을 앞뒤로 붙이고 필요에 따라서 디졸브 등의 효과를 써서 전환시키기도 하고, 이전의 쇼트에 다른 이미지를 덮어씌우는 인서트 등 편집하는 방법은 하루나 이틀만 배우면 누구나 할 수 있다.

하지만 동영상을 만드는 사람들은 쇼트들을 이어 붙여서 새로운 의미가 만들어진다는 것을 알기 때문에 세심하게 고민하고 또 고민한 후에 동영상을 붙인다. 하지만 붙인 쇼트보다 더 나은 쇼트가 있을 것이라는 생각에 몇 번을 돌려보면서 고민을 한다. 정답이 없는 것이기에 어렵다. 그리고 보다 효과적으로 보여주려고 하기 때문에 자신에게 더욱 까다롭게 지속적으로 되묻게 되는 것이다.

하지만 편집은 즐겁게 해야 한다!

위에서 이야기한 편집의 어려움은 전문적인 체계를 갖춘 방송사 등에서 하는 기준이다. 동영상을 처음 시작하는 사람이라면 그 정도까지 할 필요가 없다. 그저 촬영된 동영상을 보기 좋게, 재미있게 그리고 약간의 의도를 살리는 정도면 된다. 그러기 위해서는 다음에 이야기할 원칙과 동영상의 기본 문법 등을 생각하며,

많이 보고 많이 따라해보면 된다. 역시 왕도는 없다!!

▲ 편집은 어렵다. 하지만 분명히 마약 같은 매력이 있다.

1) 편집이란 무엇인가?

(1) 편집은 이야기다
가장 좋은 이야기는 흐름이 끊기지 않고 재미있게 사람들의 마음을 잡는 것이다.

편집도 마찬가지다. 이미 의도를 가지고 촬영한 동영상들이기 때문에 순서대로 재미있게 연결만 하면 된다. 이 순서가 바로 동영상을 만드는 사람이 보는 사람들에게 해주는 이야기 즉, 편집인 것이다.

> 만약 내가(동영상을 만드는 사람) OO축제를 갔다 와서 친구들(동영상을 보는 사람)에게 축제에 대해서 이야기를 한다면 이렇게 할 것이다.
> '내가 지난 주말에 OO에서 하는 OO축제에 갔다 왔는데 굉장히 넓은 공간인데도 사람들이 엄청 많고 분위기도 좋더라... 그곳에는 볼거리와 체험할 수 있는 프로그램이 많았는데 그중에서도 A, B, C, D 볼거리가 특히 좋았고, 사람들이 제일 좋아하는 체험을 하는 E, F라는 프로그램도 정말 재미있었어. 거기 있는 사람들이 다들 좋아하던데 너무 재미있어서 시간 가는지 모르고 있다가 왔어. 꼭 다시 가고 싶더라고 같이 갈래?

이렇게 느낀 것들을 중심으로 다시 구성해서 써 놓은 것이 바로 편집 구성안이 되고, 이에 맞춰서 촬영한 쇼트들을 순서에 맞춰 놓으면 일단 기본적으로 편집은 된 것이다.

(2) 편집은 상호 작용이다

개떡 같이 찍어도 찰떡 같이 붙인다.

앞의 컷과 뒤의 컷이 연결되면서 더 강력하게 의미를 만들 수도 있고 기본적인 흐름을 지속시킬 수도 있다. 이것이 앞에서 배운 몽타주 이론이다. 예를 들어 어떤 사람이 열심히 이야기를 하고 있는데 다음 컷이 그 앞에서 듣는 사람의 컷이고 열심히 감동하고 있다면, 그 이야기는 앞의 사람한테 감동을 준 것이라고 할 수 있다. 반대의 경우 앞에서 듣는 사람이 하품하고 딴짓을 하고 있다면 그 사람의 이야기는 지루하고 재미없는 이야기라는 것을 보여준다고 할 수 있다. 그러므로 앞의 컷과 뒤의 컷이 어떤 의미를 만들지 생각하고, 연결해야 하므로 편집은 상호작용이라고 할 수 있다. 다시 한 번 몽타주 이론을 확인해보고 쇼트가 갖는 의미를 생각하면서 쇼트를 만들고 연결해서 의미를 만들어보자.

(3) 편집은 리듬이다

강!!! 약! 중강 약!! ~~

동영상이 갖는 전체적인 분위기에 따라 사용하는 쇼트와 컷의 시간이 정해진다고 할 수 있다. 흥겨운 분위기의 동영상이면 컷의 길이가 짧고 쇼트의 변화도 다이내믹하게 바꿀 수 있고, 반대로 진중한 분위기의 동영상이면 컷의 길이가 길고 쇼트의 변화도 보수적으로 바꿔주어야 한다. 이러한 리듬을 살리기 위해 먼저 분위기에 맞는 음악을 깔고 그 리듬에 맞춰서 편집을 하는 것도 좋은 방법이다.

(4) 편집은 욕망이다

보고 싶은 것은 길게! 아닌 것은 짧게!! 필요 없으면 패스!!!

앞에서도 이야기했듯이 쇼트는 크기마다 담기는 의미가 조금씩 달라진다. 여기에 그 동영상을 보는 사람들의 욕망을 반영해서 길이를 조절하면 된다. 사람들은 재미있는 것을 보면 좀 더 자세히 보고 싶고, 더 길게 보고 싶어 한다.

바로 이거다!

지금 보여줘야 하는 부분이 중요하고 흥미로운 부분이라면 좀 더 클로즈업된 쇼트로 길게 보여주면 된다. 전체가 보고 싶다면 전체가 보이는 풀 쇼트를 보여주면 되고 여기에 볼 것이 많다면 좀 천천히 카메라가 움직이는 컷을 사용하면 된다.

(5) 넘치면 모자람만 못하다

편집을 하다보면 왠지 모자란 것 같고 더 해야 할 것 같아서 카메라워크도 많이 넣고, 효과도 많이 넣고, 자막도 현란하게 움직이고 동영상의 톤도 화려하게 만드는 시기가 있다.

딱! 이제 조금 동영상에 흥미를 붙이기 시작한 시기에 오는 병이다.

동영상 편집에서 가장 강력한 무기는 컷이다. 또한 현장이 그대로 드러나는 색감이며 내용을 방해하지 않는 흐름과 자막이다. 하지만 무언가 부족하다는 느낌에 더 채우려다 보면 꼭 이런 현상이 나타난다. 이건 효과 등의 문제가 아니라 실력의 문제인 거다. 현란한 효과와 색감으로 원래 동영상이 갖는 진정성을 조금은 보완할 수는 있지만 원천적으로 진정성을 만들 수는 없다. 컷으로 붙여도 될 만큼 촬영 현장에서 고민하고, 기획 단계에서 고민하는 것이 동영상을 더 고급지게 만든다.

2) 기본적인 편집 문법

앞에서 이야기한 것들은 아주 기본적인 원리들을 알기 쉽게 정리해놓은 것이다. 하지만 편집은 기술적인 경험도 필요하다. 기본적인 원리로는 다음과 같이 지키면 좋은 것들이 있다. 이것이 동영상을 편집할 때 기본적으로 지켜야 하는 동영상 문법인 것이다.

(1) 카메라워크가 있는 컷은 카메라워크가 있기 전에 잠시 멈춤 상태를 가지고 난 후에 움직이며 컷이 바뀌기 전에도 약간의 멈춤 상태가 있는 것이 좋다

약간이라는 애매한 표현은 상황과 개인에 따라 다르기 때문에 경험에 의해 본인이 선호하는 '약간'을 찾아야 한다. 정적인 동영상에서는 컷과 컷이 연결될 때 멈춤 상태가 더 길게 될 것이고 빠른 동영상에서는 보다 더 빨라질 것이며, 개인에 따라 1초가 될 수도 있고 3초가 될 수도 있다. 이것은 본인이 많이 편집해보며 자신의 선호도를 찾아야 한다.

▲ 편집점은 콘텐츠의 성격과 동영상을 만드는 사람에 의해 달라진다.

(2) 같은 피사체의 컷 변화에서는 최소 30% 이상 크기가 다르게 붙여야 한다

그렇지 않으면 컷이 툭! 하고 튀는 느낌을 갖게 되는데 이를 점프 컷이라 한다. 하지만 최근에는 이런 점프 컷을 의도적으로 활용하는 경우가 있으며, 아예 그것이 문제가 되지 않는다는 듯이 그냥 붙이는 경우도 있다. 인터뷰의 경우 인터뷰 내용이 더 중요하므로 내용을 중심으로 편집하다 보면 점프 컷을 쓰는 경우가 많으며, 이전에 예능에서 많이 사용했으나 요즘에는 동영상 문법을 중요하게 생각하는 드라마나 영화에서도 많이 활용된다.

▲ 자연스럽게 변하는 쇼트들은 이야기를 더 풍성하게 효과적으로 만들어준다.

(3) 이미지 라인을 고려해서 붙인다

이미지 라인이란 대화 장면 등을 촬영할 때 생기는 가상의 선을 말하는 것인데 인물과 인물을 중심으로 나란히 선을 연결한 것을 말한다. 대화 장면을 찍을 때는 이러한 선의 한쪽 면에서만 촬영해야 한다는 것이다. 만약 이미지 라인을 넘어가게 되면 서로 마주보는 것이 아니라 같은 곳을 보는 것처럼 보여 보는 사람에게 착각을 일으킬 수 있기 때문이다.

 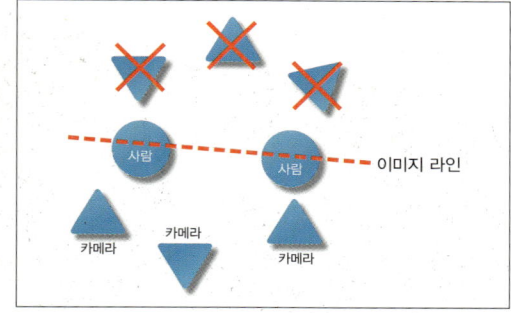

▲ 두 사람이 있다면 사람과 사람을 연결하는 가상의 선이 이미지 라인이다.
촬영은 이 선의 한쪽에서만 이루어져야 자연스러운 결과를 얻을 수 있다.

이와 같은 것들 이외에 많은 동영상 문법이 있지만 이것들은 편집하면서 직접 경험하는 것이 좋을 것 같다. 중요한 것은 이러한 문법들은 절대적인 것이 아니라는 것이다. 처음에는 기본을 갖추기 위해 알아두어야 하지만 자신의 의도와 유행에 따라 사용하면 된다.

> **연습**
>
> 편집을 잘하는 방법은 하나 밖에 없다. 다음의 프로그램은 가장 기본적인 장르에 충실한 프로그램들이다. 많이 보고 많이 따라해보는 것을 추천한다.
>
> ☐ 드라마 '태양의 후예'의 편집
> ☐ '6시 내 고향' 교양 리포팅 편집
> ☐ 다큐멘터리 '님아 그 강을 건너지 마오'의 편집
> ☐ 'VJ특공대'의 변형 편집
> ☐ '무한도전'의 예능 편집

3) Adobe Premiere Clip으로 편집하기

스마트폰의 다른 앱들과 마찬가지로 편집 앱들도 사용하는 사람들이 편하고 쉽게 편집을 할 수 있도록 구성되어 있다. 그러므로 조금만 익히면 누구나 바로 편집을 할 수 있다. 또한 이러한 앱들은 기본적으로 비슷한 알고리즘을 가지고 만들었기 때문에 하나만 제대로 익히면 다른 앱들도 쉽게 활용할 수 있을 것이다.

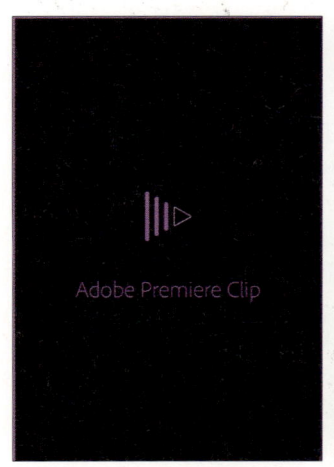  

▲ 아무래도 동영상에 관련된 앱은 아이폰이 안드로이드보다 더 많다. 왼쪽부터 어도비 프리미어 클립/아이무비/피나클스튜디오

여기서는 세계적으로 제일 유명한 컴퓨터 그래픽 소프트웨어 개발사인 어도비(Adobe)사의 동영상 편집 앱인 Adobe Premiere Clip을 가지고 동영상을 편집하는 방법을 알아볼 예정이다. Premiere는 이미 전 세계에 알려져 있는 동영상 편집 프로그램이 앱으로 출시된 것으로 안드로

이드와 IOS 모두 활용할 수 있다. 또한 이 앱은 소프트웨어 버전과 연동할 수 있기 때문에 간단한 편집을 해서 바로 공유하거나 보다 많은 효과와 복잡한 작업을 하려면 Creative Cloud를 이용하여 컴퓨터에서 바로 프로젝트를 불러올 수 있어서 다양한 작업을 할 수 있다.

(1) Adobe Premiere Clip으로 편집하기

❶ Adobe Premiere Clip 앱을 설치한 후 실행한다. ❷ 내 프로젝트에서는 프로젝트를 생성해서 새로운 편집을 시작한다. ❸ 커뮤니티 비디오에서는 다른 사람들이 만든 동영상이 공유되어 있다.

 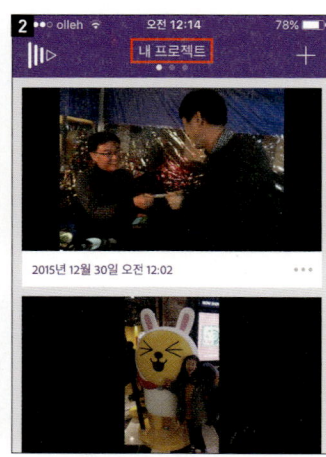 

❹ 내가 게시한 비디오에서는 자신이 만든 동영상이 공유되어 있다. ❺ 상단의 [+]를 터치하면 동영상이나 사진을 가져올 경로를 찾는 창이 나타난다. 이곳에서 콘텐츠가 있는 경로를 선택한다. ❻ 선택한 경로에서 동영상이나 사진을 선택한 후 상단의 [추가]를 터치한다.

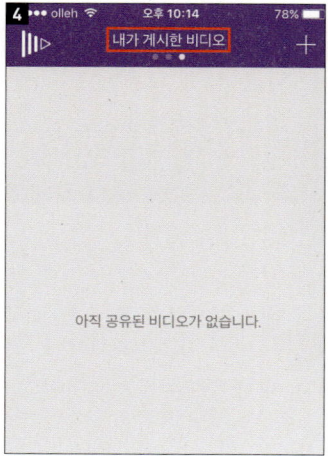  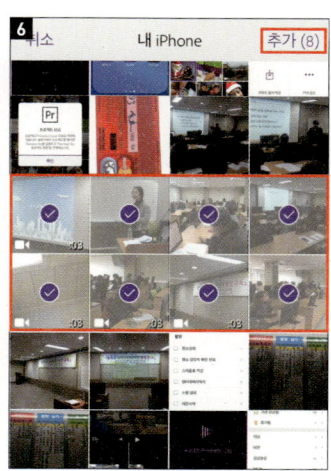

❼ 프로젝트 유형을 선택하는데 말 그대로 [자동]은 음악에 맞춰 자동으로 동영상을 편집해주는 기능이고, [자유형]은 직접 편집 및 음악을 선택하는 기능이다. ❽ [자동]을 터치하면 선택한 클립들이 자동으로 비트에 맞춰서 편집된다. 마음에 안 들면 배경 음악도 바꿀 수 있다. ❾ 편집의 속도를 조정할 수도 있다.

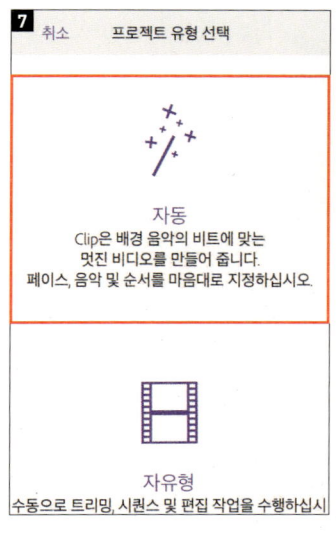 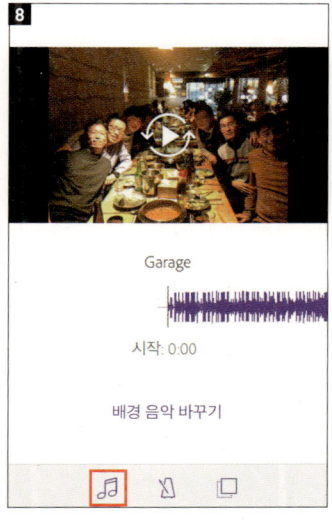 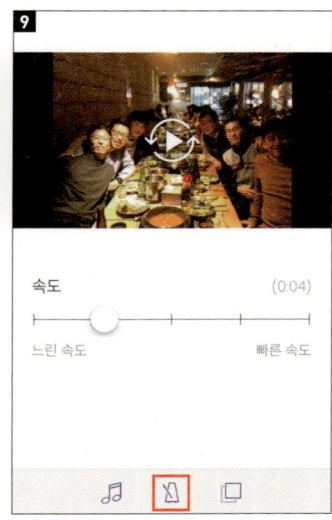

❿ 하단의 마지막 아이콘을 터치하면 시퀀스의 순서를 바꾸고 다른 동영상들을 추가할 수 있다. ⓫ 앞의 과정이 끝나면 다시 한 번 동영상을 재생시켜 본다. 만약 자동으로 편집한 내용이 마음에 들지 않으면 오른쪽 위쪽의 필름 모양 아이콘을 터치한다. ⓬ 다시 자유형 편집기로 변환되어 직접 편집할 수 있다.

 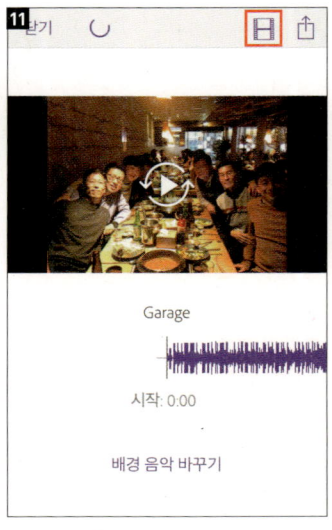 

❸ 만약 자동으로 편집한 내용이 마음에 들면 오른쪽 상단의 내보내기 아이콘을 터치한다. 그러면 다양한 방식으로 저장 및 공유를 할 수 있다. 특히 프로젝트를 저장하여 컴퓨터에서 프리미어 프로를 이용해 편집이 가능하게 하는 기능이 눈에 띈다. ❹ 앞선 ❼ 번 따라하기에서 프로젝트 유형의 [자유형]을 터치하면 수동으로 편집이 가능하다. ❺ 프로젝트가 만들어지고 처음에 선택한 순서대로 시퀀스에 배열된다.

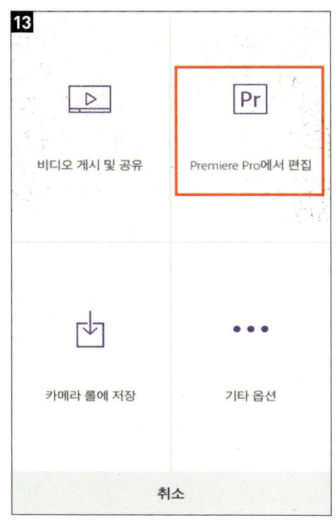 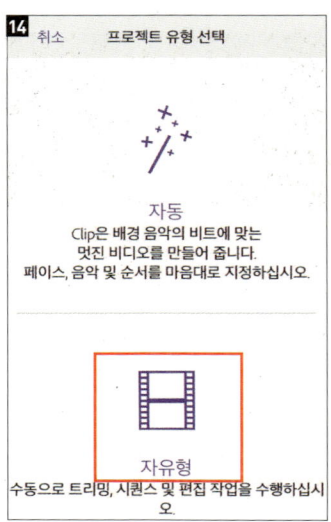 

❻ 시퀀스에 배열된 동영상의 순서를 바꾸려면 시퀀스의 클립을 길게 터치하고 동영상이 작아지면 드래그하는 곳으로 이동시킬 수 있다. ❼ 클립들을 이동하거나 삭제하여 배열시킨다. ❽ 클립의 배열이 끝나면 동영상을 재생하면서 가운데 있는 슬라이드 바를 앞뒤로 조정하면서 필요한 부분만 쓸 수 있도록 잘라낸다.

⑲ 배열과 길이 조절을 통해 편집이 끝나면 이제 동영상에 효과를 적용한다. 우선 아래쪽에서 왼쪽 아이콘을 터치하면 동영상의 밝기를 조절할 수가 있다. 노출은 전체적인 밝기를 조정하고, 나머지는 그에 해당되는 부분만 조정한다. ⑳ 소리 모양의 아이콘은 볼륨의 조절과 도입부 오디오가 낮은 볼륨에서 커지는 페이드인과 마지막 부분의 오디오가 점차 작아지는 페이드아웃 등의 볼륨 조절이 가능하다. ㉑ 차 모양의 아이콘은 클립의 속도를 조절한다. 빠르게는 안 되지만 느리게 조절이 가능하다.

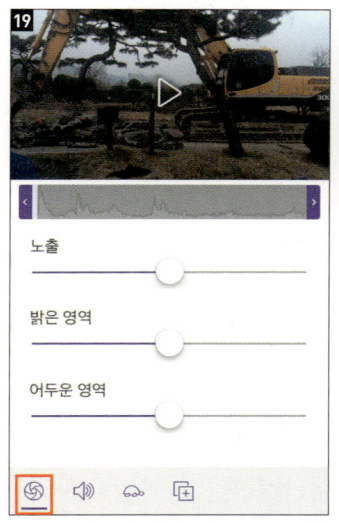
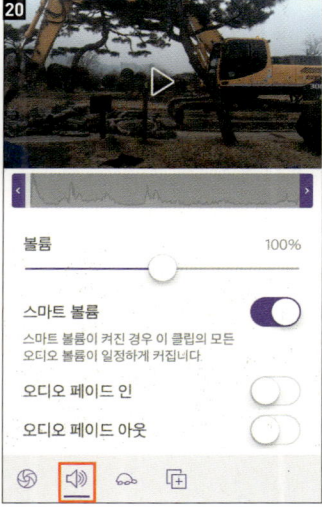
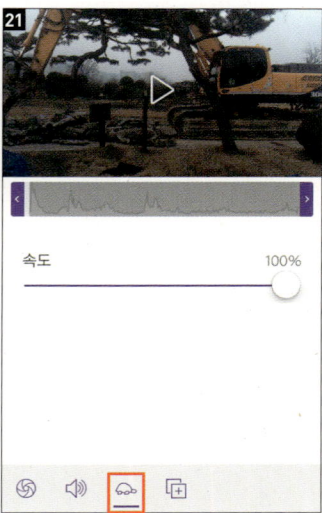

㉒ 클립을 복제하여 편집에 활용할 수 있게 해준다. ㉓ 기본적인 편집이 끝나면 동영상에 맞는 음악과 효과 그리고 마지막 작업으로 공유한다. 이와 같은 작업은 오른쪽 위쪽의 아이콘들이 담당한다. ㉔ 음표 부분을 선택하면 미리 준비되어 있는 테마 음악과 스마트폰에 저장되어 있는 음악을 선택할 수 있다.

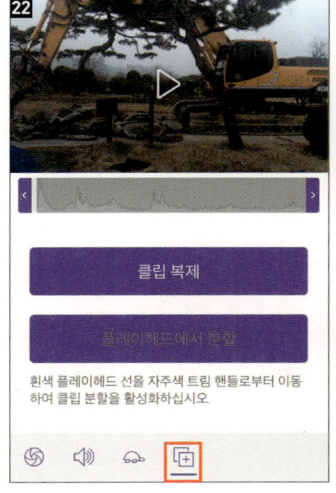

167

㉕ 기본적으로 프리미어에서는 10가지 사용 가능한 음악을 제공한다. 동영상의 분위기에 맞게 미리 들어보고 추가하여 사용한다. ㉖ 동영상의 기본적인 Look과 컷들의 기본적인 효과를 조정할 때 사용한다. ㉗ 페이드인, 아웃 그리고 클립 간 크로스 페이드(디졸브)가 있으며, 사진의 경우 팬줌 틸트 효과를 자동으로 부과하는 사진 모션 기능이 있다.

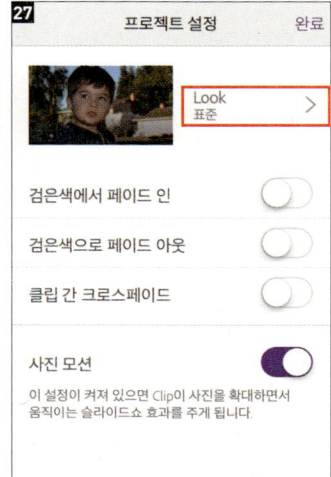

㉘ 기본적으로 프리미어에서는 30가지 사용 가능한 Look을 제공한다. 동영상의 분위기에 맞게 미리 들어보고 추가하여 동영상에 사용한다. ㉙ 편집이 끝난 동영상을 공유할 때 사용한다. ㉚ 기본적으로 Creative Cloud에 공유가 가능하며 스마트폰의 앨범에도 저장이 가능하다.

㉛ 프리미어 클립에서 가장 탐나는 기능이 바로 프로젝트를 프리미어 프로로 내보내는 기능이다. 스마트폰에서 기본적인 편집을 하고 컴퓨터에서 디테일한 작업을 할 수 있다. ㉜ 편집이 끝난 동영상을 큰 화면으로 프리뷰할 때 사용하면 좋다.

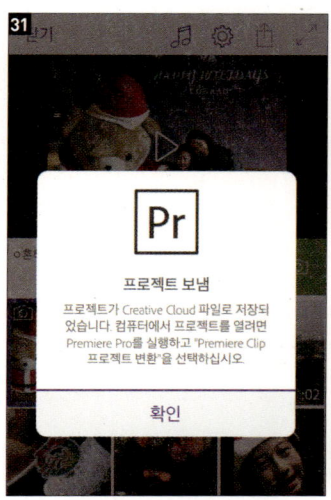

연습

1. 제공된 동영상은 열기구 대회에서 한국청소년 탐험연맹 강서구 대장과 홍성관 사진작가의 비행 전 준비 과정을 찍은 클립들이다. 콘셉트를 잡아서 편집해보자.

2. 제공된 동영상은 열기구 대회에서 한국청소년 탐험연맹 강서구 대장과 홍성관 사진작가의 비행 전 준비 과정을 찍은 편집본이다. 본인이 편집한 것과 비교해보자. 보너스! 비행 모습을 VR로 볼 수 있다.

4) iMovie로 편집하기

Adobe Premiere Clip으로 편집 작업을 했지만 조금은 부족한 부분이 있는 것 같다. 기본적으로 어도비(Adobe)사는 데스크톱 컴퓨터를 기본으로 프로그램을 만들다 보니 아직은 모바일 디바이스에 대한 기본적인 배려(?)들이 조금은 부족해 보인다. 물론 훌륭한 부분도 많지만… 쉽게 편집하고 컴퓨터 프로그램과 연계하는 것까지는 좋았는데 앱 자체로써의 완성도는 가지지 못한 것 같다. 그래서 고심 끝에 조금 지면이 길어지겠지만 모바일에 최적화되어 있는 편집 앱을 하나 더 소개하려고 한다. 바로 애플이 만든 iMovie이다. iMovie는 직관적인 인터페이스, 사용자의 편의, 초보자를 위한 배려, 모바일에 적합한 방식 등이 돋보인다.

❶ iMovie를 설치하고 앱을 실행한다. ❷ 비디오에서는 편집 가능한 비디오를 보여준다.

❸ 프로젝트에서는 새로 편집할 프로젝트를 생성한다. ❹ 극장에서는 자신이 만든 비디오를 공유하고 TV에서 감상할 수도 있다.

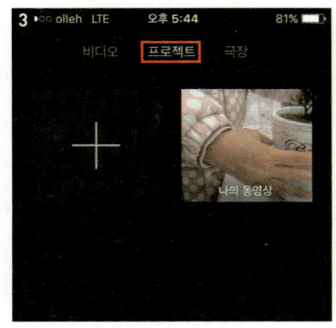 

■ 일반 동영상 편집하기

다른 편집 앱과 마찬가지로 직관적이고 쉽게 작업할 수 있는 방법들이 많이 있으며 속도 조절, 자막, 색보정, 음악 삽입 그리고 바로 SNS에 올릴 수 있다.

❶ 상단의 [+]를 터치하고 새로운 프로젝트를 시작한다. ❷ iMovie는 일반 동영상 편집 프로젝트와 예고편 편집 프로젝트 중에 선택해서 작업할 수 있다. ❸ [동영상] 프로젝트로 들어가서 하단의 프로젝트 설정을 터치하면 동영상의 스타일을 먼저 결정할 수 있다. 자막이나 동영상의 템플릿을 일관적으로 만들어준다.

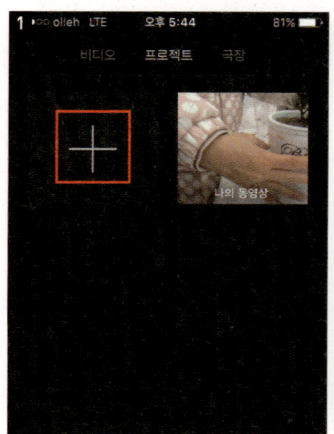 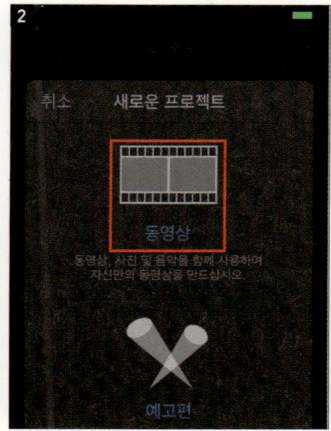 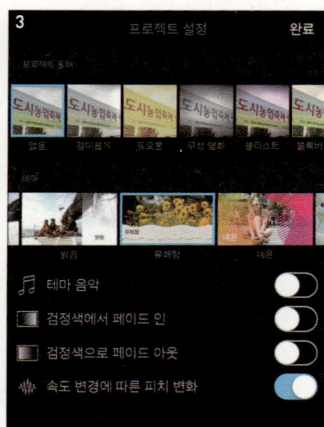

❹ 스타일을 결정하면 프로젝트의 타임라인이 보이며, 편집이 시작된다. [+] 마크를 터치하여 동영상을 불러온다. ❺ 편집할 동영상이 들어있는 카테고리를 선택한다. ❻ 편집 가능한 동영상들이 보인다. 편집하려는 비디오클립이 너무 길면 선택할 때 클립의 길이를 조정해서 타임라인으로 불러올 수 있다.

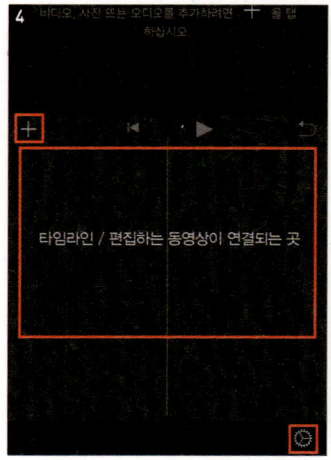 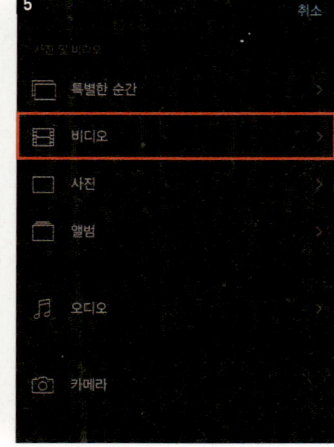 

❼ 원하는 비디오를 선택하면 노란선이 보이고 바로 타임라인으로 불러올 수 있다. ❽ 불러온 동영상은 타임라인에서 컷을 선택하면 클립이 노란색으로 활성화되는 데 앞쪽과 뒤쪽의 두꺼운 노란 부분을 조정한다. ❾ 편집하려는 비디오 클립이 너무 길면 선택할 때 길이를 조정해서 타임라인으로 불러올 수도 있다.

❿ 두 개 이상의 비디오 클립을 불러오면 타임라인에 순서대로 배열된다. 필요에 따라 길게 터치하여 앞뒤로 이동시킬 수 있다. ⓫ 컷의 길이를 조정하는 방법은 클립 자체의 앞쪽과 뒤쪽의 노란 부분을 조정하는 방법, 또 하나는 사용할 부분을 나누기로 나눈 후 필요 없는 부분을 삭제하는 방법으로 진행한다. ⓬ 나누기로 나누면 클립은 컷으로 붙는다.

⑬ 각각의 비디오 클립은 연결 부분을 선택하면 컷부터 각종 변환 이펙트를 활용할 수 있다. ⑭ 컷 하단의 가위 모양은 비디오 클립을 조정하는 역할을 한다(•**나누기** : 클립을 분할, •**분리** : 오디오 비디오 분리, •**복제** : 클립을 복제, •**삭제** : 선택한 클립 삭제). ⑮ 하단의 시계 모양은 비디오 클립의 속도를 조정한다. 1/8배속에서 2배속까지 가능하다.

⑯ 소리 모양은 볼륨 조절이 가능하다. ⑰ T자 모양의 아이콘은 동영상에 자막을 넣는다. 프리미어 앱과 다르게 처음에 설정한 스타일에 따라 자막의 효과와 백그라운드가 생기며 무빙 이펙트가 생긴다. ⑱ 해당 클립의 영상 톤을 조정한다. 미리 설정된 11가지의 프리셋이 있어 손쉽게 톤을 바꿀 수 있다.

⑲ T자 모양의 아이콘을 터치한 후 자막을 입력해본다. 다양한 자막이 가능하다. ⑳ 편집을 진행하다가 필요하면 [+]를 터치한 후 바로 촬영해서 사용할 수도 있다. ㉑ 카메라 아이콘을 터치하면 아이폰의 카메라와 바로 연동된다.

 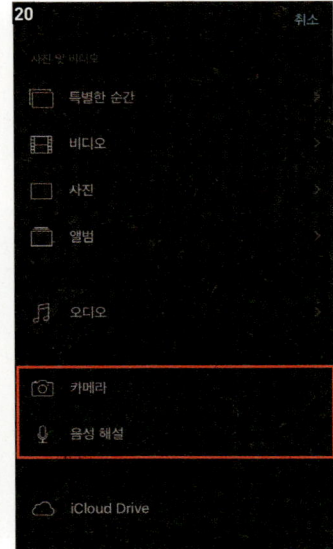 

㉒ 또한 필요에 따라 타임라인 위에 바로 녹음을 해서 더빙 오디오를 올릴 수도 있다. ㉓ 편집 시에 비디오를 바로 선택해서 올릴 수도 있으며 iMovie에 미리 내장되어 있는 음악이나 음향 등의 오디오도 저작권 염려 없이 마음대로 사용할 수 있다. 비디오도 선택 가능하다.

  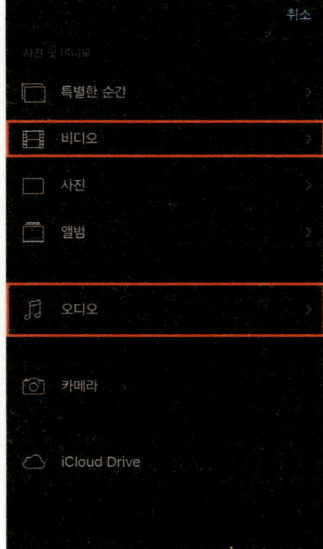

㉔ 편집이 끝난 후 상단의 [완료]를 터치하면 프로젝트를 저장할 수 있다. ㉕ 비디오로 바로 저장이 가능하고 페이스북이나 유튜브로도 바로 공유가 가능하다.

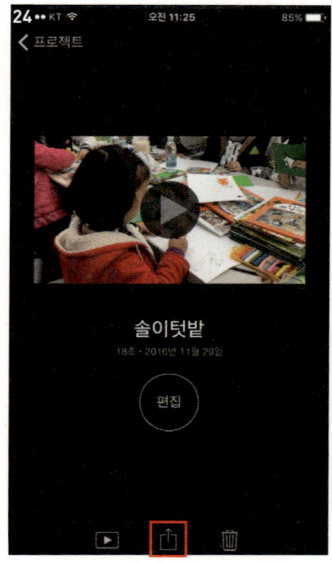 

연습

1. 제공된 동영상은 문학의 집 서울에서 열린 '아름다운 그림 한 점의 힘'이라는 행사를 찍은 클립들이다. 콘셉트를 잡아서 편집해보자.

2. 제공된 동영상은 문학의 집 서울에서 열린 '아름다운 그림 한 점의 힘'이라는 행사의 편집본이다. 위의 소스로 편집한 것과 비교해보자.

5) iMovie로 예고편 편집하기

iMovie는 초보자들이 짧은 예고편을 만들기에 편하게 기본적인 편집 템플릿을 제공한다.

❶ iMovie에서 예고편 편집은 또 다른 편집의 재미를 준다. ❷ 14개의 미리 만들어진 템플릿이 있다. 하나씩 살펴보고 자신이 편집하는 스타일에 맞춰 조정한다. ❸ 예고편 영상의 타이틀과 마지막에 들어가는 크레딧을 미리 설정할 수 있다.

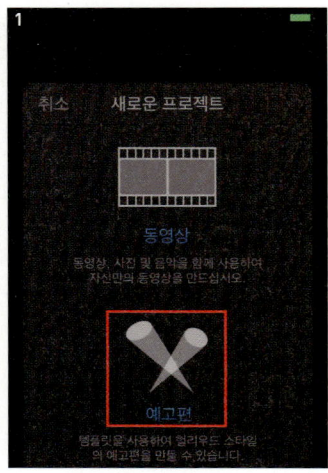

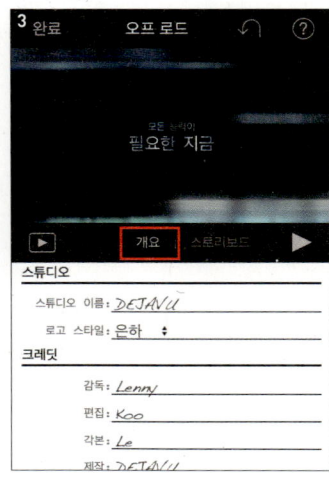

❹ 스토리보드에서 원하는 스타일을 선택하면 미리 만들어진 클립의 길이와 자막들을 볼 수 있다. ❺ 해당 스토리보드를 선택하면 비디오 클립들이 나오고 클립을 선택하면 해당 길이에 맞는 만큼의 동영상이 선택된다. ❻ 선택을 완료한 동영상은 화살표를 누르면 스토리보드로 자동으로 입력된다. 이와 같은 순서로 컷들을 대치하면 된다.

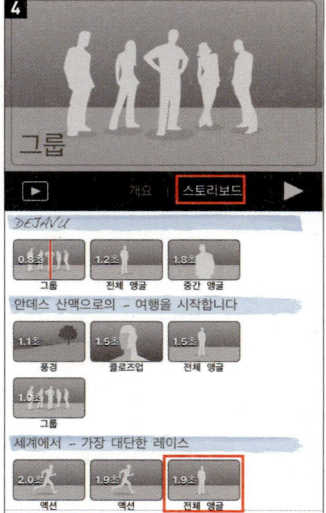
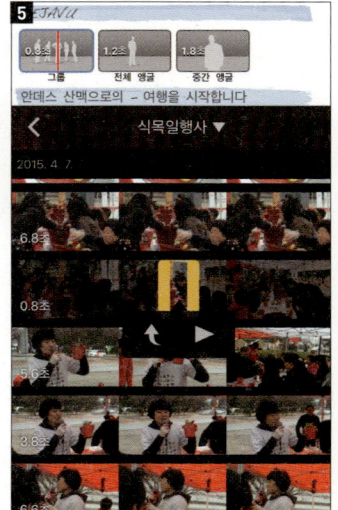

❼ 개요에서 넣은 제목이 입력되고 선택한 클립들이 배열된다. ❽ 중간마다 있는 자막들도 원하는 자막으로 바꿀 수 있다.

 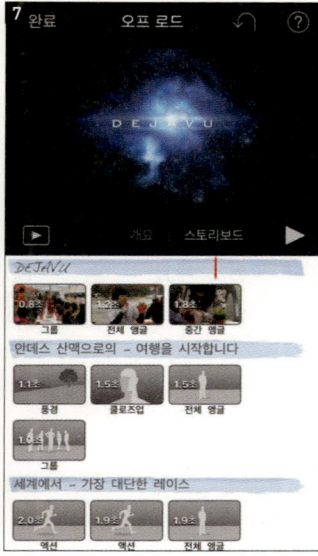 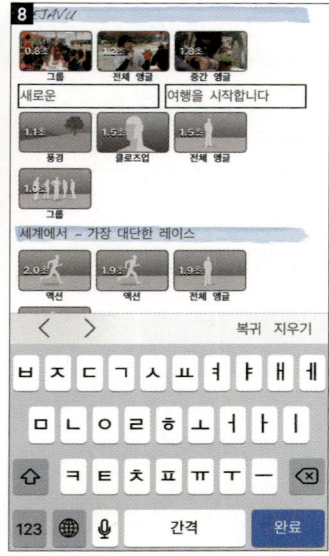

❾ 비디오로 바로 저장이 가능하고 페이스북이나 유튜브로도 바로 공유가 가능하다. ❿ 작품의 마지막에는 스크롤을 넣을 수 있어 스텝들을 챙길 수도 있다.

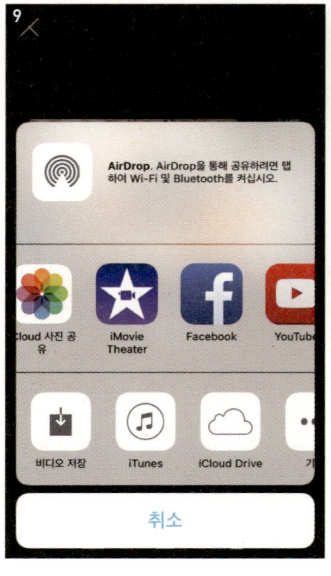 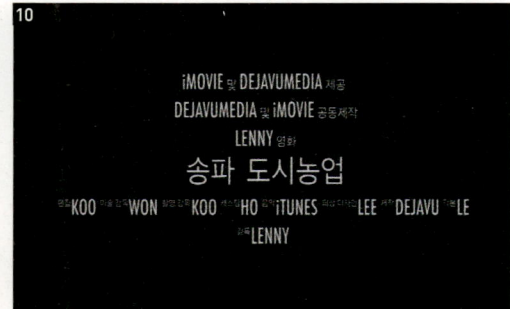

편집을 시작하는 순간, 여러분은 이제야말로 동영상 전문가의 길로 접어든 것이다. 이전에는 단순히 순간들만 촬영해서 올리거나 고정해서 촬영한 후 올리는 수준이었을 것이다. 하지만 점점 이런 단순한 동영상에 실증을 느끼고 다른 동영상들과 비교해보고, 보다 욕심을 내다보면 여태까지 만들던 동영상에서 한계가 느껴지고, 그러다 보면 편집에 눈을 돌리게 된다.

그런데 편집이라는 것은 단순히 촬영된 동영상을 이어 붙이는 것이 아니라 촬영에서부터 아니 처음에 기획하는 순간부터 모든 것들을 미리 생각해서 촬영해야만 제대로 된 편집이 가능하기 때문에 편집이야 말로 바로 전문가의 영역이라고 말할 수 있는 것이다.

동영상 작업을 하면서 제일 힘들었던 순간이 언제냐고 물어본다면 '편집'이라고 말할 수 있다. 아무리 꼼꼼히 기획하고 촬영해도 빠지는 컷들이 나오게 되고, 편집에서 제대로 마무리하지 않으면 의미가 없기 때문에 항상 강박에 쌓여서 보다 나은 컷들을 만들기 위해 붙이고 지우다를 반복하다가 결국 항상 시간에 쫓겨 마지막에는 밤을 새웠다. 방송을 앞두고 2~3일씩 밤을 새우며 코피를 쏟다 보면 정말 이 일을 왜 하는지 정말 때려치우고 싶을 때가 많다.

그럼에도 불구하고 편집은 연출자로서, 동영상을 만드는 사람으로서 가장 중요한 부분이며 가장 큰 희열을 느끼는 과정이다. 고통이 클수록 더 큰 감동이 생길 것이다. 편집? 힘들다. 쉽게 하는 방법? 필자 좀 제발 가르쳐주길...

하지만 이 과정을 통해 점점 새로운 것들을 창작하는 기쁨을 얻게 될 것이다.

<u>고통이 없으면 얻는 것은 없다!!</u>

Post production
3 종합 편집

순서 편집이 끝난 후에 화면에 효과와 자막을 넣는 작업을 하는데 이를 종합 편집이라고 한다. 일반적인 순서 편집(가편집)이 쌩얼이라고 한다면 종합 편집은 얼굴에 화장을 하는 것이다. 이렇게 순서 편집만으로 전달할 수 없는 부분을 보완하는 작업이 바로 종합 편집 과정에서 하는 일이다. 최근에는 편집 앱에서 웬만한 자막 효과와 동영상 효과를 사용할 수 있지만 보다 나은 효과를 위해서는 미리 효과들이 준비되어 있는 앱을 사용하는 것도 좋다.

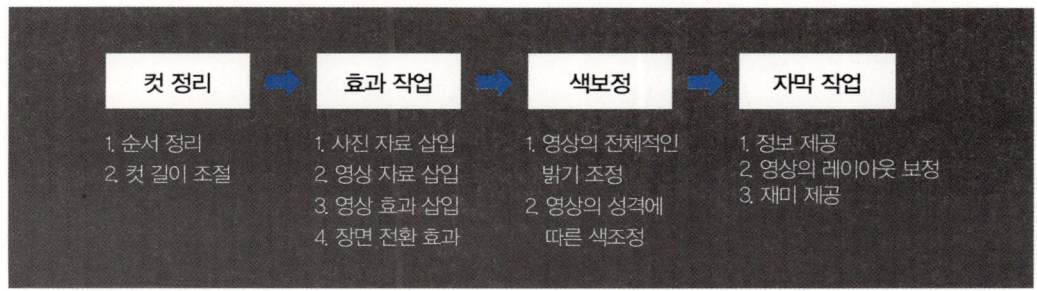

▲ 종합 편집의 순서 및 내용

종합 편집은,

1. 순서 편집이 끝난 동영상을 다시 보면서 최종적으로 순서를 정리하거나, 보다 정확한 길이 조정 작업

2. 사진 및 동영상 자료를 삽입하거나, 동영상 효과를 넣고 컷과 컷의 장면을 전환하는 작업
   (이 과정에서 동영상에 자료와 미리 준비가 됐다면 컴퓨터 그래픽 등의 작업도 진행한다.)

3. 동영상 효과 작업이 끝나면 동영상의 전체적인 밝기와 톤을 조정하는 색보정 작업

4. 전체를 보고 자막을 정리하여 넣는 작업

요즘은 동영상 편집의 퀄리티를 높이기 위해서 컴퓨터 그래픽을 이용한 동영상 효과와 좋은 디자인 자료를 쓰는 경우가 많아졌다. 하지만 저작권이 강화되면서 자료를 잘못 사용하면 큰 낭패를 볼 수도 있다.

실제로 우리 회사에서 한 홍보 동영상을 만든 후 2년이 지나서 연락이 왔는데 저작권이 있는 글꼴을 사용했다는 것이었다. 물론 그 당시는 다른 편집실에서 작업을 했었기 때문에 문제는 없었는데 이렇듯 저작권은 상당히 민감해졌다. 하지만 최근에는 이러한 자료들을 무료로 나눠주는 사이트도 많이 늘어나고 있다. 다음은 글꼴과 이미지 자료들을 무료로 얻을 수 있는 사이트들을 한번 모아봤다. 또한 그래픽 효과를 미리 만들어 자막이나 이미지만 바꾸면 사용할 수 있는 앱들도 있으니 참고하기 바란다.

1) 사진 및 이미지 자료

동영상을 제작하다 보면 촬영할 수 없거나 지금 당장 필요한 자료들이 있다. 이전과는 달리 이제는 저작권이 엄격하게 관리되기 때문에 함부로 사용할 수 없을 뿐만 아니라 사용을 하더라도 유튜브 같은 플랫폼에서 필터링이 돼서 동영상을 공유할 수조차 없어졌다. 그러므로 자료를 사용하기 위해서는 저작권이 없거나, 허용된 자료들만을 사용해야 한다. 다음은 사진뿐만 아니라 동영상에 사용 가능한 이미지를 구할 수 있는 사이트들을 정리해놓은 것이다.

▲ https://unsplash.com/다양한 사진 자료 특히 감성적인 사진 자료가 많다.

▲ http://www.freedigitalphotos.net/저작권 없이 상업적 용도로 자료 사용이 가능하다.

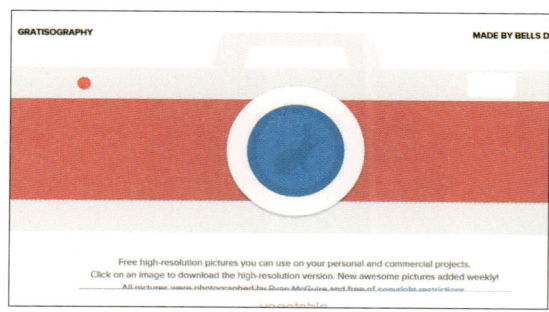

▲ http://www.gratisography.com/자연, 풍경, 사람 등 다양한 무료 사진을 제공한다.

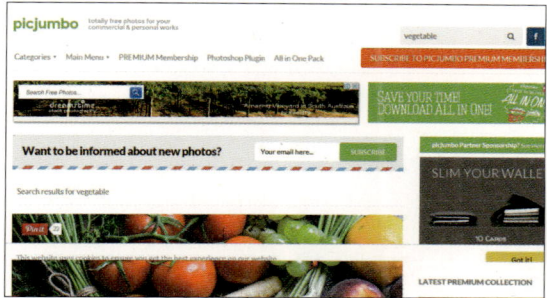

▲ http://picjumbo.com/자연, 풍경, 사람 등 다양한 무료 사진 자료 제공 이메일 구독 신청을 하면 매주 무료 이미지를 보내준다.

▲ http://pngimg.com/각종 이미지와 벡터 및 PSD 파일을 얻을 수 있다.

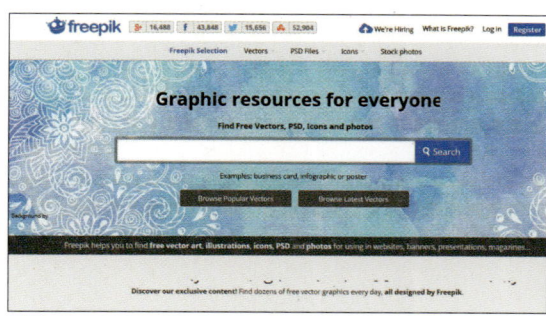

▲ http://www.freepik.com/각종 이미지와 벡터 및 PSD 파일을 얻을 수 있다.

2) 동영상 효과

동영상을 제작하다 보면 계속 다른 동영상과 비교를 하게 된다. 방송을 보면 컴퓨터 그래픽도 많이 나오고 내가 만든 동영상보다 안정적으로 만든 것 같고… 이러면서 조금은 좌절하게 된다.

앞에서도 말했지만 초보자들이 만든 동영상은 그냥 '쌩얼'인 동영상인 것이다. 문제가 되는 컷들도 그대로 넣고, 밝기나 색도 조정하지 않고 적절한 자막도 들어가지 않고, 그래픽 작업도 없기 때문에 제대로 편집 작업을 한 동영상들과는 사실 비교할 수조차 없다.

스마트폰은 분명히 동영상을 가장 쉽게 제작할 수 있는 도구이다. 그것도 이제는 어느 정도 이상의 수준으로 동영상 제작을 할 수 있도록 동영상 효과와 자막만 바꿔 넣으면 되는 탬플릿이 만들어져서 앱으로 나와 있고 계속해서 개발될 것이다.

▲ ALIVE : 동영상에 그래픽 효과나 자막 효과 등을 넣을 수 있다.

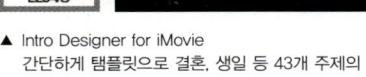

▲ Intro Designer for iMovie
간단하게 탬플릿으로 결혼, 생일 등 43개 주제의 인트로를 만들 수 있다.

3) 동영상 효과 따라하기

여기서는 특히 동영상 제작 시에 가장 문제가 되는 흔들림을 보정하는 앱과 다양한 효과를 동영상에 삽입할 수 있는 앱의 사용 방법을 소개한다. 물론 템플릿을 사용하는 것이 직접 만드는 것에 비해서 정형화되어 있기 때문에 자신만의 동영상을 만드는 사람들은 별로 좋아하지 않을 수도 있다. 그리고 약간의 비용이 들어가기 때문에 마음에 들지 않을 수도 있지만 사용해보면 그래도 제법 쓸만하다.

(1) 흔들림 보정하기

❶ Emulsio 앱을 설치한 후 실행한다. ❷ 흔들림을 보정하려는 비디오 클립을 선택한다. ❸ 클립을 선택해서 불러오면 바로 흔들림 보정 작업을 진행한다.

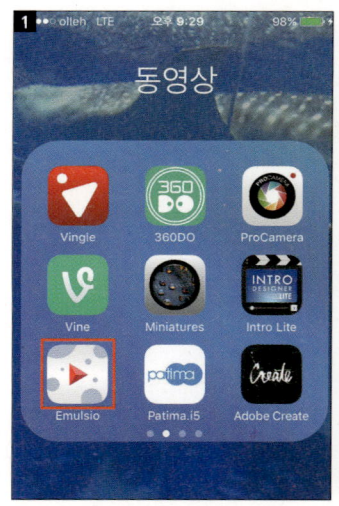  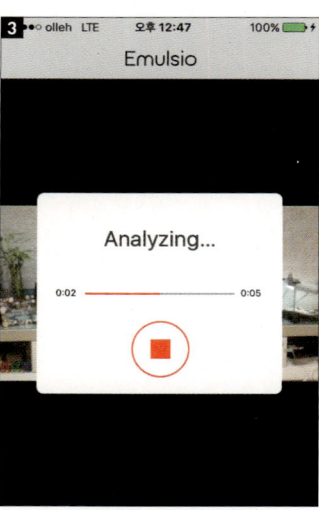

❹ 최적화된 비디오가 출력되고 이후 수동으로 보정할 수 있다. 오른쪽 바는 흔들림 보정의 강도를 조정할 수 있다. 위로 하면 흔들림 보정은 잘되지만 화질은 떨어진다. ❺ 위의 사선 버튼을 터치하면 보정 전과 후의 화면을 한 눈에 비교할 수 있다. ❻ 상단의 나침반 아이콘은 안정화를 보여주는 계기판이다. 각각의 수치를 눈으로 확인할 수 있다.

 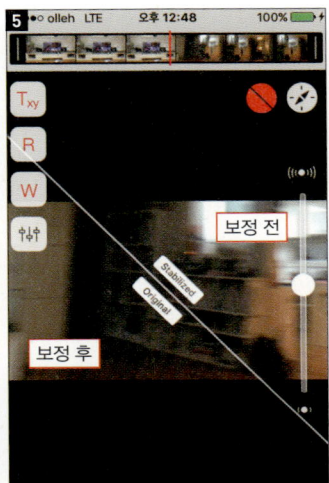 

❼ 좌측 상단의 Tx는 카메라의 보정되는 축을 보정할 수 있다. ❽ 좌측 상단의 R은 회전에 의한 수평 보정을 한다. ❾ 좌측 상단의 W는 빠른 동작에서 동영상의 울렁거림을 보정할 수 있다.

 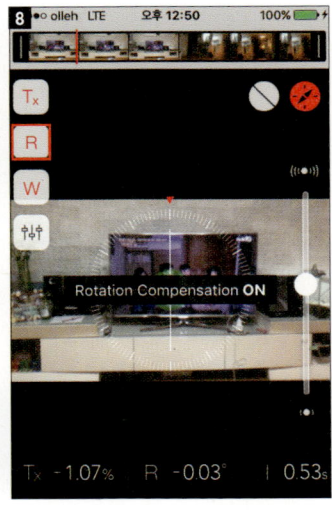 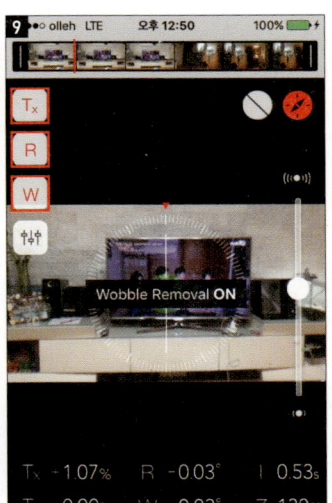

❿ 좌측 상단의 콘솔 아이콘은 부가 설정을 조정할 수 있다. ⓫ 하단의 내보내기 아이콘은 흔들림 보정 화면을 저장한다. ⓬ 비디오로 저장이 가능하고 페이스북에도 바로 공유가 가능하다.

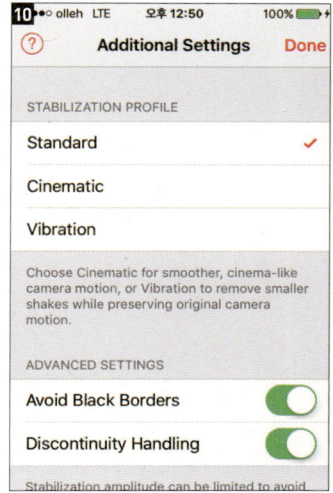
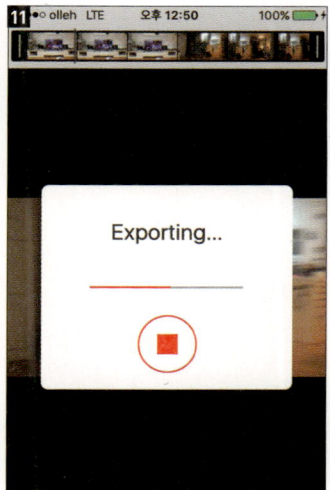

(2) 동영상에 그래픽 효과 넣기

❶ Alive 앱을 설치한 후 실행한다. ❷ 효과를 넣을 동영상을 가져온다. ❸ 아이폰에서 동영상을 선택한다.

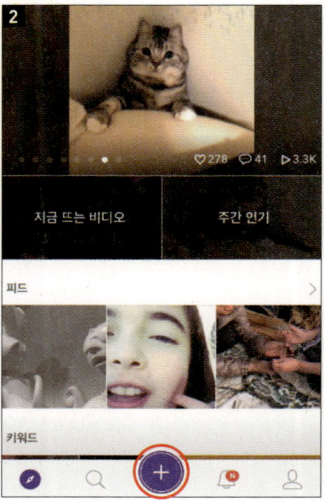

❹ 여러 개의 동영상을 가져올 수도 있고 간단한 순서 편집도 가능하다. ❺ 기본적으로 4가지 주요 기능이 있다. ❻ 동영상의 화면 전체에 효과를 주는 기능. 6개의 기본 프리셋 화면 중에 선택하여 사용할 수 있으며 더 많은 효과들을 다운받아 사용할 수 있다.

❼ 하단의 첫 번째 아이콘은 화면 위에 미리 만들어진 CG들을 오버랩한다. 재미있는 효과들이 많고 바로 사용도 가능하다. ❽ 선택한 CG 효과를 크기와 위치를 조정하고 회전도 가능하다. 타임라인상의 위치도 조정한다. ❾ 프리뷰를 통해 확인한다.

  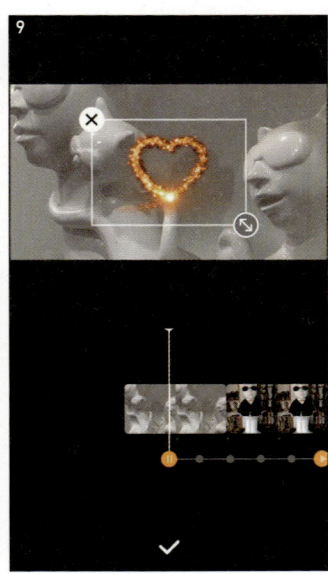

❿ 하단의 [A] 아이콘은 화면에 다양한 자막을 넣는데 사용한다. ⓫ 하단의 음표 아이콘은 동영상에 다양한 음악을 넣는다. ⓬ 작업이 끝난 후 상단의 오른쪽 화살표를 터치하면 게시를 할 수 있다.

  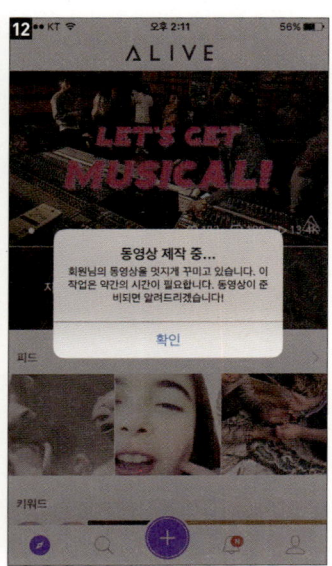

⓭ 게시한 동영상을 홈 화면 우측 하단의 프로필에서 확인할 수 있다. ⓮ 스마트폰에 바로 저장할 수 있다. ⓯ 다양한 SNS에 바로 공유할 수 있다.

 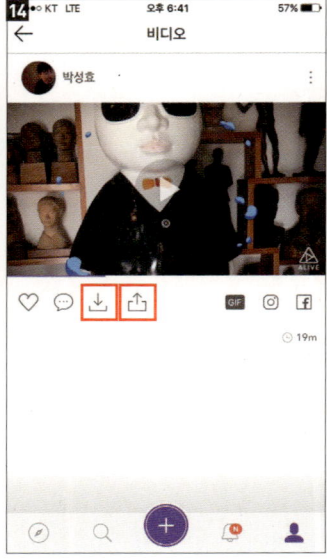 

완성된 작품이다. 이 작품의 소재가 된 고양이 조각들은 김래환 작가님의 작품들이다.

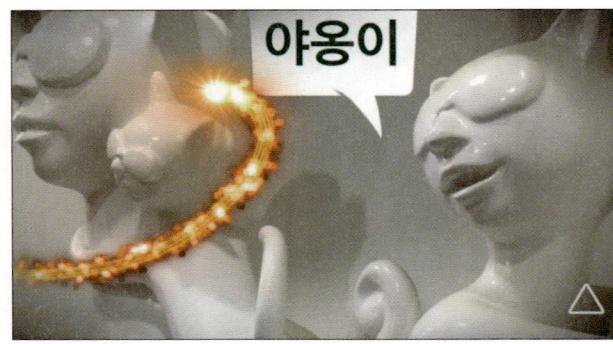

4) 자막

방송에서는 CG라고 하는데 이는 'Computer Graphics'가 아니라 'Character Generator' 즉, 문자 발생을 말한다. 동영상을 제작하는 데 있어서 자막의 필요성은 두말할 나위 없다. 동영상으로 보여줄 수 없는 내용을 보충해주거나, 정보를 전달하거나, 동영상의 디자인적인 부분을 완성하는 역할도 한다. 하지만 요즘은 자막을 너무 남발하기 때문에 동영상을 시청하는 데 방해가 되고 있는 것이 사실이다.

1. **정보를 전달하는 자막** : 동영상의 제목(타이틀), 이름, 장소, 시간 등
2. **내용과 재미를 보충해주는 작업** : 화면에 나오지 않는 정보, 상황, 감정 등
3. **미장센의 한 부분으로 구도를 완성하는 오브제로써의 역할** : 디자인적 요소

요즘은 글꼴에도 저작권이 있어서 디자인이 좋다고 또는 컴퓨터 혹은 스마트폰에 깔려 있는 글꼴이라고 해서 아무렇게나 사용한다면 저작권 위반으로 문제가 될 수 있다. 스마트폰에서는 다양한 글꼴을 사용할 수 없기 때문에 큰 문제가 되지 않을 수 있지만 컴퓨터를 이용해 편집을 할 때는 유의해서 사용해야 한다.

자막 사용 시 주의해야 할 점

a. 동영상의 원래 주인은 동영상이다. 자막으로 도배해서 동영상의 흐름을 방해하지 않아야 한다.

b. 동영상의 콘셉트에 따라 다르기는 하지만 현란한 자막의 움직임은 촌스럽게 느껴진다.

c. 의외로 동영상에 어울리는 폰트는 많지 않다.
　　: 기본적으로 고딕과 명조만 잘 활용해도 좋은 효과를 얻을 수 있다.

다음은 무상으로 쓸 수 있는 글꼴과 사용 범위를 정리해놓은 것이다.

	비영리 목적		상업 목적											
	개인	단체	간판	BI/CI	현수막	포스터	영상	서적	전자책	웹사이트	상품 포장지	PT	임베디드	글꼴 변경
고도몰 – 고도체	○	○	○	○	○	○	○	○	○	○	○	○	○	○
구글 노토산스CJK, 어도비, 본고딕	○	○	○	○	○	○	○	○	○	○	○	○	○	○
남북폰트디자인교류연구원 정음체	○	○	X	X	X	X	X	X	X	X	X	X	X	X
네이버 나눔고딕, 나눔고딕 에코, 나눔바른고딕, 나눔명조, 나눔명조 에코, 나눔손글씨, 붓 나눔손글씨, 펜 나눔고딕, 코딩글꼴	○	○	○	○	○	○	○	○	○	○	○	○	○	○
다음 – 다음체	○	○	△	△	△	△	△	△	△	△	△	△	△	X
대한인쇄문화협회 바른돋움체, 바른바탕체	△	△	△	△	△	△	△	△	△	△	△	△	△	△
디자인정글 수화명조제목 140, 수화명조본문 110, 태릉고딕제목 240, 태릉고딕본문 210	○	○	○	○	○	○	○	○	○	○	○	○	△	○
디컴즈 – 전라북도체, 김제시체	○	○	○	○	○	○	○	○	○	○	○	○	○	○
롯데마트 – 통큰서체	○	○	○	○	○	○	○	○	○	○	○	○	○	○
부산시청 – 부산체	○	○	○	○	○	○	○	○	○	○	○	○	○	○
서울시 – 서울남산체, 서울 한강체	○	○	○	○	○	○	○	○	○	○	○	○	○	○
성동구청 – 성동명조, 성동고딕	○	○	○	○	○	○	○	○	○	○	○	○	○	○
아모레퍼시픽 – 아라따산스(영문)	○	○	△	X	○	○	○	○	○	○	△	○	○	X
아시아폰트 – 폰트통	○	▲	▲	▲	▲	▲	▲	▲	▲	▲	▲	▲	▲	▲
옥션 – 옥션고딕	○	○	X	X	X	X	X	X	X	X	X	X	X	X
우아한형제들 배달의민족 한나체, 주마체	○	○	○	○	○	○	○	○	○	○	○	○	○	○
윤디자인 – 대한체	○	○	○	○	○	○	○	○	○	○	○	○	△	X
이철수의 집 – 이철수 목판글꼴	○	○	▲	▲	▲	▲	▲	▲	▲	▲	▲	▲	▲	▲
인터파크 – 인터파크고딕	○	X	X	X	X	X	X	X	X	X	X	X	X	X
제주도형 제주한라산, 제주명조, 제주고딕	○	○	○	○	○	○	○	○	○	○	○	○	○	○
한겨레 – 결체	○	○	○	○	○	○	○	○	○	○	○	○	○	X
한국전자출판협회 – 정고딕체	○	○	△	△	△	△	△	△	△	△	△	△	△	△
한국지역난방공사 – 전통글꼴	○	△	X	X	X	X	X	X	X	X	X	X	X	X
한국청소년활동진흥원 청소년서체	○	○	○	○	○	○	○	○	○	○	○	○	○	○
한국출판인회의 KoPub 돋움, KoPub 바탕	○	○	○	○	○	○	○	○	○	○	○	○	○	△
한컴 – 한초롱체	○	○	○	○	○	○	○	○	○	○	○	○	△	X
SKT – 뫼비우스	○	○	X	X	X	X	X	X	X	X	X	X	X	X

○ = 허용, X = 비허용, △ = 조건부 허용, ▲ = 이용권 구매

▲ 무료 폰트와 사용 가능한 정도

Post production
4 사운드

**관객의 눈에 눈물을 맺히게 하는 것은 동영상이지만,
그 눈물을 떨어뜨리는 것은 음악이다.**

얼마 전 밖에서 SNS를 하다가 영화 '히말라야'의 배경이 되는 실화의 다큐멘터리 주요 부분이 올라온 것을 보았다. 영화보다 감동이라며 많은 사람들이 '좋아요'와 댓글을 달아서 기대를 하며 보는데 동영상의 상황이나 내용은 매우 감동적이었는데 별로 감흥이 생기지 않았다. 그러다 며칠 지난 후 집에서 다시 이 동영상을 보게 되었는데 눈시울이 붉어지고 눈물이 흘렀다. 처음에는 밖에서 동영상을 보느라 정말 동영상밖에 보지 못했는데, 다시 볼 때는 집에서 제대로 음악과 현장음, 내레이션을 들으면서 봤기 때문일 것이다.

■ 출처 : 영화 '히말라야'

▲ 히말라야에서 희생된 동료를 찾아나선 산악인들을 그린 희망 원정대와 이를 바탕으로 만들어진 영화 '히말라야'

이것이 바로 동영상에서 사운드의 힘이다. 그림만으로는 알 수 없는 현장의 생생한 소리와 음악 그리고 내레이션이 함께 하면서 감정을 움직인 것이다. 동영상은 원래 시각적으로 보여주는 요소만을 이야기하는 것이었지만, 현재는 동영상에 사운드가 포함된 완결된 콘텐츠를 이야기한다. 초기에 단순히 보여주는 동영상에서 동영상과 동영상이 연결되며 새로운 의미를 만들어 가면서 동영상 자체만으로 의미를 전달하지 못하는 경우 음악이나 음향 효과 그리고, 내레이션을 이용해 보다 명확하게 의미를 전달하는 콘텐츠가 된 것이다.

동영상에서 청각적 요소는 현상을 보다 더 명확하게 강조(현장음, 효과음)하고 전체 흐름을 이끌어 주고(음악), 의도하는 바를 명료하게 정리하여 효과적이고, 직접적으로 내용을 전달(내레이션)하면서 시각적 요소의 부수적인 역할에서 벗어나 보다 주체인 역할을 한다고 할 수 있다.

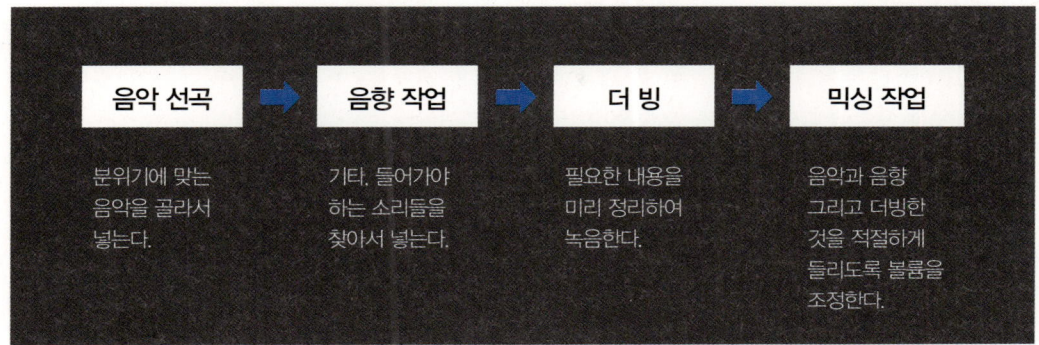

▲ 사운드 작업의 순서 및 내용

1. 음악
특정한 작법에 의해 의도적으로 소리와 악기를 배열하여 만든 것으로 동영상 전체의 분위기를 이끌어준다.

2. 음향 효과
차 소리, 거리 소음 등 현장에서 나는 소리, 이야기하는 현장음과 특정한 소리를 강조하기 위해 또는, 특정한 효과를 위해 인위적으로 만들어 넣는 효과음 등이 있다.

3. 내레이션 더빙
직접 사람의 목소리로 녹음하여 동영상에 삽입하는 것으로 동영상의 의미를 보다 명확하게 전달하기 위해 사용한다.

4. 믹싱
음악과 음향 효과, 더빙한 내레이션이 효과적으로 들리게 하려고 세심하게 각각의 볼륨을 조정해서 하나의 음악 파일로 만드는 것이다.

1) 음악

동영상을 만들고 공유하는 방법은 쉬워지고 다양해졌지만 동영상의 소리적 요소는 여전히 개인 창작자들에게는 가장 어려운 부분이다. 저작권이 강화되면서 아무 음악이나 사용할 수 없게 되었기 때문이다. 하지만 최근에는 음악과 음향 효과를 무료로 사용할 수 있게 제공하는 사람들이 많아졌으며 특히 세계 최대의 동영상 공유 사이트인 유튜브에서는 공유된 동영상의 저작권 분쟁을 막기 위해서 직접 무료로 음원을 공급하고 있다.

2) 음향 효과

음악은 현장의 간접적 분위기를 암시하고 이끌지만 현장음은 현장의 생생한 느낌을 직접적으로 전달한다. 그러므로 현장음과 음악을 적절히 사용하지 않으면 오히려 비현실적으로 보일 수 있으므로 촬영과 편집 시에 주의해서 소리를 녹음하고 사용해야 한다. 특히 스마트폰의 경우 동영상에서 제일 불만족스러운 부분이 오디오 기능이다. 그러므로 현장의 소리가 중요한 부분을 차지하는 촬영이라면 별도의 마이크를 사용하는 것이 좋다.

우리는 어떤 일이 발생할 때 거기에서 기대하는 소리가 있다. 예를 들어 물방울이 떨어지는 소리라면 똑! 똑! 칼이 부딪치는 소리라면 챙~~챙~~ 등

하지만 실제 촬영을 하다보면 우리가 기대하는 것처럼 정확하게 소리가 나지도 않을 뿐만 아니라 녹음하기도 힘들다. 그렇기 때문에 이런 상황에 미리 녹음한 소리들을 넣는데, 이것이 효과음이다. 보다 사실적으로 보이기 위해서 조금은 과장된 소리를 넣는다.

▲ 자멘도 : https://www.jamendo.com/
비영리로 음악을 사용할 수 있다.

▲ 프리뮤직아카이브 : http://freemusicarchive.org/
무료로 음악을 받을 수 있으나 저작권은 반드시 확인한 후 사용해야 한다.

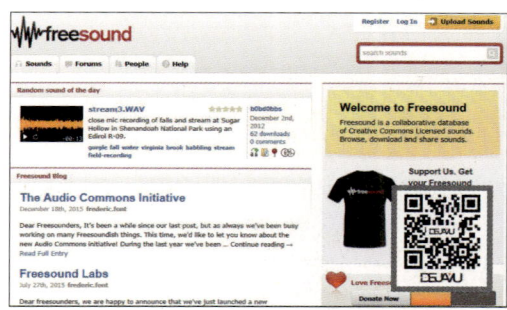
▲ 프리사운드 : http://www.freesound.org/
재가공이 가능한 효과음 등의 음원 수집 웹사이트

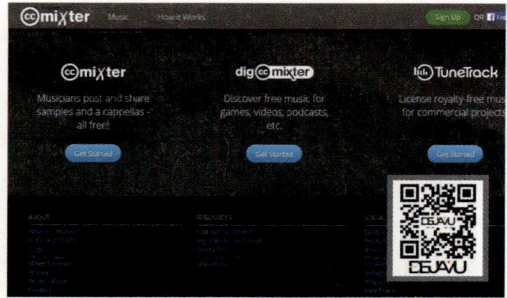
▲ 씨씨믹스터 : http://ccmixter.org
비영리 목적이라면 누구나 저작권자만 밝히고 사용이 가능하다. 상황이나 주제별로 사전이용 가능과, 사전이용 허락 없이 사용할 수 있는 음원 그룹화 서비스를 제공한다.

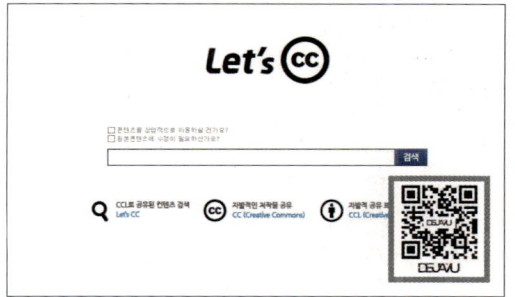
▲ 렛츠씨씨 : http://letscc.net/
몇 개의 조건 즉, 상업적으로 사용할지, 재가공할지를 체크한 후 키워드를 검색하면 다른 음원 사이트에서 연계하여 찾아준다.

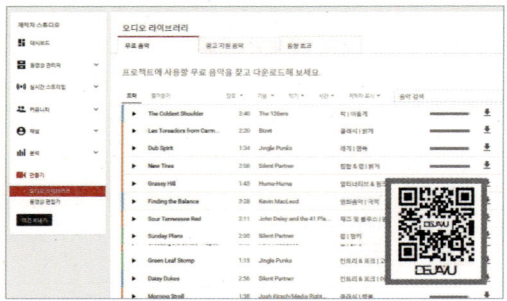
▲ 유튜브오디오라이브러리 : https://www.youtube.com/audiolibrary/music
음원 자체 수정, 재배포, 판매하는 것 이외에는 저작권 걱정 없이 마음대로 사용이 가능하다.

조금은 아이러니하지만 이 힘은 강력하다. 이와 같은 사이트에서 받은 음원들은 기본적으로 무료이기는 하지만 대부분 받기 전에 미리 공지한 조건들에 맞춰서 사용해야 한다. 그러므로 사용 전에 조건들을 꼼꼼히 읽어볼 필요가 있다. 보통 사용 음악의 저작권자를 밝히거나 음원의 무단 변형에 대한 조건들이 포함된다.

3) 내레이션

음악과 음향 효과는 어떻게든 비슷한 것을 구할 수 있다. 그런데 목소리를 녹음하는 일은 그렇지 않다. 그렇기 때문에 전문 성우에게 의뢰하거나 본인이 직접 해야 한다. 하지만 본인이 하면 분명 어색할 것이다. 일반인들은 내레이션에 사용하는 발성법을 배운 적도 없고, 해본 적도 없기 때문이다. 그래서 주위에 목소리가 좋은 사람에게 부탁을 해보지만 역시나 어색하다. 왜냐하면 내레이션은 일종의 연기이기 때문이다. 성우나 아나운서들이 목소리만 좋아서 하는 것이 아니다. 문장에서 띄어야 할 부분과 강조할 부분, 감정을 넣어야 할 부분들을 정확하게 나눠서 연기하기 때문에 동영상과 잘 어울리는 것이다. 꾸준히 발성법을 연습하고 또 연습하는 방법밖에 없다. 자신이 하고 싶은 부분에 진정성이 담겨야 한다.

4) 믹싱

음악이 준비되고 음향 효과를 넣고, 내레이션까지 준비되면 이제는 이것들이 서로 잘 어울려서 효과적으로 전달되도록 각각의 볼륨들을 조정해서 하나의 파일로 만드는 작업을 해야 하는데 이 작업을 '믹싱'이라고 한다.

이 작업이 끝나면 이제 동영상은 완성된 콘텐츠가 되는데 스마트폰에서는 대부분이 편집 앱에서 이러한 음악과 효과를 넣을 수 있기 때문에 여기에서 각 채널들의 볼륨을 조정하여 하나의 파일로 만들어야 한다.

일단은 동영상에서 음악이 중요한지, 내레이션이 중요한지, 음향 효과가 중요한지에 따라서 중요한 채널의 볼륨을 제일 크게 놓고 이를 기준으로 나머지의 볼륨은 20~30% 정도로 맞춰서 작업하면 큰 무리는 없다. 하지만 이 과정은 매우 섬세한 작업이기 때문에 꼭 작업 후 볼륨을 크게 해서 들어보고, 수정 작업을 해야 하며 경험을 쌓다 보면 자신만의 수치가 나올 것이다.

5) iMovie에서 사운드 작업하기

❶ 기본 동영상의 편집이 끝났으면 상단의 [+]를 터치하여 사운드 작업을 시작한다. ❷ 가운데 오디오를 터치한다. ❸ iMovie에서 기본으로 제공하는 테마 음악과 음향 효과가 있으며 개인이 직접 다운로드 받거나 구매한 사운드들의 재생 목록, 앨범, 아티스트, 노래가 있다. 배경 음악을 넣기 위해 테마 음악이나 노래 등에서 음악을 선택한다.

 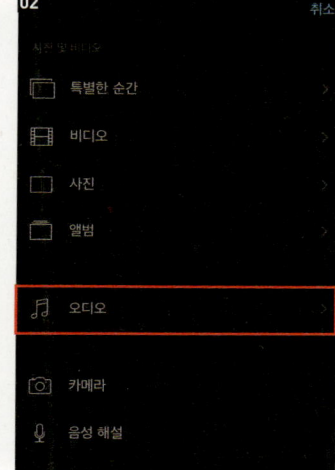 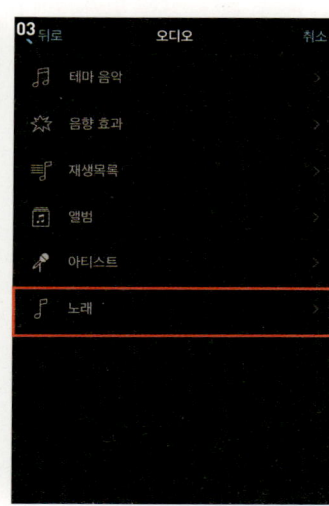

❹ 동영상의 분위기에 알맞은 음악을 선택한다. ❺ 타임라인에 배경 음악이 녹색의 바로 나타난다. ❻ 이어서 동영상의 분위기를 맞추기 위해서 음향 효과를 넣어본다.

  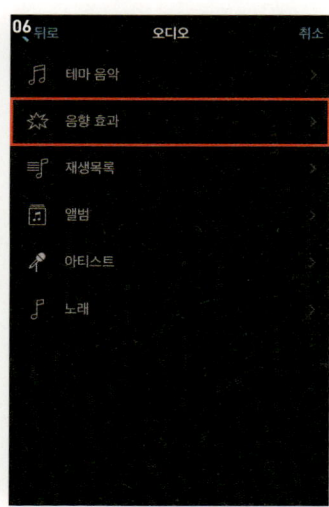

❼ 분위기에 맞는 음향 효과를 선택해서 사용한다. ❽ 타임라인에 파란색으로 음향 효과가 생긴다. 기본적으로 배경 음악이나 현장음과 겹쳐서 사용하게 되므로 ❾ 새로운 동영상의 분위기를 맞추기 위해서 다음 컷의 동영상에 다른 음향 효과를 넣어본다.

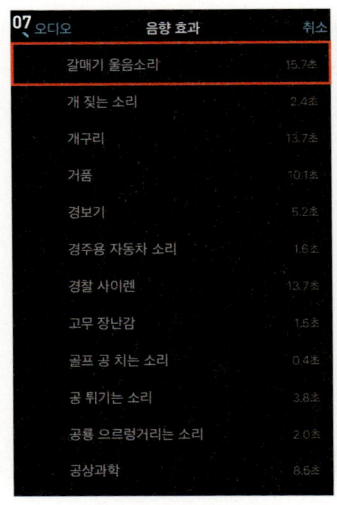

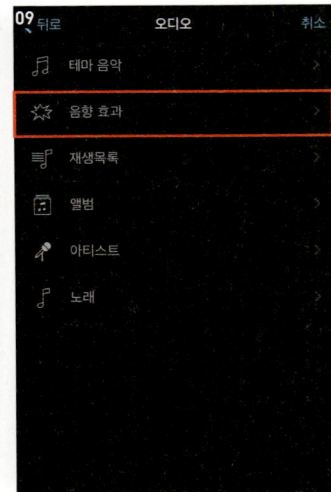

❿ 분위기에 맞는 음향 효과를 선택해서 사용한다.

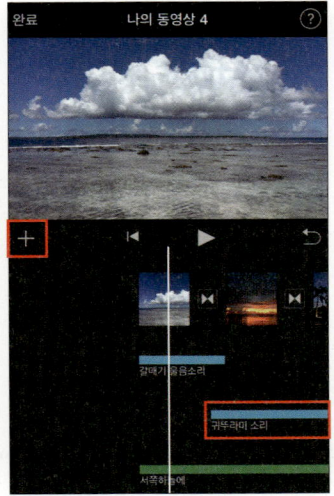

⑪ 다시 분위기에 맞는 음향 효과를 선택하여 사용한다. ⑫ 필요에 따라 내레이션이 필요하면 음성 해설을 터치한다.

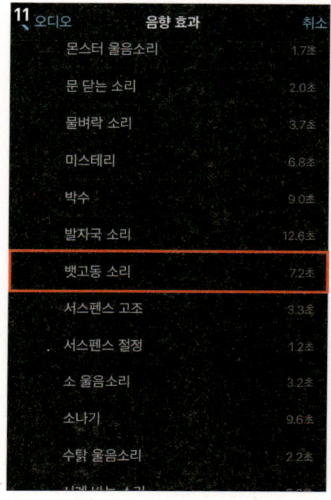  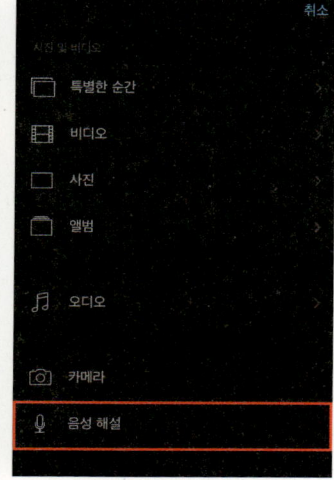

⑬ 녹음을 터치하면 내레이션이 녹음된다. ⑭ 음성 해설은 녹음이 끝나면 보라색 바로 타임라인에 올라가게 된다. ⑮ 타임라인에 올라가 있는 각각의 바를 터치하면 제어할 수 있는 항목이 나오고 이것들을 재생하면서 사운드의 균형을 적절하게 잡는다.

⑯ 프로젝트 창에서 내보내기를 터치한다. ⑰ 다양한 방식으로 공유하거나 저장할 수 있다.

 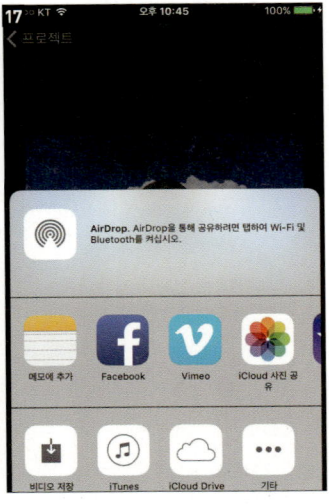

⑱ 음악 작업이 끝난 후 내보내기를 해서 자신의 스마트폰에 저장하고 재생해본다.

믹싱 작업은 사실 매우 전문적인 작업이다! 하지만 겁낼 필요가 없다. 우리는 전문가가 아니기 때문에 이 작업도 가장 자연스럽게 진행하면 된다. 현장의 소리가 크게 필요 없는 장면이라면 현장음보다는 음악과 음향 효과가 더 크게 들어가야 하고, 현장의 소리가 중요하다면 음악과 음향 효과는 현장의 소리가 잘 들리는 수준으로 낮추면 된다. 여기에 음성 해설(내레이션)이 들어가면 조금은 복잡해지는데, 음성 해설이 들어간다면 음성 해설이 최우선으로 잘 들리도록 다른 사운드들을 낮게 조정해야 한다. 특히 같은 레벨의 소리인 음성 해설과 현장음은 되도록 겹치지 않게 배열해야 하며 또한, 해설 도중에는 음향 효과를 쓰지 않는 것이 일반적이다.

이상으로 동영상의 후반 작업에 대한 이야기를 어느 정도 마친 것 같다. 예전에는 여기까지 하면 동영상 작업을 하는 사람들의 임무는 끝난 것인데, 이제는 공유 작업까지 해야 동영상 작업을 마무리한 것이라 할 수 있다. 이제 정말로 마지막 과정인 동영상을 공유하는 방법을 알아보자.

· MEMO ·

PART 6

동영상 콘텐츠로 어떻게 돈을 버는가?

동영상을 제작하면서 가장 짜릿한 순간이 언제였냐고 물어본다면, '생방송 중에 내가 만든 동영상을 보며 사람들이 재미있어 해줄 때, 그리고 방송 마지막에 내 이름이 스크롤에 올라갈 때였다.'라고 말할 것이다. 필자만 그럴까? 아니다!

동영상을 제작하는 사람들의 궁극적인 목적은 자신의 생각과 의도가 깃든 동영상을 다른 사람들에게 보여주는 것이다. 하지만 이전에는 방송이나 영화 같은 매체에 종사하는 전문적인 제작자나 소수를 제외하면 동영상 제작을 해도 다른 사람들에게 보여줄 수 있는 방법은 거의 없었다.

그런데 디지털 기술의 발전은 그 욕망을 바로 해결해주는 인터넷을 내려주었고, 유튜브와 SNS라는 강력한 무기를 개인 동영상 제작자들의 손에 쥐여주었다. 드디어 동영상이 소수에 의해서만 독점되던 시간을 지나 다수가 제작하고 공유할 수 있는 시대가 되었고 이러한 기본적인 욕망이 충족되자 동영상 콘텐츠는 폭발적으로 발전하기 시작했다. 드디어 동영상 민주주의의 완전체가 완성된 것이다. 이렇게 소수에 의해서 형성되어 있던 시장이 많은 사람들에게 개방되면서 사람들이 몰리기 시작했다.

방송이나 영화도 마찬가지지만 동영상은 다수의 사람들에게 보여줄 때 이익이 생긴다. 하루에 1억 명이 넘게 방문하고 있는 유튜브, 처음에는 자신의 욕망을 과시하기 위해서 시작한 동영상들이 이제는 돈을 벌어들이고 있다. 이제 동영상 콘텐츠가 돈이 된다는 것을 사람들이 알고 있다. 그렇다면 어떻게 콘텐츠는 돈이 되는 것일까? 그리고 앞으로도 계속 돈이 되는 것일까?

콘텐츠는 왕이다
동영상 콘텐츠, 돈이 되다

월수입 5,000만 원, 1월부터 9월까지 배당금 3억 원.

국내 최고의 콘텐츠크리에이터들이 벌어들인 수익이다. 하지만 콘텐츠크리에이터에 배당된 수익 이외에 플랫폼이나 MCN의 광고 수익과 수익 배당금을 생각한다면 훨씬 더 많은 돈들이 동영상 콘텐츠를 중심으로 모이고 있다. 이들의 수익은 어디에서 나올까? 온라인 동영상 콘텐츠들 수익의 대부분은 광고에서 나오는데 실제로 온라인 모바일 광고 시장은 2014년 2000억 원 수준으로 성장하였으며 세계적으로 보면 2018년까지 218조 달러 정도로 성장을 예측하고 있다. 하지만 점차 기업들과의 협업, 커머스와의 결합 등 새로운 수익 모델들이 나오면서 시장을 자극하고 있다.

▲ 소수에 의해 독점되던 동영상 제작이 다수에게 기회가 오면서 돈은 풀리기 시작했다. 그 중심에 유튜브가 있다.

1) 광고 수입

가장 널리 알려진 수익 모델로 동영상 조회 수 중에 유효 조회 수를 산정해서 광고비를 지급하는 형태인데 유튜브의 경우 조회 1건당 약 1원 정도의 수익을 콘텐츠크리에이터들과 갖는다. 물론 광고를 클릭하거나 동영상 시청 시간이 길어지면 광고 단가는 올라갈 수 있다. 2013년 싸이의 '강남스타일'이 12억 3000만 뷰를 기록하고 800만 달러의 광고 수익을 가져왔었다. 그런데 현재 싸이의 '강남스타일'은 27억 뷰를 넘어섰다! 그럼 수익이 얼마?!

▲ 싸이의 '강남스타일'은 싸이나 유튜브 모두에게 새로운 전기를 마련해준 기념비적인 작품이다.

2) 협업 마케팅

기업과 크리에이터가 협업하여 광고 같지 않은 간접 광고를 담은 콘텐츠를 제작하고, 기업으로부터 제품 또는 서비스, 동영상 제작비용을 받는 브랜디드 콘텐츠는 유튜브에서도 권장하는 또 하나의 기본적인 수익 모델이다.

▲ 대도서관과 CJ의 협업 마케팅 작품 햇반 컵밥 – 협업 마케팅은 기본적으로 어느 정도 이상의 인지도를 쌓아야 가능하다.

인기 콘텐츠크리에이터인 대도서관은 광고 요청이 들어오면 자신이 직접 기획하고 스텝까지 구성하여 촬영을 진행한다.

▲ 동영상 누적 조회 수 11억 뷰가 넘는 미셸판은 로레알에 스카우트되어 자신의 화장품 브랜드(Glamour eye)까지 런칭했다.

이외에 뷰티 전문 MCN 레퍼리는 다양한 글로벌 화장품 기업들과 손잡고 브랜디드 콘텐츠(광고 같지 않은 간접 광고)를 제작했으며, 쿠쿠크루는 GS샵과 자취생들에게 밥상을 차려주는 콘셉트로 동영상을 제작해서 인기를 끌었다.

▲ 쿠쿠크루의 자취생들에게 밥상을 차려주는 콘셉트 동영상

▲ MCN 레퍼리의 브랜디드 콘텐츠

이와 같은 협업 마케팅으로 진행되는 콘텐츠들은 기본적으로 어느 정도 이상의 조회 수를 갖춘 크리에이터와 진행을 하거나 MCN과 함께 진행하게 되므로, 초기의 동영상 콘텐츠보다 치밀하게 기획되어 단순하게 정보만 전달하기보다 재미까지 갖추고 있어 소비자들에게 더욱 주목받을 수 있다. 결국 기업과의 협업 마케팅은 콘텐츠크리에이터의 가능성과 창조력에 기업의 자본이 더해지면서 보다 더 활발하게 발전할 전망이다.

3) 커머스

콘텐츠를 통해 온라인 쇼핑몰과 소셜 쇼핑몰과도 다양한 연계를 하는 커머스 부분도 새로운 수익 모델로 발전하고 있다. MCN 트레져헌터에서는 소속 크리에이터가 직접 상품을 기획하는 크리마켓에서 소속 크리에이터들의 취향과 개성이 담긴 제품들을 판매하기 시작했는데 특히 럭키박스는 공개하자마자 1000개 한정 수량을 단 하루 만에 팔아버리기도 했다.

▲ MCN 트레져헌터의 소속 크리에이터가 직접 상품을 기획하는 크리마켓–http://new.cremarket.co.kr

이와 같이 콘텐츠크리에이터들이 늘어가고 있고 여러 가지의 수익 모델이 생기고 있지만 이것들만 가지고는 아직 산업적으로는 부족한 부분이 있었다. 파는 사람과 파는 방법들만 있다고 해서 산업적으로 성장하는 것은 아니기 때문이다. 얼마 전까지만 해도 개인 콘텐츠크리에이터 중심이고 시장도 충분하지 않으며 산업으로써 안정시킬만한 시스템도 많이 부족한 편이었다. 하지만 점점 이들의 가능성과 기업의 이익 관점을 보면서 시장이 생기고 이들을 보다 조직적으로 묶는 시스템들이 생겨나기 시작했다.

유튜브, 아프리카TV 등에 이어 이동 통신사와 대기업, 기존의 인터넷 포털들을 중심으로 자신들이 가지고 있는 인프라와 자본력을 바탕으로 플랫폼을 만들고 있는 것이다. 또한 개인 콘텐츠크리에이터들의 매니지먼트를 하는 회사들이 생기기 시작하면서 개인으로는 하기 힘들고, 개인의 역량을 보다 더 발휘할 수 있게 함으로써 산업으로써의 범위를 점차 넓히고 있다.

◀ 아프리카TV를 통해 홈쇼핑을 하는 샵프리카 생방송 중 실시간 채팅을 통해 제품에 대한 자세한 설명도 요구가 가능하다.

플랫폼의 확산
돈을 벌 수 있는 시장이 많아지고 있다

▲ 2015년 7월 페이스북은 콘텐츠 제작자들을 위한 수익 분배 모델을 제시했다.

페이스북의 콘텐츠 제작자 프로그램에 가입한 제작자들의 동영상이 페이스북에서 사용자들에 의해 공유되고 그 동영상에 포함된 광고가 재생되는 경우 수익이 분배되는데 동영상 제작자가 55%, 페이스북이 45%를 가지는 유튜브와 동일한 방식이다. 이를 두고 유튜브를 겨냥했다는 시선들이 많은데 실제로 페이스북은 자신들의 장점을 내세우며 유튜브를 압도하는 동영상 플랫폼으로의 자신감을 내비쳤다. 이처럼 기존의 동영상 플랫폼들 이외에 자본과 인프라를 바탕으로 하는 통신 사업자, 기존의 포털 사업자 그리고 방송사들이 속속 동영상 플랫폼을 만들어가고 있다. 이렇게 만들어진 플랫폼들은 점점 더 많은 콘텐츠크리에이터들과 광고주들을 플랫폼으로 끌어 들이면서 동영상 콘텐츠 시장의 외연을 키우고 있는 것이다.

1) 통신 사업자

LG유플러스는 LTE비디오포털에서 1인 제작자들이 만든 방송인 MCN 큐레이션 서비스 '파워 유튜버'를 오픈했고, KT는 내가 올린 동영상을 친구들과 공유할 수 있는 KT개인방송 서비스를 오픈하는 등 모바일 사업자들은 빠르게 동영상 플랫폼을 만들고 있다.

▲ KT개인방송

▲ LG U+ LTE 비디오포털

2) 포털 사업자

기존의 포털 사업자들도 자신들이 보유하고 있는 인프라들을 중심으로 새로운 플랫폼을 만들고 있는데 국내 1위 사업자 네이버는 연예인들의 일상을 중심으로 직접 생방송을 진행하는 동영상 플랫폼인 V앱을 만들었으며, 다음카카오는 카카오TV에 실시간 방송 기능을 강화함으로써 일반 콘텐츠크리에이터도 참가할 수 있는 플랫폼으로 발전시키고 있다. 또한 기존의 공중파에서도 1인 방송을 품기 위해 노력하고 있다.

▲ 네이버의 V앱

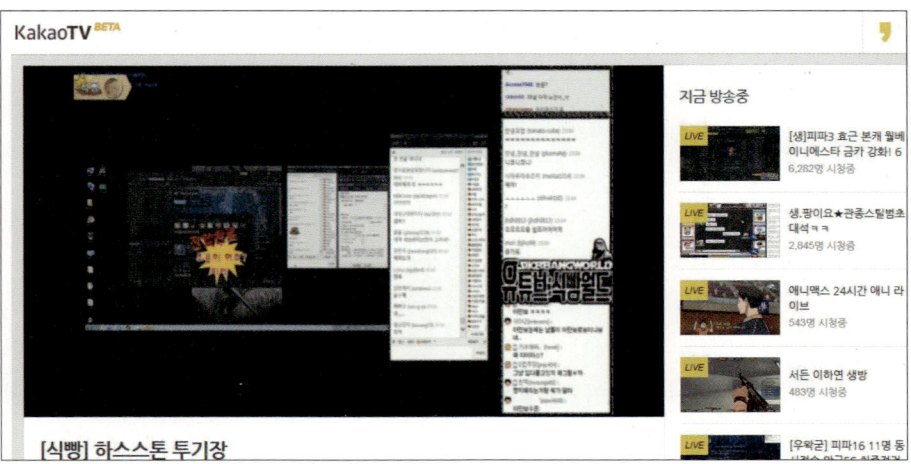

▲ 카카오 TV

3) 방송 사업자

온라인상의 1인 방송은 MBC의 '마이리틀텔레비전'과 같이 공중파로 확장되기도 하고, KBS의 '예띠 스튜디오', QBS의 '60초 모바일뉴스' 등과 같이 새로운 포맷으로 확장되어 발전하기도 했다.

▲ MBC의 마이리틀텔레비전은 1인 방송의 형식을 공중파 프로그램에 접목하여 좋은 평가를 받고 있다.

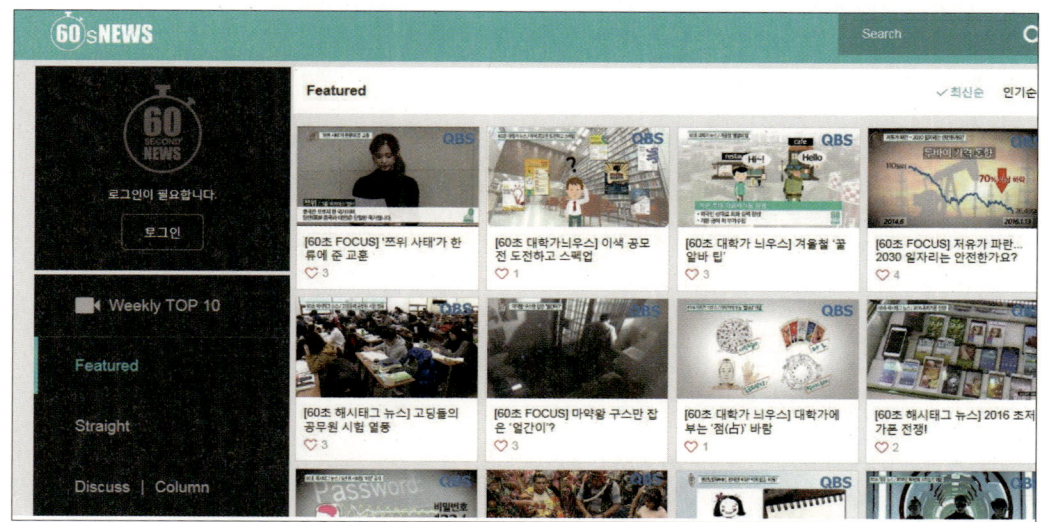

▲ QBS 60초 모바일 뉴스는 뉴스 진행자를 뉴스크리에이터라는 명칭으로 선발한 후 직접 교육하고 방송을 하게 했다.

뭉치면 산다
동영상 콘텐츠의 생태계가 완성되다

돈을 벌 수 있는 수단(광고, 브랜디드 콘텐츠, 커머스 등)이 생기고 사람들이 모여서 보다 많은 거래를 하기 위해 시장(플랫폼)이 지속적으로 생기고 있음에도 불구하고 초기의 동영상 콘텐츠크리에이터들은 아마추어라는 이름을 벗어나기가 힘들었다. 초기의 콘텐츠크리에이터들은 개인이 고군분투해가며 동영상을 제작해서 시장을 만들어 왔지만 점점 더 혼자하기에는 힘에 부치기 시작했다. 앞에서도 이야기했지만 콘텐츠 제작이란 굉장히 많은 에너지가 필요한 일이다. 보다 많은 사람들과 만나고 좋은 콘텐츠를 만들기 위해 기획과 제작에 더 많은 힘을 써도 모자란 시간에 혼자서 채널을 관리하고 마케팅도 생각해야 하기 때문이다. 인기가 커질수록 더 힘들어졌고 그러다 보니 콘텐츠의 질은 떨어지고 결국 재능은 있으나 관리가 되지 않는 크리에이터들은 도태되기 시작했다.

이러한 크리에이터들의 재능과 동영상 콘텐츠 시장의 발전 가능성을 미리 읽은 사람들이 개개인의 크리에이터라는 구멍가게들을 하나로 묶어서 조금 더 큰 규모의 회사들을 만들어 체계적으로 발전시키기 시작했다. 이러한 회사들이 바로 요즘 많이 이야기되고 있는 MCN(Multi-Chanel Network)이다.

▲ 트레저헌터-스튜디오, 저작권 관리, 프로그래밍(앱 개발) 등의 일을 하는 MCN 회사

▲ 다이아(DIA)TV–CJ E&M의 1인 콘텐츠 창작자(MCN) 서비스 플랫폼으로써 해외 주요 동영상 플랫폼을 연동해 국내 MCN 콘텐츠 해외 확산과 추가 수익을 계획하고 있다.

이들은 능력 있는 크리에이터들을 하나로 묶어 연예인들처럼 체계적으로 관리를 하기 시작했는데 제작 지원과 기획, 마케팅, 새로운 수익 모델 개발 등을 통해 수요와 공급, 유통(관리)라는 동영상의 생태계가 완성됨으로써 안정적으로 동영상 시장이 발전하는 기틀을 마련한 것이다. 이러한 상황을 반영하듯이 미국의 디즈니 스튜디오는 2014년 9억 5천 만 달러에 MCN 기업 메이커스 스튜디오를 인수하였다.

이런 능력과 자본이 결합된 MCN이 많아지면서 콘텐츠크리에이터들의 기획 역량이 확대되고 콘텐츠들의 질이 높아지면서 크리에이티브한 동영상들이 풍부하게 공급되기 시작했으며, MCN을 통해 연결된 콘텐츠크리에이터들의 네트워크는 공동의 이해와 이익을 배가시켰다.

정리하자면, 물건(동영상 콘텐츠)을 원하는 사람들이 점점 더 늘어나고 있다. 제품을 만드는 사람도 많아지면서 다양한 제품이 나오기 시작했다. 물건들의 거래가 활발해지면서 시장(플랫폼)이 생겼다. 이 시장이 대박났다. 더 많은 사람들이 모이고 시장은 더욱더 커지게 되었다. 이를 본 다른 사업자와 능력 있는 사람들이 이와 유사한 시장을 만들기 시작했다. 그래서 점점 더 많은 시장이 생겨나고 있다. 시장이 많이 생기니까 이들을 위한 국가적인 지원들이 늘고 있으며 불

국내 MCN 업체			
MCN	설립연도	투자유치	특징
CJ E&M (다이아TV)	2013	-	해외 플랫폼 제휴 활발 650여 개 팀 보유 월 방문자 약 8억 명 유튜브 공식 인증 업체
레페리 뷰티 엔터테인먼트	2013	10억 원	크리에이터 아카데미 운영 중국인 뷰티 크리에이터 7명 활동 중 직속 마케팅 회사 운영 중국 심천 지사 설립
afreecaTV 아프리카TV	2014	-	동영상 플랫폼에서 시작해 MCN까지 진출 국내 UCC업계 최초 손익분기점을 넘은 사업모델 운영 중
콩두컴퍼니	2014	56억 원	게임 크리에이터 전문 육성
비디오빌리지	2014	6억 원	페이스북, 트위터 동영상 플랫폼 기반 (대다수 MCN: 아프리카 TV 생방송 기반 + 유튜브 활용) 약 100건의 브랜디드 콘텐츠 제작
Treasure Hunter 트레저헌터	2015	157억 원	93개 팀 보유 월 방문자 약 2억 명 크리에이티 발굴, 육성 (중국 진출을 위한 중국어 교육 지원) 유튜브 공식 인증 업체
MAKE US 메이크어스	2015	202억 원	디지털 콘텐츠 제작소 '딩고' 운영 캐릭터 '딩고 프렌즈' 제작, 캐릭터 제품 판매 중

유튜브 공식 인증: 유튜브는 온갖 프로그램 심사, 인증시험 통과, 까다로운 심사 등을 거쳐 전 세계 역량 있는 개인이나 기업에 대해 공식 인증을 해줌. 인증 획득 시 유튜브 플랫폼에서 지속적으로 성장할 수 있는 기회와 앞으로 트래픽 증대에 대한 전망 및 차별화된 광고 수익 분배 혜택 등을 받을 수 있음.

브랜디드 콘텐츠: 콘텐츠를 주(主)로하고 브랜드를 부(副)로 한 상업성이 어느 정도 묻어난 채 제공되는 보고 즐길 거리로 존하 '광고만 한 수 없고 같지 않은 콘텐츠를 지향.

[자료원: 각 사 홈페이지, NAVER]

편하지 않도록 인프라를 제공하는데 적극적이 되었다. 이렇게 시장이 활발해지고 사람들이 많이 모이니까 홍보가 필요한 기업들은 그곳에 광고를 하기 시작했다. 시장에 광고가 들어오니 만드는 사람들에게 수익이 좀 더 돌아가게 됐다. 이제 만드는 사람들이 더 많이 생기기 시작했다.

그러다 보니 경쟁이 생기고 도태되는 사람들도 생기게 됐다. 그러면서 일부 제품을 만드는 사람들은 더욱더 좋은 제품을 만들고 자신들이 경쟁에서 우위에 서기 위해 서로 모이기 시작했으며 그들을 하나로 묶는 기업(MCN)도 생겨나기 시작했다. 이렇게 생긴 기업들은 다시 무한경쟁을 하면서 살아남기 위해 또 다른 투자와 수익 모델을 꾸준히 개발하기 시작했다. 이제 동영상 콘텐츠는 그 자체로 새로운 먹이를 만들고, 먹어가며 순환해가는 생태계가 된 것이다.

큰 변화가 없는 한 지속적으로 생태계에서 각자의 역할을 가지고 살 수 있게 되었다는 뜻이다. 그 전까지는 불안정한 각자의 능력에서 살아남아야만 했던 정글과 같은 분야였으나 이제는 어엿하게 전체의 볼륨을 따져보고 미리 계획하고 지속 가능한 새로운 산업으로 자리 잡았다는 뜻이다.

■ **플랫폼**
채널을 만들 수 있는 사이트를 제공. 동영상을 송출하고 광고로 수입을 창출한다. 최근에는 다양한 유튜브 크리에이터를 육성하기 위해 프로그램을 통해 동영상 제작과 마케팅을 지원하고 있다.

■ **채널**
콘텐츠크리에이터가 동영상을 체계적으로 송출하기 위해 자신의 브랜드를 만들어 플랫폼에 동영상을 송출할 공간을 만드는 것으로, 단순한 송출뿐만 아니라 동영상을 다시 볼 수 있고 댓글 등을 통해 시청자와 소통할 수 있다.

■ **콘텐츠크리에이터**
동영상을 만들어 송출하는 주체. 다양한 주제로 동영상을 만들어서 채널을 통해 송출하고 플랫폼에서 광고 수익을 공유하며, 기업들에게 직접적인 후원 등을 받기도 한다. 최근 스타 콘텐츠크리에이터가 생기면서 막대한 수익을 얻고 있다.

■ **MCN**
콘텐츠크리에이터들을 관리하는 회사. 콘텐츠 크리에이터들을 모아 지원하고 관리하는 회사로써 제작과 마케팅 등을 지원하고 수익을 공유한다. 최근 MCN들이 거대해지면서 기업들에게 직접적으로 지원을 받아 광고를 유치하는 경우도 있으며, 소속 콘텐츠크리에이터들과 함께 다양한 사업들을 벌이며 1인 미디어의 발전을 적극적으로 촉발하고 있다.

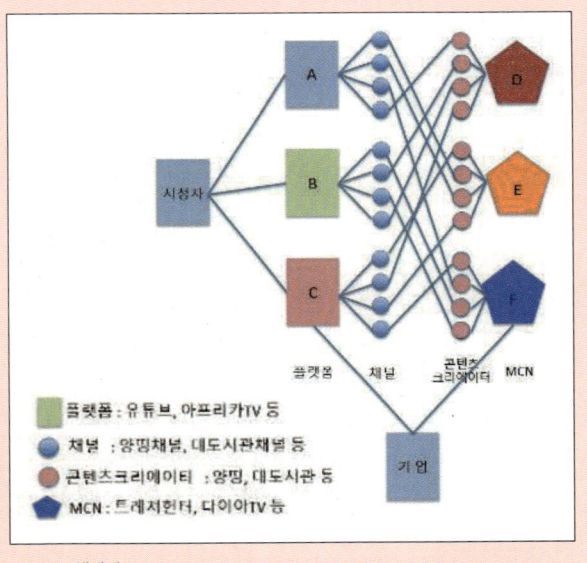

▲ MCN 생태계

유튜브에 맡겨둔
돈을 찾아오자

이제 시장도 충분해지고 있고 돈을 벌 수 있는 방법도 많아지고 있다는 것을 알았으니까. 그래서 돈을 벌 수 있는 여건들이 충분해지고 있다는 것도 알았으니까. 이제 우리는 닥치고 돈을 벌어야겠다. 동영상 콘텐츠를 가지고 돈을 벌자고 했으니 일단 동영상 콘텐츠를 잘 만들어야 한다.

그런데 이전까지는 동영상만 잘 만들면 됐는데 이제는 동영상만 잘 만들어서는 의미가 없는 시대가 되고 있다. 특히나 1인 제작자라면 더욱 그렇다. 기획에서 제작과 공유까지 잘해야 한다. 물론 시간이 지나면서 MCN 등에서 관리를 해주고 도움을 주는 사람들이 생길지 모르겠지만 그전까지는 잘 만든 동영상을 제대로 공유해야만 빛을 볼 수 있다.

동영상 콘텐츠로 돈을 버는 플랫폼들은 많이 있지만 가장 유연하고 쉽게 수익을 낼 수 있는 매체는 단언컨대 유튜브다. 물론 점점 새로운 모델들을 제시하는 플랫폼들이 늘어나고 있지만 여기서는 유튜브를 중심으로 수익을 올리는 방법을 알아보자.

1) 이제 돈을 벌어보자

이미 유튜브에 동영상을 올려본 사람들도 있을 것이고, 앞으로 동영상을 만들어서 유튜브에 올릴 사람들도 있겠지만, 이미 유튜브에 동영상을 올렸었던 사람들은 유튜브에 돈을 벌어주고 있던 사람들이다. 그것도 무상으로!

이제 우리도 그 돈을 찾아오자.

이건 강탈도 아니고 불법도 아니다. 그동안 못했던 일들을 이제 시작하는 것이다. 물론 그렇다고 기존에 것들이 소급되서 들어오는 것은 아니다. 지금부터 들어올 수 있도록 만들어야 한다.

그럼 시작하자! 유튜브에서 돈을 벌기 위해서는 다음의 과정을 거쳐야 한다.

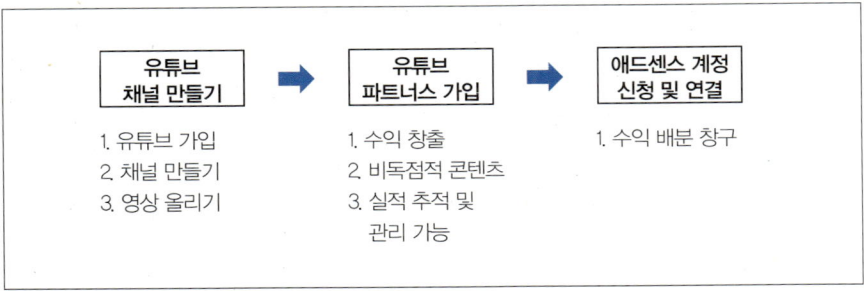

▲ 유튜브에서 돈을 버는 순서 및 내용

2) 유튜브 채널 만들기

유튜브에 동영상을 올려서 공유하고 이를 통해서 수익을 올리기 위해서는 지속적으로 동영상을 올려서 공유할 공간이 있어야 하는데 이러한 역할을 하는 것이 '채널'이다. 유튜브에 자신의 채널을 만들기 위해서는 당연히 유튜브에 회원가입을 해야 한다. 하지만 여기가 재미있는 부분인데 유튜브의 회원가입은 구글을 통해서 해야 한다.

구글에 가입을 해야 즉, '000000000@gmail.com'이라는 계정이 있어야 유튜브의 회원이 된다. 좀 귀찮기는 하지만 한번 가입하면 다른 구글 계정들을 이용할 수 있으므로 가입을 하고 사용하는 것이 좋다.

■ 유튜브 가입하기

1. 유튜브 사이트에서 [로그인]을 클릭한다.

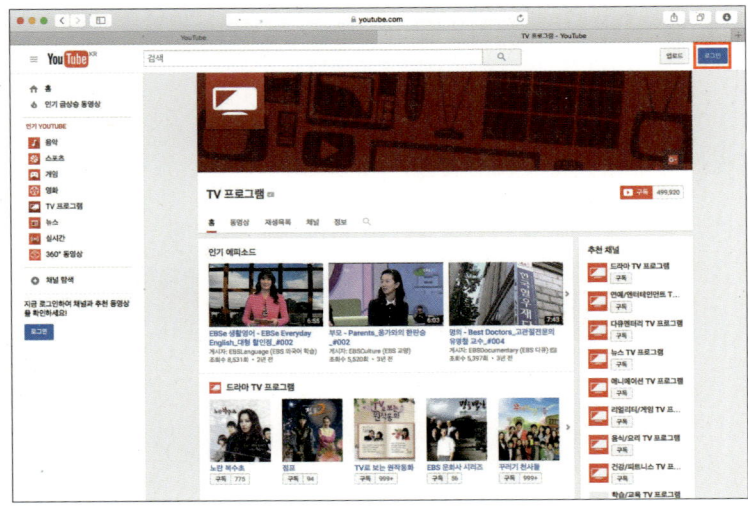

2. 구글 계정 만들기 창이 나타나면 아래의 [계정 만들기]를 클릭한다.

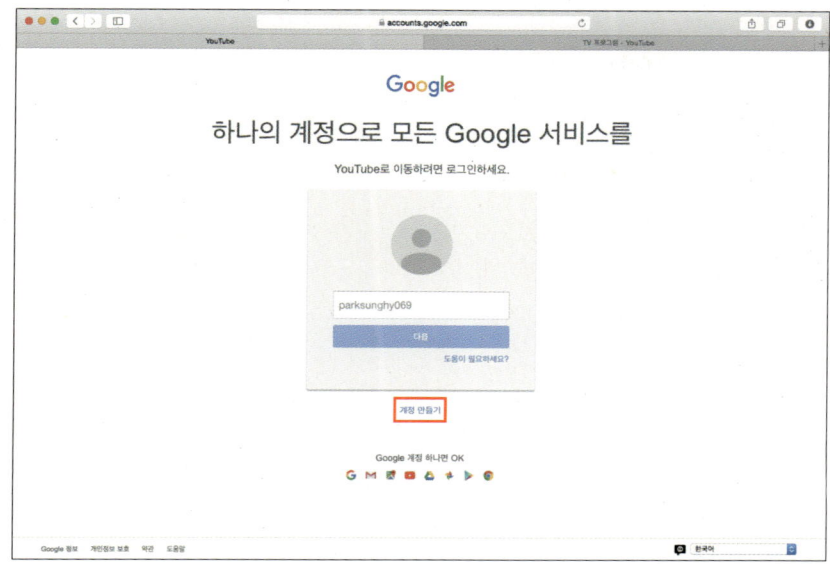

3. 이메일과 비번을 등록해서 구글 계정을 만든다.

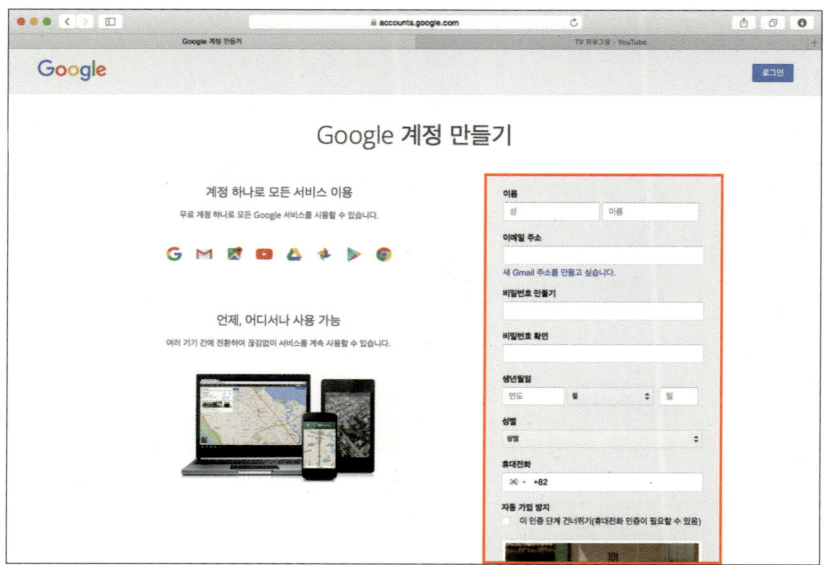

4. 등록이 완료되면 확인 절차를 거쳐야 하는 링크가 담긴 메일을 받게 된다. 링크를 클릭하여 확인을 완료한다.

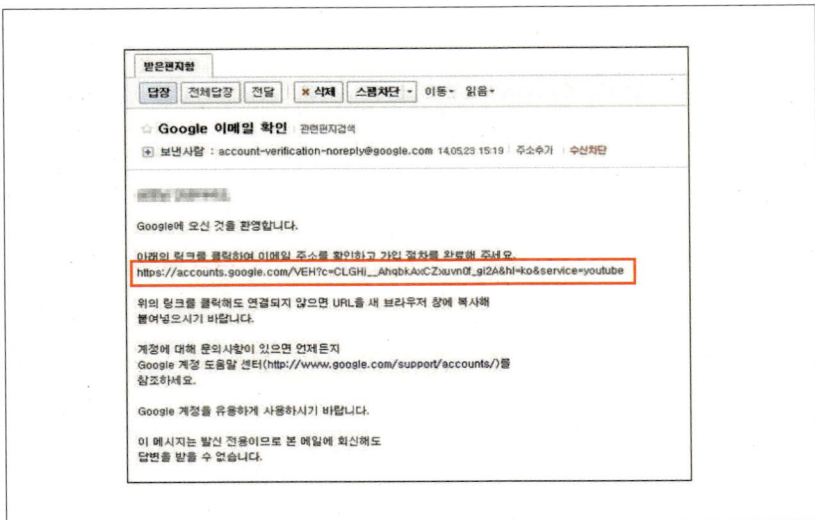

5. 사진 등을 추가하여 자신의 프로필을 업데이트한다.

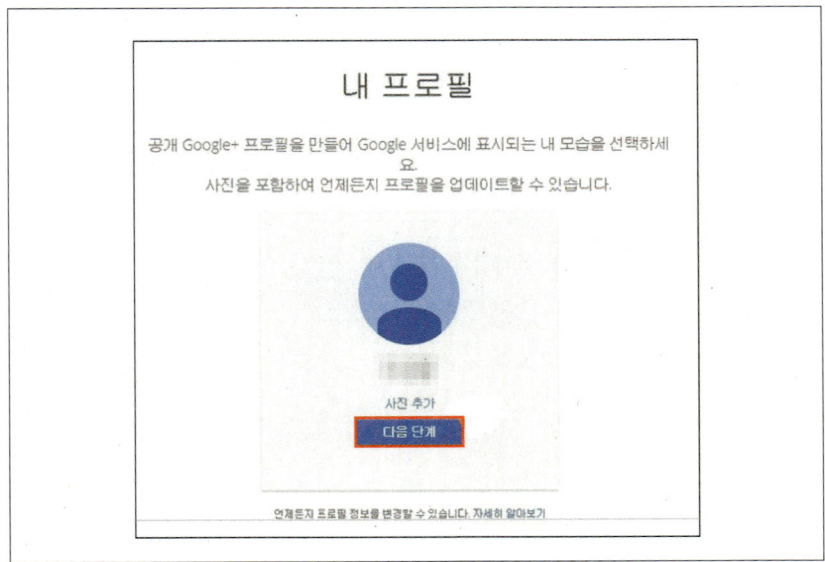

TIP!! 하나 더!!

앞에서도 이야기했지만 구글 계정은 단순히 메일뿐만 아니라 구글과 관계되는 다른 계정과 서비스와도 연결되므로 계정 관리를 잘해야 하며, 그러기 위해서 사진과 프로필도 신경써서 만드는 것이 좋다.

6. 이 과정을 마치면 구글 계정이 만들어지고, 유튜브 회원이 된다.

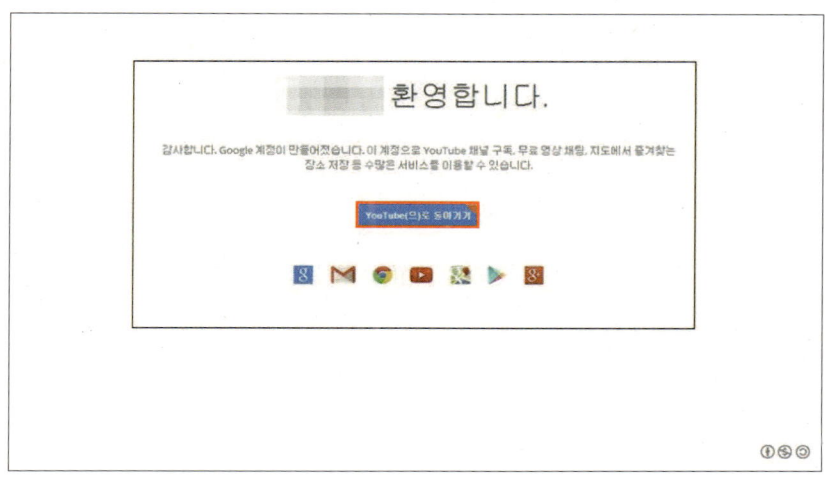

■ 유튜브 채널을 만들기 전에 해야 할 일

유튜브에 가입만 하면 자신이 원하는 동영상을 올릴 수는 있다. 하지만 한두 개만 올리는 게 아니라면 자신의 동영상을 보러 오는 사람들과 자신의 동영상을 관리하기 위해서라도 동영상이 한곳에 모여 있는 공간이 필요하다.

그러기 위해서 자신의 동영상들을 한곳에 모아두고 사람들이 쉽게 찾아올 수 있도록 유튜브 안에 자신만의 공간을 만든다. 이것이 '채널'이다. 쉽게 이야기하면 유튜브라는 사이트에 자신의 블로그를 만드는 것이라고 이해하면 된다.

그러므로 전문적으로 동영상을 올리고 수익을 만드는 채널을 만들 때는 반드시 고민해야 할 일이 있다.

첫 번째가 채널의 콘셉트를 정해야 한다.

두 번째는 콘셉트가 정해졌으면 사람들이 기억할만한 브랜드를 만들어야 한다.

세 번째는 콘셉트와 브랜드를 유지할 지속성과 일관성을 가져야 한다.

네 번째는 개인을 위한 채널과 동영상 업로드, 덧글 등을 관리할 브랜드 채널을 만들어야 한다.

(1) 네가 진짜로 원하는 게 뭐야?!

언제나 마찬가지지만 자신이 무엇을 할지, 무엇을 하고 싶은지에 대해 명확하지 않으면 절대 성공할 수 없다. 이것은 동영상을 기획하는 것과 마찬가지의 과정을 통해 기획되어야 한다.

(2) 브랜드를 만들어라

유튜브에서 당신이 생각한 콘셉트의 동영상을 만드는 사람이 당신 혼자인가? 그렇다면 반드시 성공할 것이다. 물론 좋은 기획이고 잘 만들었다면...

하지만 하늘 아래 새로운 것은 없다. 내가 생각한 것은 벌써 누군가가 한발 앞서서 만들고 있을 것이다. 그럼 비슷한 생각을 한 사람도 있을 것이고 비슷하지 않더라도 그 많은 사람들과 경쟁해야 한다. 그러므로 만들려는 채널은 동영상을 보고 싶어 하는 사람들을 모으고 사람들이 편하게 동영상을 볼 수 있어야 하며 동영상을 보는 사람들이 이곳하면 떠오를 수 있는 그런 이미지가 있어야 한다. 이런 것이 브랜드이다.

(3) 지속성과 일관성

사실 브랜드는 지속성과 일관성! 여기서 시작된다.

아무리 동영상을 잘 만들어도 이번에는 이런 장르, 다음에는 저런 장르, 그 다음에는 또 다른 장르 등... 계속 바뀐다면 아무리 잘 만들어도 사람들이 계속 모이기가 힘들다. 또한 콘셉트의 일관성이 있고 잘 만든 동영상이라 업로드하는 시기가 불규칙하면 몇 번은 기다리겠지만 조금씩 지치면서 채널에 대한 충성도가 떨어지게 될 것이다. 그러므로 채널을 만들고 동영상을 업로드할 때 꼭! 반드시 생각해야 한다.

콘셉트에 맞춰서 동영상을 일관적으로 만들고, 정기적으로 업로드하고 관리하라.

(4) 두 개의 채널을 만들어라

지속성과 일관성을 가지라면서?

그렇다! 지속성과 일관성을 가져야 한다. 하지만 그것은 내가 다른 사람들에게 보여주고 싶은 부분들에 한해서다. 채널 안에서 내가 동영상을 검색하면 바로 기록이 남는다. 그러므로 개인 정보가 노출되는 것을 원하지 않는다면 개인 채널은 꼭 따로 가지고 있어야 한다. 검색을 하고 개인 정보가 있는 것들은 개인 채널을 만들고, 돈을 벌기 위해서 동영상을 업로드하고 덧글 등 채널을 관리하는 것은 브랜드 채널을 만들어야 한다.

두 개의 채널을 만들어라 '개인 채널'과 '브랜드 채널'

■ 유튜브 채널 만들기

1. 유튜브에서 로그인한 후 화면 오른쪽 위의 [크리에이터 스튜디오]를 클릭하면 설정으로 들어갈 수 있다.

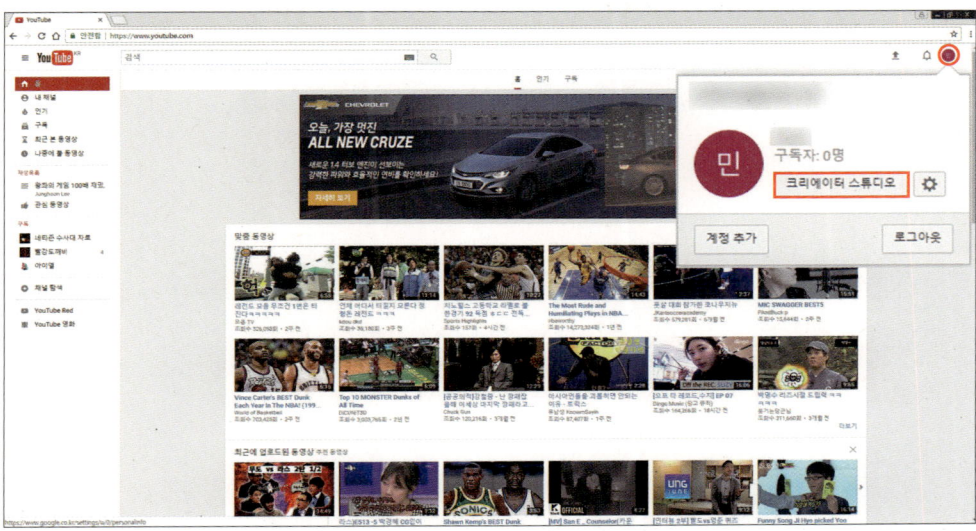

2. 바로 [채널 만들기]를 클릭하면 개인 계정이 만들어지고 개인 계정 없이 회사 채널을 만들려면 [업체 이름 또는 기타 이름 사용]을 클릭한다.

3. 개인 계정으로 만들어진 기본 채널이다. 이제 동영상을 올리기를 할 수는 있지만 이 채널을 장기적으로 볼 때 사람들이 꾸준히 방문할 수 있도록 보기 좋게 꾸미고 알려보자.

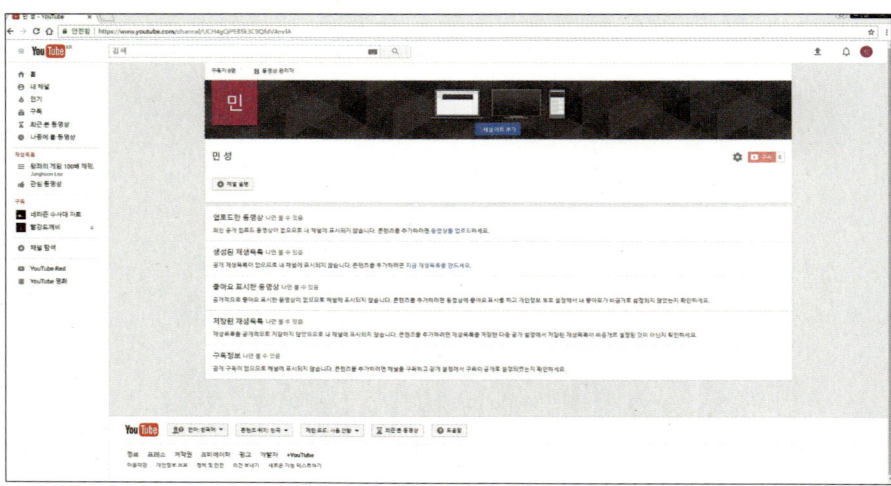

4. 왼쪽 상단의 증명사진 모양으로 된 부분을 클릭하면 채널 아이콘을 바꿀 수 있고, 가운데 [채널 아트 추가]를 클릭하면 검은 부분을 자신이 원하는 이미지로 변경할 수 있다.

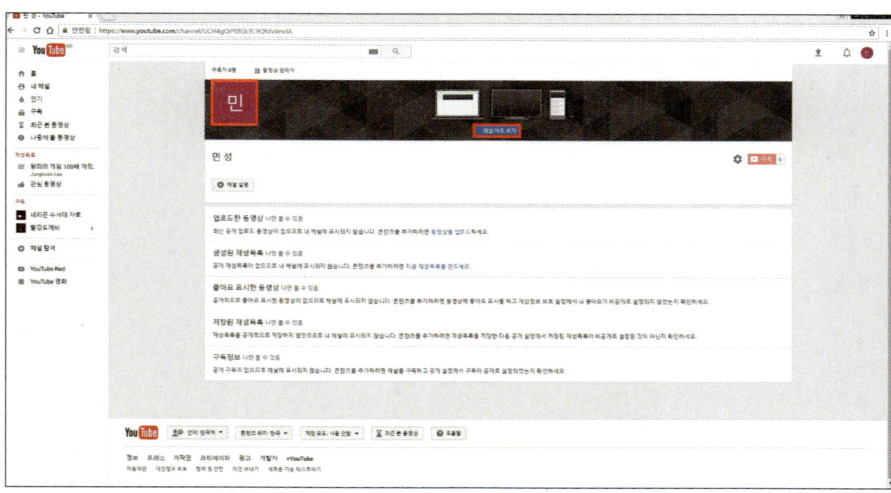

5. 채널 아이콘과 자신의 채널 아이덴티티가 들어간 채널 아트를 적용하여 채널을 만들었으면, [채널 설명]을 클릭하여 설명글을 입력한다.

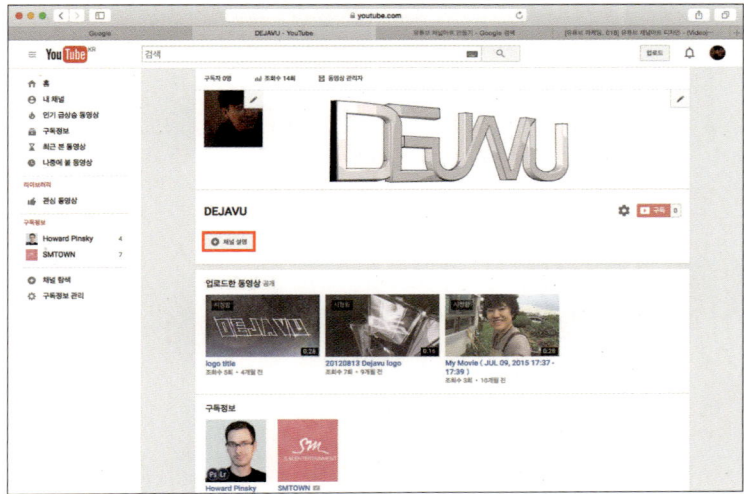

6. 채널 설명은 간결하고 명확하게 정리한다. 주로 노출되는 것은 2~3줄 정도이므로 그 안에 사람들이 바로 알아볼 수 있도록 직관적으로 쓰는 것이 좋다.

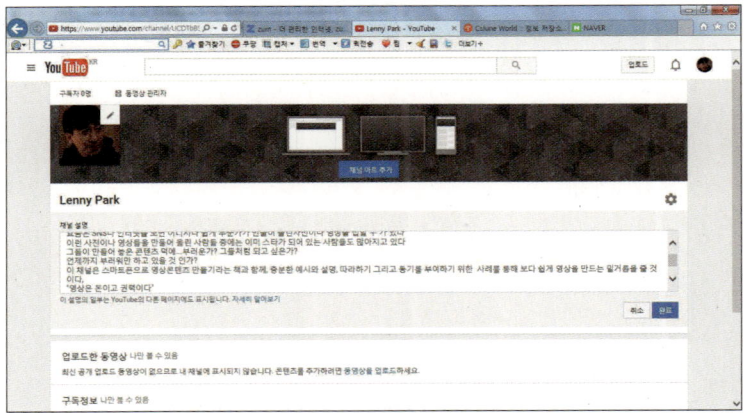

7. 개인 채널이 만들어졌다. 앞에서도 이야기했지만 이 채널은 개인의 공간으로 사용하는 것이 좋다.

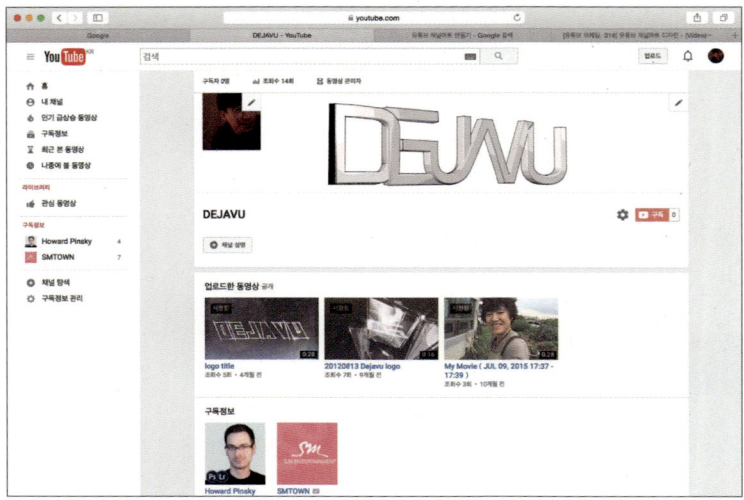

8. 개인 채널을 만들었으면 다시 동영상을 올리고 댓글 등을 관리할 브랜드 채널도 만들어보자. 채널을 만들기 위해 개요로 들어가서 하단의 [내 모든 채널보기 또는 새 채널 만들기]를 클릭한다.

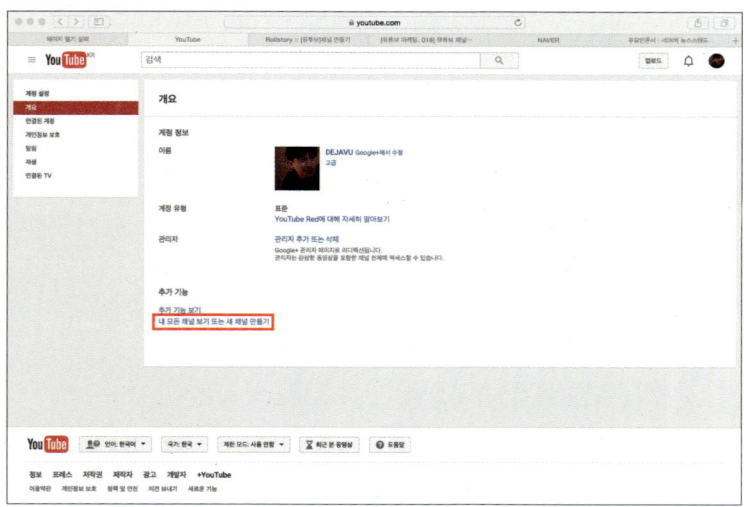

9. [+ 새 채널 만들기]를 클릭한다.

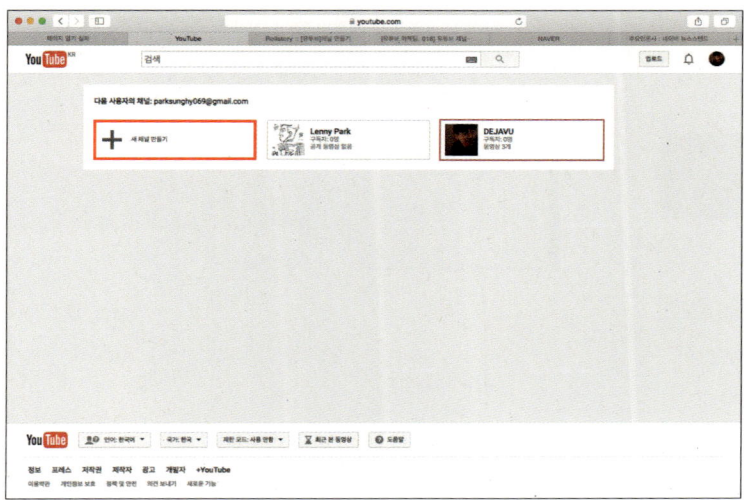

10. 채널 이름과 카테고리 등을 모두 작성하고 [완료]를 클릭한 후 개인 채널과 마찬가지로 아이콘, 채널 이미지, 채널 설명 등을 넣어 채널을 완성한다.

11. 브랜드 채널이 만들어졌다. 이제 이 채널은 동영상을 업로드하여 수익을 만드는 공간으로 사용하자.

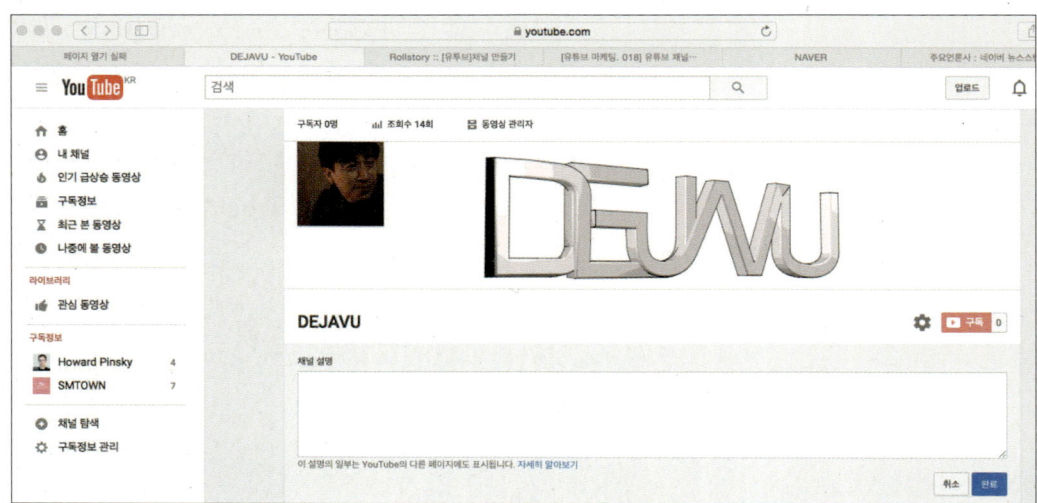

3) 동영상 업로드하기

채널을 만들었으면 이제 자신의 채널에 동영상을 업로드해보자. 일단 유튜브에 동영상을 올리는 방법은 기존의 인터넷 브라우저를 이용하는 방법과 모바일로 올리는 방법이 있다. 동영상을 업로드하는 방법은 어렵지 않다. 특히 모바일에서 올리는 방법은 대부분의 편집 또는 촬영 앱에서 바로 유튜브, 페이스북, 또는 다른 플랫폼으로 바로 올리는 기능을 지원한다.

■ 웹으로 업로드하기

1. 앞서 만들었던 브랜드 채널에 로그인한 후 [업로드]를 클릭한다.

2. 화살표 부분을 눌러 파일을 선택하거나 동영상이 있는 폴더에서 드래그하여 위치시키면 된다.

3. 동영상이 올라간 것을 볼 수 있고 그에 따른 주소가 생성된다.

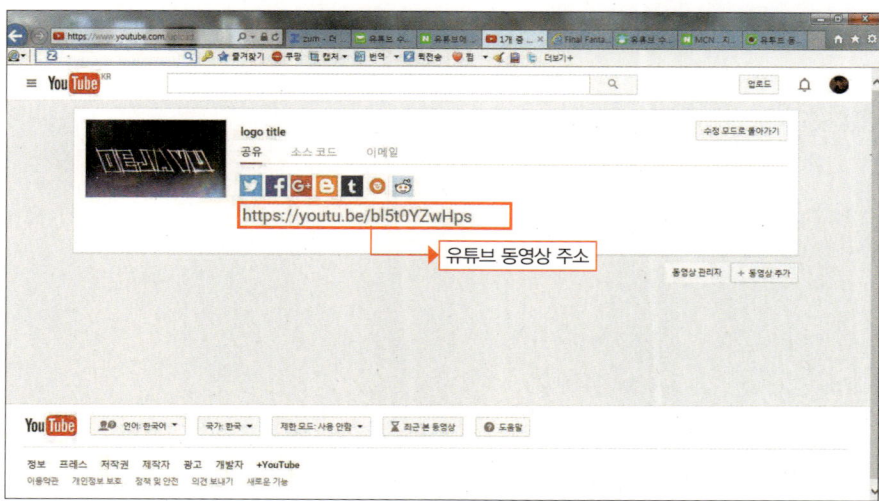

225

■ 스마트폰에서 동영상 업로드하기

❶ 유튜브 앱을 터치하여 실행하고, 만들어 놓은 채널로 이동한다. ❷ 채널아트 하단에 빨간색 모양의 카메라를 터치한다.

❸ 직접 촬영한 동영상을 바로 올리려면 액세스 허용을 해서 카메라와 마이크를 활성화시킨 후 바로 촬영해서 공유가 가능하다. 하단에는 기존의 동영상들을 체크해서 올릴 수 있다.

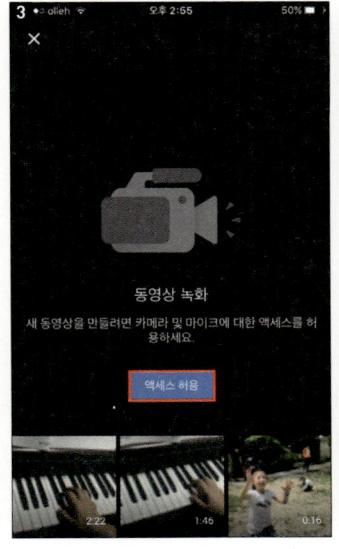

4) 유튜브 파트너 가입하기

유튜브를 통해 수익을 올리는 것이 목적이라면 반드시 유튜브 파트너에 가입해야 한다. 유튜브는 동영상 콘텐츠를 전문적으로 공급하는 업체 또는, 개인과 계약을 맺어 광고 수익을 나누는데 유튜브는 이들을 '파트너'라고 부른다. 파트너에 가입하게 되면 유튜브에서 제공하는 다양한 프로그램과 리소스 등을 활용할 수 있는데 유튜브는 '사용자가 만든 콘텐츠를 보고 판단하며, 지속적으로 자기 콘텐츠를 만들어야 한다'라는 조건도 걸었다. 그렇기 때문에 유튜브 파트너에 가입하기 전에 10개 정도의 동영상을 만들어서 올려야 한다. 유튜브 파트너 가입의 세 가지 장점이 있다.

1. 잠정적 수익 증대
세계에서 가장 큰 동영상 플랫폼이기 때문에 광고 등으로 인한 수익 실현 가능성이 많다.

2. 비독점적 계약을 통한 유연성 확보
유튜브뿐만 아니라 다른 플랫폼에도 동영상을 올릴 수 있다.

3. 실적 추적 및 관리
여러 프로그램 등을 통해 실적 관리가 쉽다.

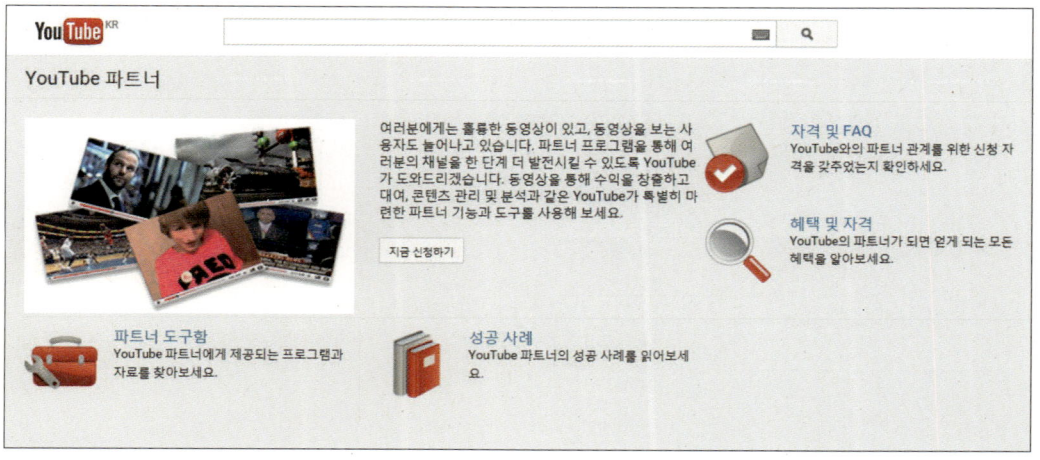

▲ 유튜브 파트너 신청

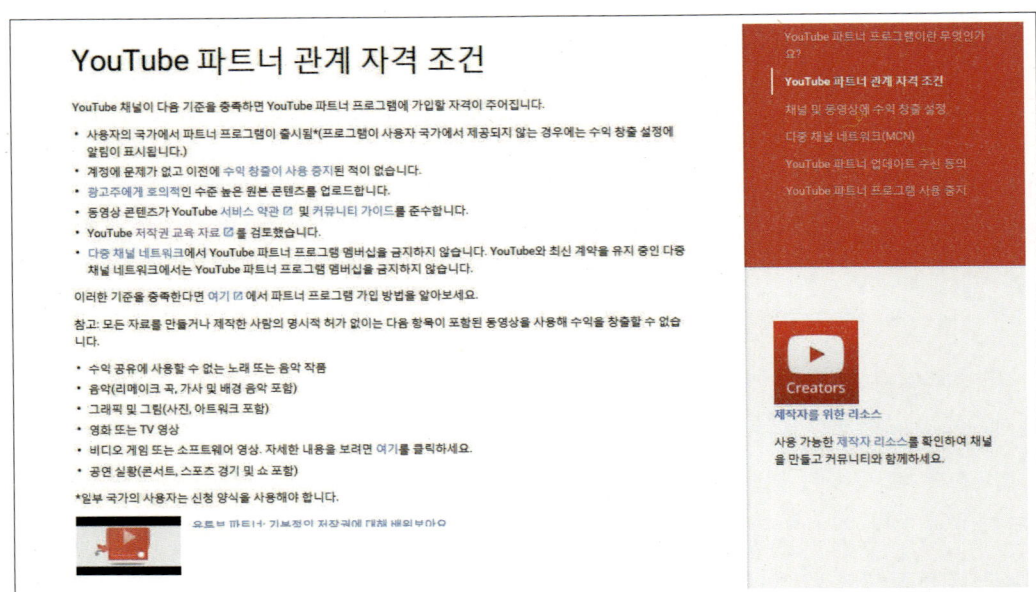

▲ 유튜브에서 이야기하는 파트너 관계 자격 조건. 반드시 잘 읽어보고 준비해야 한다.

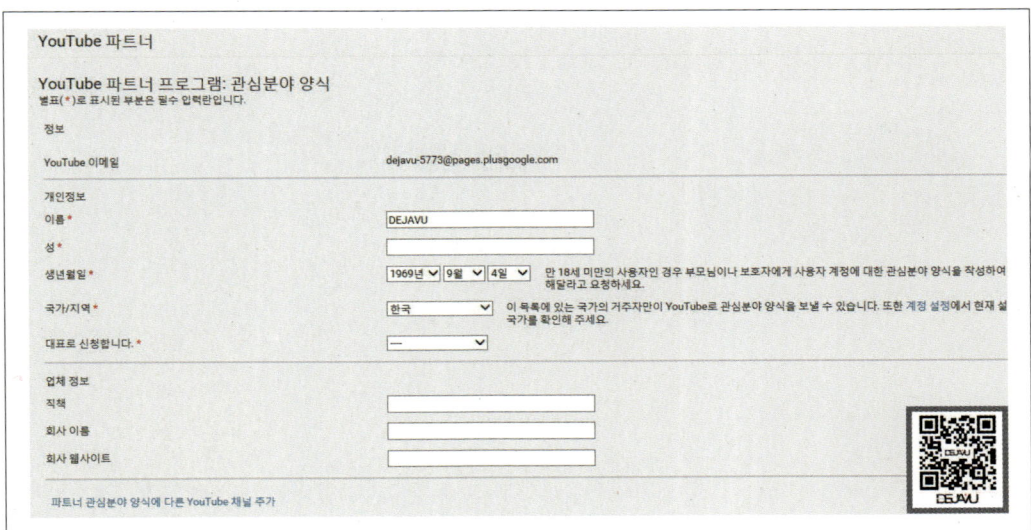

▲ 유튜브 파트너 자격 조건을 충족하면 양식으로 들어가서 작성하면 파트너 자격을 받을 수 있다.

5) 유튜브로 수익 창출하기

유튜브로 수익을 올리는 가장 빠른 방법은 자신의 동영상 콘텐츠에 광고를 게시하는 것이다. 사용자가 애드센스 광고를 클릭하면 광고 게시자는 구글에 광고비를 지급하고, 구글은 그렇게 적립된 광고비를 동영상 제작자와 나누게 된다. 그러므로 채널 소유자는 애드센스에 가입해야만 광고 수익을 구글과 나눌 수 있다. 애드센스에 가입하기 전에 우선 자신의 동영상에서 어떻게 광고를 게시해서 수익을 올릴지 결정해야 한다.

■ 광고 설정

1. 유튜브 파트너로 가입이 끝나면 오른쪽 상단의 아이콘을 클릭하고 [크리에이터 스튜디오]로 들어간다.

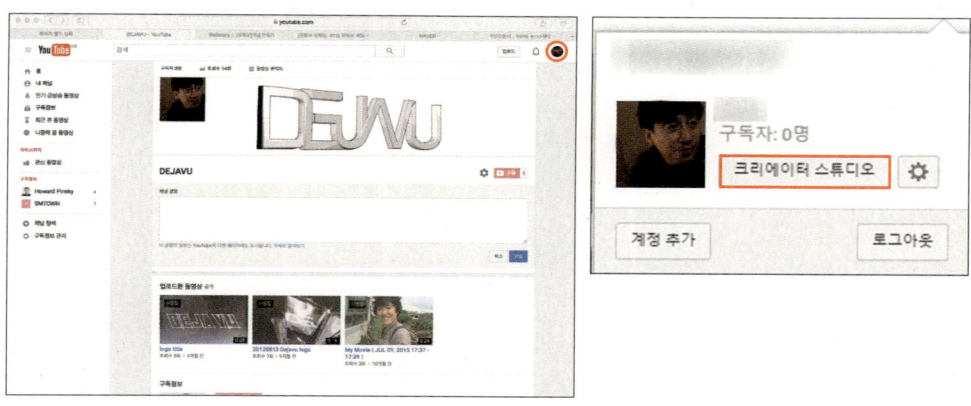

2. 좌측 채널 부분의 상태와 기능으로 들어가서 [수익 창출]의 [사용]을 클릭한다.

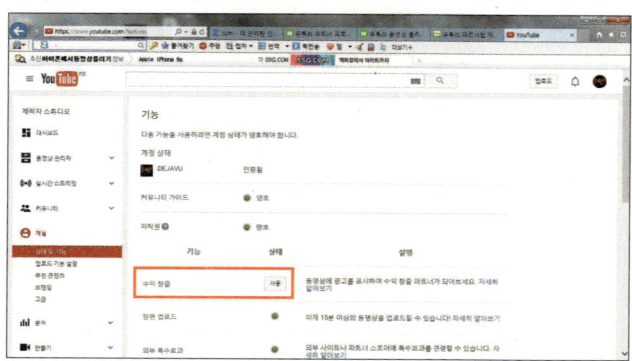

3. [계정에서 수익 창출]을 클릭한다.

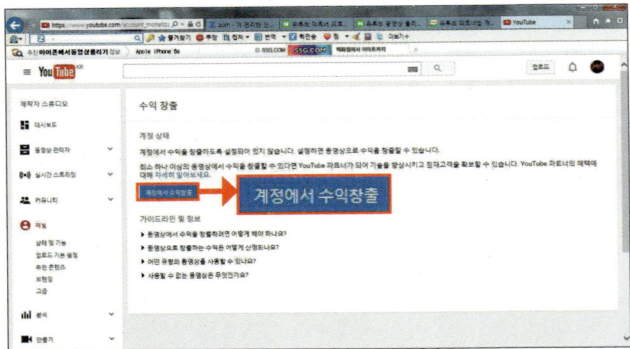

4. 수익 창출 설정 후 약관에 동의한다.

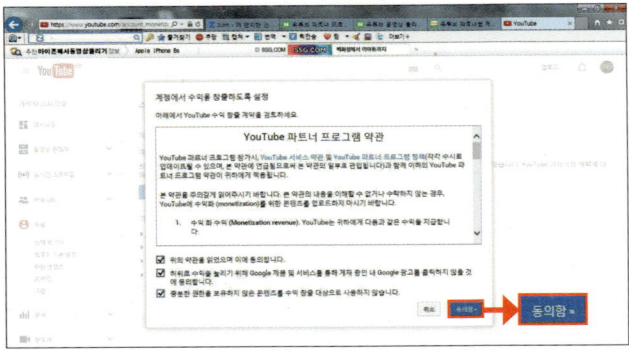

5. 업로드 기본 설정에서 내 동영상에서 재생될 광고의 형식을 설정한다.

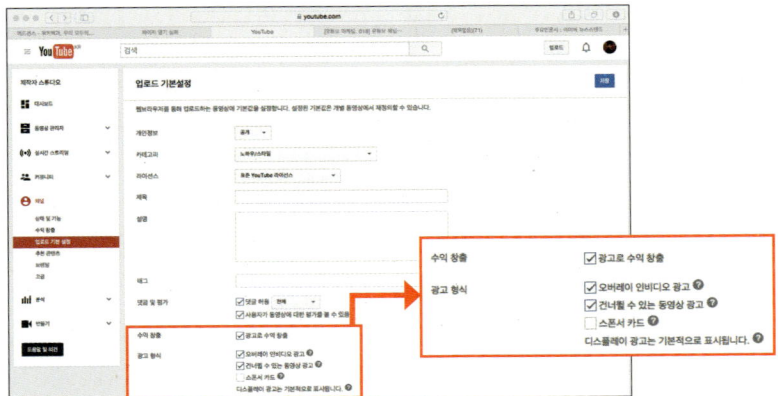

6. 오버레이 인비디오 광고는 동영상의 하단에 나오는 광고로 시청자가 삭제할 수 있다.

7. 건너뛸 수 있는 광고(True view instream)는 동영상 시작 전에 보이는 광고로 5초 후에 시청자가 건너뛸 수 있다. 광고를 스킵하지 않고 끝까지 봐야지 광고 효과로 인정된다. 별도 신청에 따라 스킵할 수 없는 인스트림 광고를 선택할 수 있으나 이 방식을 적용하는 경우 동영상을 보지 않고 이탈하는 이탈률이 상승하게 된다.

8. 스폰서 카드 광고는 동영상 재생 중 옆면에 광고주의 광고 카드가 지속적으로 노출되는 것을 말한다.

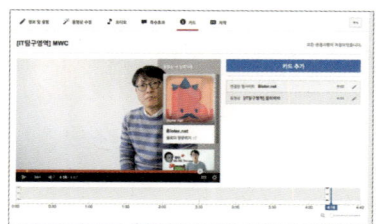

9. 광고 형식까지 정리하고 동영상 관리자로 돌아오면 동영상에 'S'가 붙어있는 것을 확인할 수 있다. 이러면 수익 창출을 할 수 있는 준비가 된 것이다. 이 과정이 끝나면 애드센스와 연결해야 한다.

■ 애드센스 연결하기

유튜브는 단순히 동영상 플랫폼일 뿐이다. 그러므로 광고로 올린 수익을 배분하기 위해서는 수익을 배분하는 다른 계정과 연결해야 하는데 이 계정이 바로 애드센스다.

1. 좌측 채널 부분 수익 창출로 들어가서 [애드센스 설정]을 클릭한다.

2. 하단의 [계정 만들기]를 클릭한다.

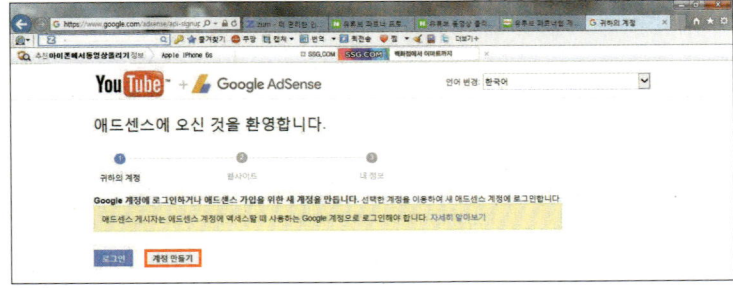

3. 내 채널과 연결을 확인한다.

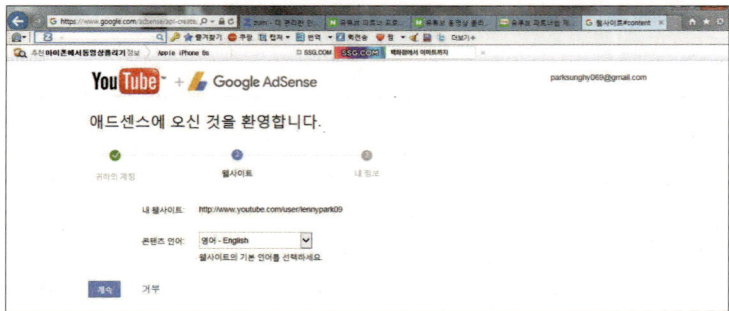

4. 기본 양식을 입력하고 [신청서 제출]을 클릭한다.

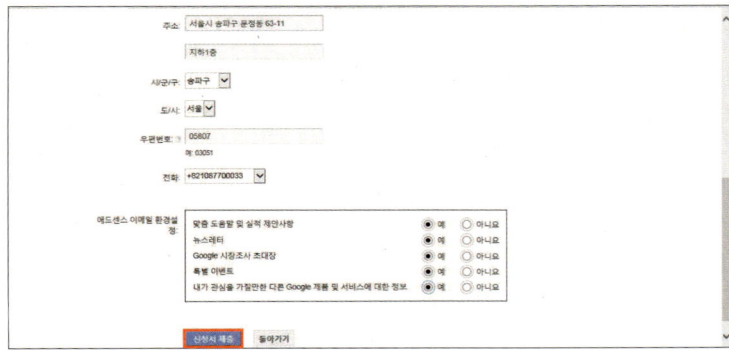

5. 약관에 동의하면 애드센스와 연결될 준비가 다 되었다.

이와 같은 과정을 거쳐서 애드센스에 가입하면 1주일 정도의 시간이 지난 후 연결된다. 이렇게 연결되면 유튜브와 수익을 나눌 수 있다. 하지만 이건 단지 계정이 연결됐다는 뜻이지 바로 수익을 지급한다는 것이 아니다. 일정 수준 이상이 되야 수익을 배분받을 계좌를 입력할 수 있고 동영상을 만들어서 올려도 일정 금액 이상(100달러)이 되지 않으면 계좌에 입금되지 않는다.

일단 동영상을 만들어서 10달러 이상의 수익이 오른다면,

1. 애드센스에서 집 주소와 계좌를 입력한다.
2. 집 주소와 계좌를 입력하면 구글 본사에서 PIN번호가 우편으로 발송된다.
3. 애드센스에 로그인해서 PIN번호를 입력하면 수익이 통장으로 들어오게 된다.
4. 하지만 이게 끝이 아니다. 매달 100달러 이상이 되어야만 23~27일 사이에 입금된다.

이제야 드디어 유튜브에서 돈을 받을 수 있게 됐다. 힘든 과정들이 끝났다. 거의...

그런데 이렇게 동영상을 올리고 관리를 해도 어느 수준 이상이 되면 더 이상 오르지 않는 시점이 있을 것이다. 처음에는 기획도 좋고 동영상도 좋아서 사람들이 찾아오는 횟수가 늘어났지만 분명히 한계가 있다. 여기서부터는 내 동영상에 대한 마케팅을 시작해야 한다.

사실 이 책에서는 전문적으로 마케팅하는 방법을 가르쳐 줄 수는 없지만 아주 기본적인 것들을 이야기해보자.

6) 유튜브 마케팅하기

금송아지가 아무리 많아도 집에 있으면 소용이 없다

아무리 동영상을 잘 만들고 열심히 업로드해도 조회 수가 갑자기 좋아지거나 수익이 많아지거나 하지는 않는다. 유튜브에는 하루에 10억 명 이상이 방문하고 1분에 300시간 이상의 동영상들이 업로드되고 있다. 이런 유튜브에서 단지 동영상만 잘 만든다고 해서 수익이 올라갈 거라고 생각한다면 그건 문제가 있는 거다. 지금은 슈퍼스타가 된 크리에이터들도 수많은 시간을 거쳐서 자신의 브랜드를 만들고 꾸준히 관리해서 지금의 자리에 오른 것이다. 그러므로 자신의 동영상 채널을 끊임없이 알리고 또 알려야 한다. 근데 왜 수익을 올리려면 홍보를 해야 하지?

동영상 제작자들의 초기 수익은 대부분이 광고다. 광고는 얼마나 많은 사람들이 내 동영상을 보느냐에 따라 수익이 올라가기 때문에 보다 많은 사람들이 보게 된다면 당연히 수익이 올라간다. 하지만 내 동영상을 많은 사람이 본다고 해서 그에 비례해서 수익이 올라가는 것은 아니다. 광고로 수익을 내기 위해서는 동영상을 보는 사람들이 내 동영상에 있는 광고를 30초 이상 본다거나 시청 시 배너 화면을 클릭해야 한다.

그러므로 보다 많은 사람들이 동영상을 보게 된다면 광고 수익이 발생하는 유효 수가 늘어나서 수익이 늘게 될 것이다. 또한 많은 사람들이 많이, 그리고 오래 볼수록 광고 단가도 올라간다. 그렇기 때문에 많은 사람들이 들어와서 동영상을 볼 수 있도록 만들어야 한다. 그렇다면 어떻게 해야 내 채널에 많은 사람들이 들어와서 조회 수를 올려줄까?

■ 브랜드가 돈을 벌어준다

(1) 브랜드 만들기 01 – 이름과 로고를 만들자

사람들이 꾸준히 찾아오고 동영상을 보게 하기 위해서는 생각하거나 듣기만 해도 바로 알 수 있는 '이름과 이미지'를 가져야 하는데 이것이 바로 '브랜드'이다. 그러므로 브랜드를 알리기 위해서 반드시 필요한 것이 바로 '이름'과 '이미지'이다. 일단 자신의 동영상 콘텐츠를 설명할 수 있는 가장 적절한 이름을 만든다. 이건 개인마다 다르기 때문에 어떻게 만들어야 된다고 설명할 것이 없다. 하지만 분명한 것은 한 번 듣고 바로 기억할 수 있고, 특징이 있는 이름이 필요하다는 것이다. 물론 자기가 좋아하는 이름을 붙이는 것도 좋고, 멋진 이름을 붙이는 것도 좋지만 특징이 모호하거나 기억하기 어려운 이름이라면 사람들의 기억 속에 오래 머물지 못할 것이다.

이전의 크리에이터들은 이름이 브랜드였다. 그 이름을 중심으로 시작을 했으니까. 하지만 이제는 이름이 아닌 새로운 브랜드를 만들어야 한다.

이름을 만들었다면 이제는 로고 또는, 심벌 등의 자신을 대표할만한 이미지를 만들어야 한다. 사실 대부분의 크리에이터들이 처음 동영상을 만들면서 자신의 로고 또는 심볼을 만드는데 어려움을 겪는다. 이건 별도의 디자인 작업이 필요하기 때문이다. 그러다 보니 대충 포토샵이나 아님 다른데 나오는 것을 비슷하게 카피해서 쓰는 경우가 많은데 이것은 시작하기 전부터 스스로가 좀 많~~~~이 떨어지는 크리에이터라고 광고하는 거다. 이름과 로고는 자신을 보여주는 얼굴과 같은 것이다. 비록 비용이 들더라도 꼭 제대로 만들어서 사람들한테 보여줘야 한다.

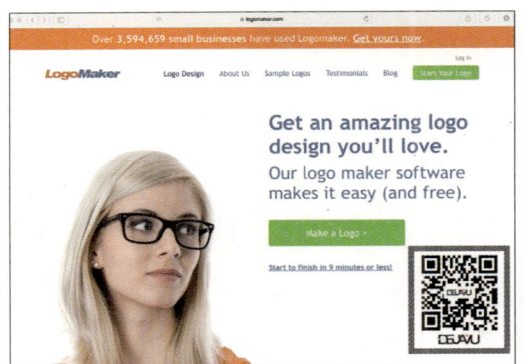 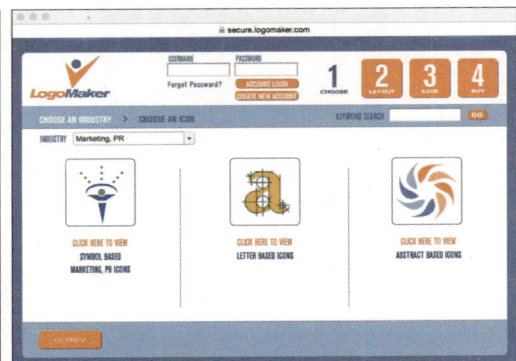

▲ 로고메이커는 자신의 분야, 자신이 원하는 디자인을 선택하면 로고를 만들 수 있도록 도와준다. – https://www.logomaker.com

(2) 브랜드 만들기 02 - Intro 만들기

브랜드라는 것은 처음 만드는 것도 중요하지만 그 브랜드 이미지를 지속적으로 만들고 유지하는 것이 더 중요하다. 우리가 기존 방송국의 방송들을 볼 때도 방송과 광고 중간에 지속적으로 해당 방송국의 station image 광고를 한다. 왜? 방송국의 브랜드 가치를 높이기 위해서다. 그러므로 로고나 심벌을 만들었으면 이를 이용해 Intro나 Station ID(identification)를 만들어 지속적으로 노출시키고 타이틀을 만들어서 콘텐츠에 지속적으로 노출시키는 것이 좋다.

▲ 방송국들은 자신들의 브랜드를 지속적으로 유지하고 발전시키기 위해 ID 영상을 지속적으로 노출한다.
■ 출처 : 유튜브-MBC 로고 변천사

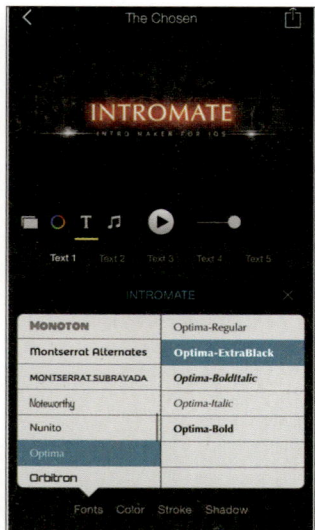

▲ 인트로 디자이너   ▲ 인트로메이트
▲ 인트로를 특색 있게 만들 수는 있으나 기존의 템플릿을 수정하는 정도이므로 2% 부족함이 있다.

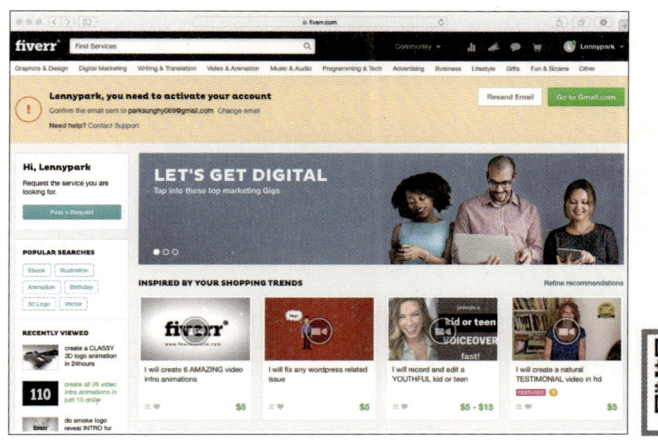

▲ fiverr에서는 디자이너들과의 연결을 통해 로고 제작뿐만 아니라 타이틀, ID, CG 제작도 저렴한 가격에 할 수 있다(https://www.fiverr.com).

(3) 지속적으로 업로드하자 - 꾸준함과 성실함이 승리한다

사람들은 재미있는 콘텐츠가 있으면 기본적으로 다음에 보게 될 콘텐츠를 기대하게 된다. 그런데 다음 콘텐츠를 기다려도 올라오지 않으면 기다리다가 지친다. 그러면 아무리 좋아하는 동영상들이 업로드되더라도 충성도가 낮아질 것이다. 그러므로 동영상은 일정한 시간에 지속적으로 업로드를 해야 한다.

(4) 닥치고 노출하자

유튜브를 들어가 보면 알겠지만 희한하게도 내가 좋아하는 동영상들이 첫 페이지에 뜨는 것을 확인할 수 있다.

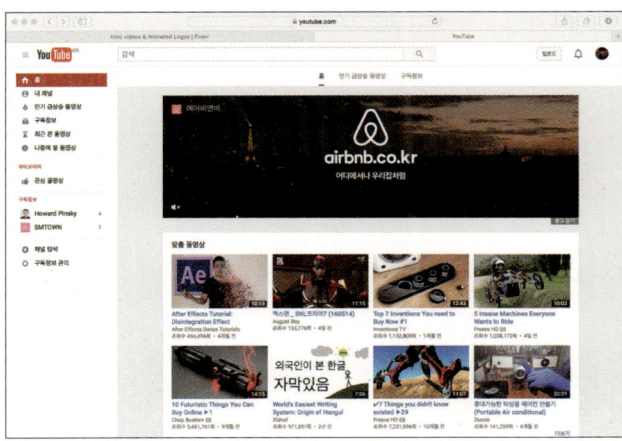

▲ 유튜브의 메인 페이지는 개인에게 최적화되어 있다.

유튜브는 개인의 빅데이터를 수집하고 활용하는 알고리즘을 가지고 있다. 그렇기 때문에 내가 본 동영상이나 검색한 동영상을 기반으로 분석해서 내가 본 것과 유사한 동영상, 보고 싶어 할만한 동영상 등을 메인 페이지에 보여준다.

즉 유튜브의 알고리즘으로 보면 내 동영상을 누군가가 검색하거나 잠깐이라도 시청하면 앞으로 계속해서 그 사람의 페이지에 계속 노출된다는 이야기고, 그 사람과 연관이 있거나 비슷한 취향을 가진 사람들에게는 또 다시 노출이 될 수 있는 기회가 된다는 것이다. 노출이 된다면 그들이 동영상을 볼 가능성이 높아질 것이다. 그렇다면 1분에 300시간이 넘는 동영상이 업로드가 되는 유튜브에서 자동으로 알아서 다른 사람들에게 내 동영상을 노출시켜주는 이 알고리즘을 적극적으로 이용해야 한다.

닥치고 무조건 자신의 콘텐츠를 노출해라!!

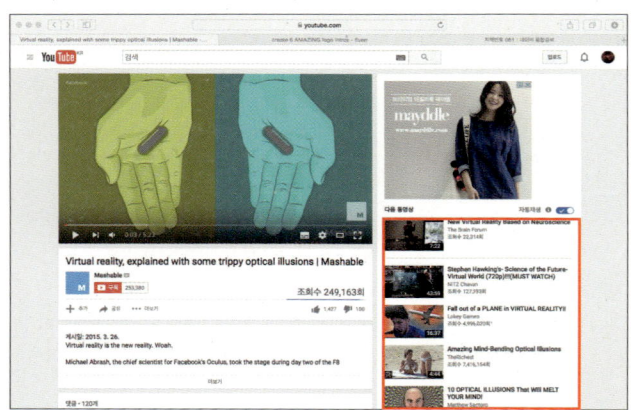

▲ 유튜브의 동영상을 시청하면 우측 재생 목록에 그와 연관된 동영상들이 나타난다.

(5) 어떻게 노출할 것인가?
인해전술이 답이다 - 노출할 수 있는 모든 채널을 동원하라

최근에는 동영상을 볼 수 있는 다양한 채널들이 있다. 대표적으로 페이스북, 트위터, 블로그, 카카오스토리, 라인 등...

동원할 수 있는 모든 채널에 자신의 콘텐츠와 연동될 수 있도록 공유해야 한다.

▲ SNS와 블로그 등은 콘텐츠 제작자에게 최고의 홍보 무대가 된다.

(6) 공유 방법

1. 동영상 페이지에서 공유 소스를 복사한다.

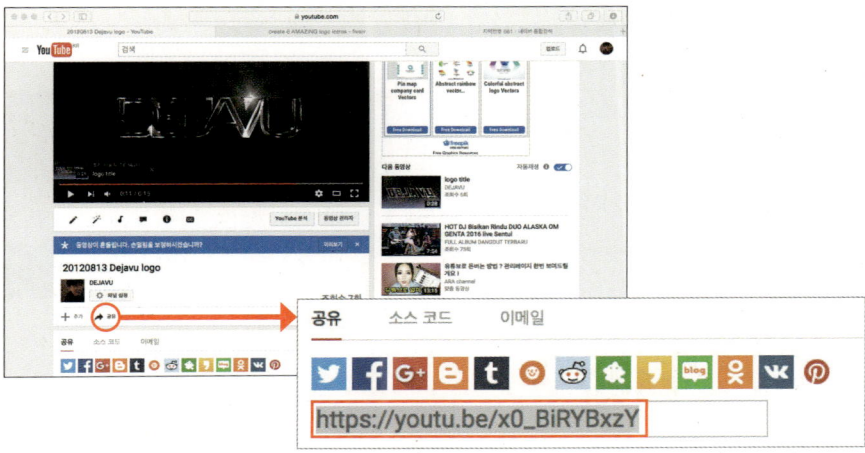

2. 복사한 소스 코드를 SNS나 블로그 등에 복사하면 끝난다.

3. 왼쪽 상단의 동영상 카메라 모양을 클릭하고 [링크 걸기]를 선택한다.

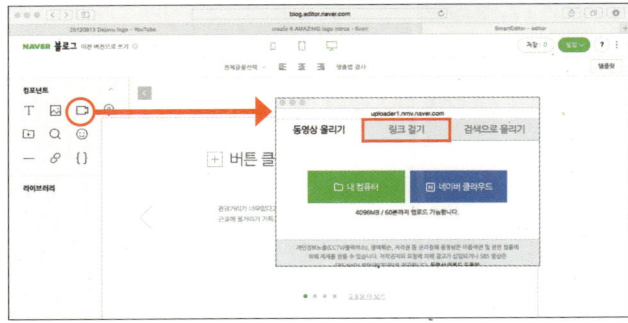

4. 공유 소스를 붙이고 [완료]를 클릭한다.

5. 우측 상단의 [발행]을 클릭한다.

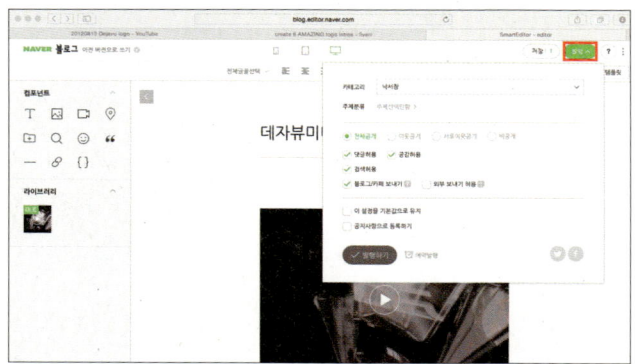

6. 블로그에 동영상이 공유된다.

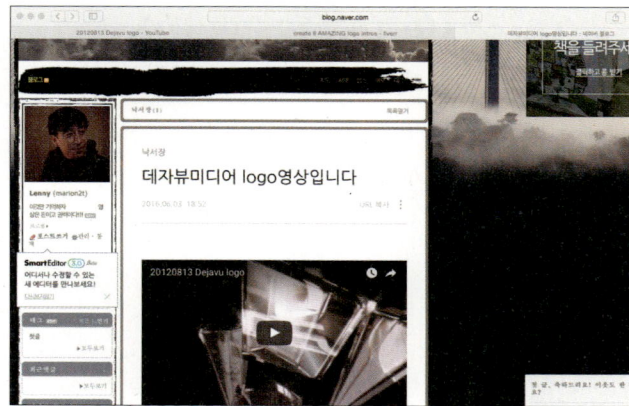

7) 한 번에 여러 가지를 볼 수 있도록 패키지로 팔아라

동영상 콘텐츠를 올릴 때 관련된 동영상을 하나의 패키지로 재생 목록(playlist)을 만들어서 유튜브에 올리면 재생 목록에 있는 동영상들이 연속으로 재생된다. 그러므로 재생 목록을 만들어서 동영상을 올리면 개별로 올리는 동영상보다 조회 수도 높이고 시청 시간도 늘릴 수 있다.

■ 재생 목록 만들기

1. 동영상 관리자로 들어가서 좌측의 [재생 목록]을 클릭한다.

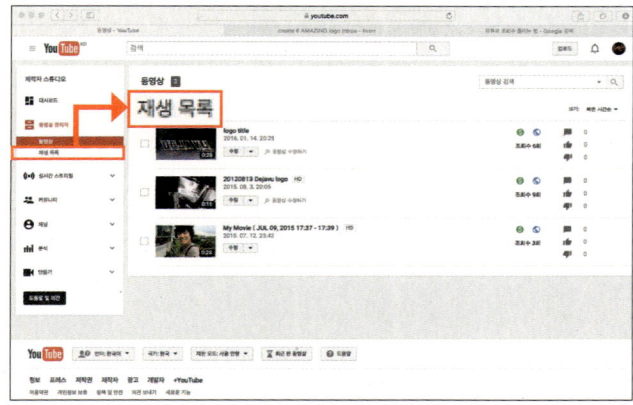

2. 재생 목록에서 우측 상단의 [새 재생 목록]을 클릭하고 제목을 입력한다.

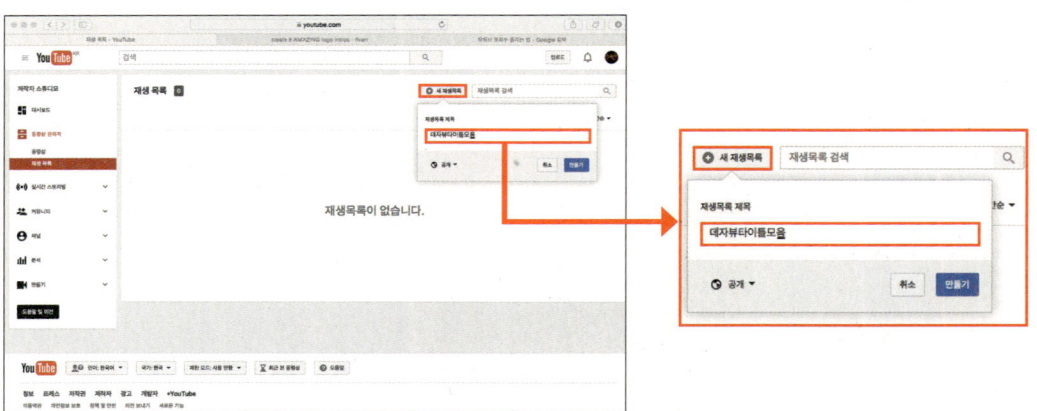

241

3. 동영상을 추가한다.

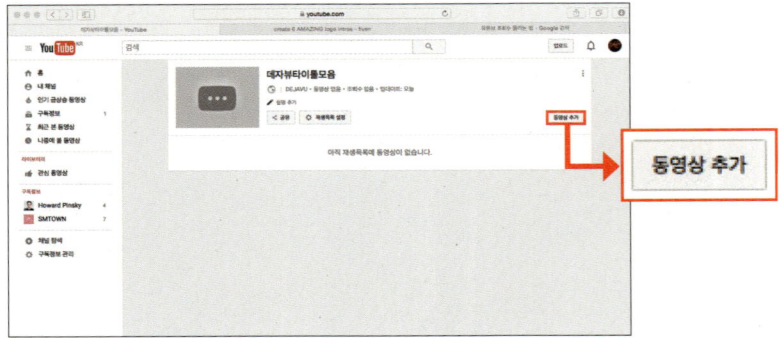

4. 내 유튜브 안의 동영상을 추가하려면 상단의 메뉴를 선택하고 동영상을 추가하면 된다.

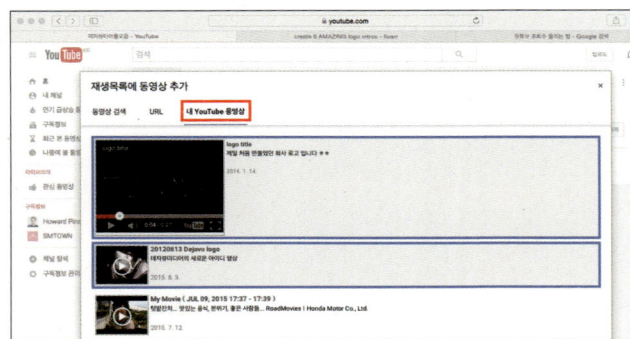

5. 동영상 재생 페이지에서 우측에 재생 목록이 생긴 것을 볼 수 있고, 재생 목록에 있는 동영상이 연속으로 재생된다.

6. 재생 목록도 공유 소스가 나오므로 다른 채널들에 공유도 가능하다.

재생 목록을 만들 때는 같은 카테고리를 하나로 묶는 것이 좋으며 각각의 동영상들은 새로운 재생 목록에 중복되도 상관없다. 그러므로 콘텐츠가 충분하지 않더라도 여러 가지 내용을 가진 동영상들을 카테고리로 묶어서 재생 목록을 만들어 노출시키면 조회 수를 늘릴 수 있다.

이상으로 유튜브를 통해서 돈을 벌 수 있는 방법에 대해서 이야기했다. 사실 이 책은 동영상 제작에 중점을 두고 만든 도서라 유튜브에서 조회 수를 올리고 마케팅하는 방법에 대해서는 기본적인 내용만 설명했다. 하지만 기본적인 내용이라고 해서 얕봐서는 안 된다. 가장 기본적인 방법이 가장 효과적인 방법인 것이다. 인터넷을 보면 유튜브 조회 수를 높이는 여러 가지 방법들이 있는데 그중에는 편법적인 내용을 소개하는 것들도 있다. 이러한 것은 좋은 방법일 뿐만 아니라 문제가 될 가능성도 있으므로 추천하지 않겠다.

조회 수를 올리는 방법 또한 왕도는 없다!

좋은 동영상을 만들고 브랜드를 만들어서 지속적으로 관리한다면 좋은 결과를 얻을 수 있을 것이다.

Epilogue
동영상을 제작하는 우리는 무엇인가?

사람은 되지 못하더라도, 괴물은 되지 말자

동영상은 현대 사회에서 가장 큰 영향력을 가진 매체이다. 사람들은 보는 것을 철저하게 믿는 경향이 있고, 이전의 어느 시대보다 더 동영상을 중요하게 여기고 있는 것이다. 하지만 최근의 동영상은 누구나 촬영할 수 있고, 어느 때보다 쉽게 공유할 수 있어서 잘못된 정보가 진실로 전달되는 경우가 더러 있다.

동영상을 촬영해서 나만 본다면 무엇을 촬영하든 아무런 문제가 없겠지만, 그 동영상을 다른 사람들이 볼 수 있도록 공유한다면 그것은 다른 문제가 된다. 그때부터 그 동영상은 개인의 소유물이 아니라 '공공의 것'이 되는 것이다. 공공의 것이 되는 순간 동영상은 공공의 기준으로 평가와 책임을 부여 받게 된다. 그러므로 공공의 기준에 부합되지 않는다면 악플과 비난 그리고, 법이라는 이름으로 책임을 져야 하는 경우도 생길 수가 있다.

누군가는 이야기할 것이다. 언론의 자유, 표현의 자유... 다 좋은 말이고, 분명히 지켜져야 한다. 반드시! 하지만 '자유' 뒤에는 반드시 '책임'이 따라온다. 그러므로 자유를 외치려면 책임을 피해서는 안 된다. 거짓을 이야기한다면 거짓에 대한 책임을 지면되고, 규범을 어긴다면 그에 대한 벌을 받으면 된다.

딱딱하게 윤리를 이야기하고 싶지 않다. 사람마다 모두 생각이 다르기 때문에 존중하지만 책임을 져야하는 순간 회피하지 말고 거짓을 이야기하지 말아야 한다.

공공의 매체를 사용하는 사람이라면 반드시 해야 할 일이다.

현대 사회는 보는 눈이 많고, 말하는 입도 많다. 예를 들어, 제품을 홍보하는 과정에서 과장이나 오류는 있을 수 있지만, 이 부분에 대해 문제가 제기되고 진정성을 의심받는다면 치명적인 약점이 될 수 있다. 거짓을 이야기해서 상황을 오도하고 여론을 조작한다면 당장은 그 사실을 덮을 수 있겠지만 결국 진실은 밝혀질 것이다.

만약 그럴 생각이 없거나 자신이 없다면 대중에게 보여주는 동영상을 만들어서는 안 된다. 동영상은 파급력이 대단하고 최근에는 복제와 확산이 굉장히 쉽기 때문에 경솔한 판단에 의한 또는,

불순한 의도에 의한 동영상의 공유는 큰 문제를 야기할 수 있다.

잘못 알려진 이야기의 경우에 퍼지기는 쉽지만, 그 이야기를 바로잡기에는 많은 시간과 노력이 필요하다. 그 시간 동안 피해를 보는 사람들은 고통을 받을 수밖에 없다. 그러므로 동영상을 만드는 사람들은 반드시 생각해야 한다.

동영상의 책임을...

2015년 7월 오하이오주에 사는 폴팰튼이라는 남자는 자동차 사고 현장을 촬영했다. 단순히 촬영한 것이 아니라 죽어가고 있는 사람이 있는데도 구조할 생각을 하지 않은 것이다. 그 동영상을 방송국에 팔기 위한 행위였고, 동영상을 인터넷에 업로드하자 사람들의 맹비난이 쏟아졌고 결국 구속되고 말았다.

▲ 사고가 난 차량에서 사람을 구조하지 않고 촬영 후 동영상을 판매하려는 혐의로 체포됐다.

물론 그는 '촬영 후 구하려 했다. 방송국에 동영상을 판매할 의도는 없었다. 사람들에게 경각심을 일깨우기 위해서 촬영을 했다'라고 변명했지만 탑승자 중 2명은 사망했고 촬영본에는 사고를 당한 사람들을 비난하는 내용이 담겨져 있었으며 동영상을 팔기 위해 방송국과 접촉한 사실 등이 들어나면서 그의 변명은 거짓이었음이 밝혀진 것이다.

물론 그에게 사고 당한 사람들을 구해야 하는 의무는 없다. 하지만 죽어가는 이들을 보면서 구하지 않고 본인의 잇속을 챙기기 위해 촬영했다는 것은 분명 문제가 있는 것이며, 그 결과 구속이라는 책임을 지게 된 것이다.

또한, 바른 먹거리 문화를 만들기 위한 첨병이 되겠다는 의도를 가지고 방송을 하는 모 프로그램은 기획 의도에 맞게 좋은 평가를 받았지만, 명확히 검증되지 못한 아이템과 내용으로 인해

선의의 피해자들이 생기는 경우가 있었다. 이 경우 추후에 문제를 해결하고 정정 보도로 법적인 책임을 진다고 해도 한번 훼손된 신뢰는 다시 회복하기가 쉽지 않고, 그로 인해 심각한 피해를 입는 업체들도 분명히 있었다. 이는 동영상이 좋은 의도와

■ 출처 : MBN 뉴스-몰카를 촬영해서 돈을 벌려 했으나 결국 법의 심판을 받은 워터파크 몰카녀

순기능을 하고 있지만 제대로 검증되지 않은 방송이 얼마나 위험한지를 보여주는 사례라고 할 수 있다.

최근 팝콘TV BJ가 미성년자와 성행위 예고 방송을 한 후 방송통신심의위원회에 제재를 받았고, 또 다른 BJ들은 성관계 동영상을 생방송으로 중계하다가 경찰에 불구속 기소됐으며, 워터파크의 탈의실과 샤워실을 몰래 카메라로 촬영한 여성과 사주한 사람도 역시 구속됐다. 분명 돈을 벌기 위해 동영상을 제작했고, 공유했으며, 실제로 돈을 벌기도 했지만 그에 대한 책임은 분명한 것이었고 본인이 감당해야 했다.

이외에도 소위 '악마의 편집'이라던가 일부로 여론을 조작하기 위해 다른 자료화면을 넣으면서 여론을 호도하는 등 동영상 제작의 나쁜 예들은 차고 넘치고 있다.

하지만, 나쁜 책임이 있다면 좋은 책임도 있지 않을까? 앞에서도 이야기했지만 동영상은 현대 사회에서 강력한 힘을 갖는다. 그러므로 올바르게 사용해야만 분명히 좋은 결과들을 가져올 수 있다.

이전에는 소수가 동영상의 제작과 공급을 독점했기 때문에 정보를 통제하고 조작하기가 수월했다. 몇 개의 매체만 관리하면 됐기 때문이다. 하지만 현재는 너무나도 많은 동영상이 만들어지고 많은 매체를 통해 공유되기 때문에 이전처럼 쉽게 정보를 조작하고 통제하기가 힘들어졌다. 물론 그럼에도 불구하고 힘을 가진 쪽에서는 끊임없이 정보를 조작하고 통제하려는 시도를 계속할 것이다. 그리고 일부분은 성공(?)도 할 것이다.

하지만 올바른 책임 의식을 갖고 동영상을 만드는 사람들이 늘어나서 소수의 권력을 지속적으로 견제하고 그것을 공유할 수 있는 플랫폼이 생긴다면 사회를 건강하게 하는 순기능을 할 수 있다.

이것이 미래를 위해 동영상을 만드는 사람들의 착한 책임이라고 할 수 있다.

돈 되는 동영상 만들기
스마트폰으로 잘 찍고, 잘 편집하는

1판 1쇄 발행 2017년 2월 28일
1판 2쇄 발행 2018년 1월 1일

저 자 | DEJAVU media Lab. 박성효
발행인 | 김길수
발행처 | 영진닷컴
주 소 | (우)08505 서울시 금천구 가산디지털2로 123
월드메르디앙 벤처센터 2차 10층 1016호
등 록 | 2007. 4. 27. 제16-4189

ⓒ2017.,2018. (주)영진닷컴
ISBN | 978-89-314-5544-1

이 책에 실린 내용의 무단 전재 및 무단 복제를 금합니다.

http://www.youngjin.com

YoungJin.com Y.
영진닷컴